隱谷 喜壽 文集

해바라기의 꿈

엮은이 정진웅

시와사람

국립중앙도서관 출판시도서목록(CIP)

해바라기의 꿈 : 隱谷 喜壽 文集 / 엮은이: 정진웅. -- 광주
: 시와사람 : 에코미디어, 2018
p. ; cm

"은곡 연보" 수록
ISBN 978-89-5665-523-9 03810 : ₩20000

기념 문집[紀念文集]

810.82-KDC6
895.708-DDC23 CIP2018032876

꿈 많던 학창시절

팔남매 중국 황산에서

어머님의 생전 모습

한때는 꿈도 많았지.

손자손녀와 함께

삼남매와 더불어

재능이 많은 손녀 아인이

고모님, 숙모님, 나, 둘째 사촌 숙모님, 어머님, 큰여동생

인정많은 우리 할머니

숙부님, 숙모님, 둘째숙모님, 어머니,
동갑내기 사촌

하나밖에 없는
딸과 사위

둘째 자부

다정한 삼남매
고향 강가에서

1980년으로
새집 이사가던 날

큰아들 졸업식

큰아들 입학하고

한국아동문학
작가상 수상

한국아동문학 대상 수상

문예시대 신인상 수상

경
한국문인협회 화순지부 창립총회
축
일시:1996년 7월 29일 18시
주최: 한국문인협회 화순지부 창립준비위원회

경
1998.12.19
제3회 화순문학상 시상
축
주최: 한국문인협회 화순지부 후원: 화순문학상 후원회

경
제5회 화순문학상 시상식
화순문학 제12집 출판기념
2000년 12월 16일
주최: 한국문인협회 화순지부 후원: 화순문학상후원회 화강문화재단

제5회 화순운주대축제
운주백일장대
화순군

제13회 청소년 문학강좌
주관:한국문인협회 화순지부 후원:화순군

운주축제 시화전

화순군 문화유산 해설

화왕산 정상에서

능주초등학교 1학년

고인돌축조
체험 지도

세계문화유산 화순
고인돌 체험장에서

운주백일장 시상식

2006. 7. 26 ~ 7. 29 (4일간)

아름다운 신문 <기독타임스> 편집위원 신년하례회
*일시: 2013년 1월17일(목)오전 12시 *장소:힘평한우플라자 귀빈실

청소년 문학기행

운주축제 시화전

귀염둥이 막내

해바라기의 꿈

■ 책머리에

隱谷님의 文集을 發刊하며

아들 정진웅

저희 부친 희수를 맞이하여 삼남매는 부친의 살아생전 행장을 살펴 그 유업을 오래 간직하고, 후손에게 남겨주고자 문집을 간행하게 되었습니다.

여기에 게재한 동화는 부친께서 우리들에게 교훈으로 늘 이야기 해주신 작품들이며 시와 동시는 평소에 부친의 사상을 바탕으로 써오셨으나 한 권의 시집으로 묶어내지 못하시어 늘 아쉬워하신 작품 들입니다. 또한 화순의 설화 역시 손자 손녀들을 앉혀 놓고 들려주신 작품이었기에 함께 게재하기로 하였습니다. 여기저기에 기고하셨던 작품들은 수필분야로 따로 묶어보고자 하였으며 기타 여러 행장들은 저명하신 작가님들께서 평소 저희 부친과 교류하시며 부친의 인품과 작품에 대하여 평가해 주신 글들이었기에 빼 놓을 수 없어 함께 모아 보았습니다.

저희 삼남매에게 중고등학교시절 부친께서는 어렵고 힘들었던 옛날이야기를 자주 들려 주셨습니다. 군대 생활을 하실 때에 조부님을 일찍 여의고 증조모님과 조모님 모신 가운데 팔남매의 맏아들로 젊어서부터 열 명의 식솔을 거느린 가장으로 가정을 이끌어 오시며 겪으셨던 눈물겨운 이야기들입니다. 홀어머니 슬하에서 8남매 하나하나 여우살이 시키시며 받았던 고통과 60년대 보릿고개를 넘기려고 사방사업장에 나가 하루 종일 작업을 하시고 밀가루 한줌을 받아와 허기진 배를 풀죽으로 면면하셨던 이야기였습니다.

무엇보다 제일 부끄러웠던 일은, 80년대 초 영광 염산초등학교에서 화순 천태초등하교로 전근을 오셨는데 염산초등학교 제자들이 새로 부임한 학교에 놀러오겠다고 5.6명이 찾아 왔을 때였다고 합니다. 3월 말, 마침 보릿고개 때 이었는지라 보리쌀은 있었지만 쌀이 없어 우리 어머니께서 이웃 사택에 사시는 선생님댁을 찾아 쌀을 구해 제자들에게 밥을 해먹였던 일을 잊을 수가 없었다고 말씀하셨습니다. 실 상황을 모르시는 분들은 봉급도 받을 만큼 받으면서 그렇게 어렵게 살았다는 것은 과장된 표현이라 생각하실지 모르겠습니다만 우리 부친의 상황은 다른 분들과는 달랐습니다. 결혼 전 대 식구의 가장으로 살아오시며 동생들의 뒷바라지와 한해 걸러 혼례를 시키시느라 빚을 지지 않을 수 없었었다고 하셨습니다.

그때마다 부친께서 빼 놓지 않고 하시는 말씀은 "올곧게 살다보면 반드시 길은 열리는 법이다."였습니다. 또 "어디 가서든지 내 이익을 생각하지 말고 내가 손해 보는 쪽을 택하여라. 당장은 손해인 것 같으나 시간이 지나면 내게 큰 이익으로 돌아오더라. 서 푼 어치 남을 도와주면 한 달, 아니 일 년 후에 열 푼으로 돌아오더라." 라는 말씀을 자주하시며 당신 보다는 남을 먼저 배려하는 삶을 살아오신 분이었습니다.

부친께서는 승진하시는 일에는 포기를 하시고 평교사로서 한 가지 특기가 있어야 하신다며 젊어서부터 꿈꾸어 오신 글쓰기에 전념하시어 틈틈이 써오신 동화를 이곳저곳 공모에 제출하셨던 것입니다. 그 결과 기독교교육에 가작과, 이듬해 당선작을 시점으로 월간문학에 동화가 당선되셨으며 월간아동문학에 소년소설이 당선 되신 바 있어 본격적으로 작품 활동을 하시게 되셨으며 이후 문예시대에서 당선하셨던 것입니다.

그동안 부친께서 저술한 작품은 동화집 『쌍무지게 뜨는 마을』 『짱아 짱아 예쁜 짱아』 『이상한 샘물』 『흥부박 놀부박』 『세상에서 제일 아름다운 노래』 등이 있고 치유동화집으로 『조가비의 마지막 사랑』을 출간하시어 전남대학교 평생교육원에서 운영한 독서치료사들의 교육용 교제로 사용하셨으며, 소년소설 『지구를 떠나는 사람들』은 환경부 추천도서로 전국 초등학교 5.6학년 독후감 쓰기추천 도서로 재판까지 출간하셨습니다,

또한 도서출판 한국프라임에서 간행한 EQ논술 초등학교 세계문학 65권 중 13권 『시튼 동물기』 29권 『탈무드의 지혜』 44권 『손자병법』 60권 『죄와 벌』을 엮어내시기도 하셨습니다. 전문서적으로 어린이 글짓기 교실을 발간하여 청소년문학 강좌 교재로 사용하셨습니다.

그 후 34년간 재직하셨던 교직을 떠난 뒤 화순의 역사와 문화에 관심을 갖고 문화원 이사와 고인돌 해설사로 활동하시며 고인돌 설화집 『말하는 고인돌』과 『화순의 설화』를 펴내셨습니다. 그

외 공저로는 지역 특성화 예술교육의 일환으로 화순 야사마을의 역사와 애환이 담긴 『망향정의 눈물』과 쌍봉마을의 『종소리에 묻어나는 향기』 교수문화사 그림창작동화 『바다 밑에 뜨는 별』 등의 작품과 업적을 남기셨습니다.

모쪼록 은곡 문집을 읽으시는 독자들께서 우리 부친의 평소 삶과 숭고한 정신을 조금이라도 이해하여 주신다면 자녀 된 우리들은 큰 영광으로 생각하고, 부친의 위대하신 삶을 세상에 널리 알렸으면 하는 바램입니다. 따라서 『은곡문집』을 소장하시게 된 여러분에게 우리 삼남매 감사의 인사를 드립니다.

끝으로 은곡 문집이 나오기까지 편집과 발간에 힘써 주신 강경호 박사님께 감사의 말씀을 전합니다.

차례

제1부 꼴망태에 가득 담은 이야기(동화)

제2부 구름 한 점 동동(시)

제3부 솜사탕(동시)

제4부 화순의 옛이야기(설화)

제5부 물 위에 뜨는 달(산문)

제6부 흔적

제7부 오가는 정

제 1 부

꼴망태에 가득 담은 이야기

예린이와 어름새꽃

예린이가 모처럼만에 온 식구들과 같이 아침상 앞에 앉아 식사를 하였다. 온 식구라 해봐야 엄마 아빠 그리고 아홉 살짜리 오빠가 다였다. 하지만 아버지는 직장일로 언제나 일찍 나가시기 때문에 함께 아침식사를 하는 일은 거의 없었다.

텔레비전 아침 일기예보에서, "오늘은 하루에 봄과 겨울을 만날 수 있는 날입니다. 북쪽에서 불어오는 찬바람과 함께 많은 눈이 예고됩니다. 외출 하실 분들은 옷차림을 단단히 하고 나가시기 바랍니다."라고 하였다.

그래서 인지 오전은 포근하게 날씨가 풀려 완연한 봄 날씨처럼 따뜻해서 아버지와 함께 화단정리를 하였다.

예린이는 아버지의 일을 도와 지난 가을부터 떨어진 목련 낙엽과 감나무 낙엽을 긁어모아 퇴비장에 버리고 새싹이 예쁘게 돋아 올라오도록 정리를 하였다.

"벌써 이렇게 봄이 찾아 왔나! 금년 화단 정리는 우리가 너무 늦었나보다. 이거 봐라 수선화 꽃잎이 새끼제비 부리처럼 돋아났잖니?"

예린이가 들고 있던 삼태기를 놓고 쪼르륵 아버지 곁으로 다가갔다. 화단가 돌과 돌 사이에 놀미아한 수선화 새싹이 쏘옥 올라오고 있었다.

예린이는 돋아난 수선화 잎이 귀여워 한참이나 보고 있었다. 저만큼 감나무 밑에서 갈퀴질을 하시던 아버지께서 반가운 목소리로 예린이를 불렀다.

"예린아, 이거 봐라 노오란 황금빛 임금님술잔 같은 꽃이 피었다."

예린이가 쪼르륵 아버지 곁으로 다가가 아버지께서 가리켜주신 곳을 내려다 보았다. 거기엔 가녀린 꽃대위에 예쁜 황금빛 꽃이 활짝 펴 따사로운 햇볕에 반짝, 봄의 첫 손님으로 달려와 우리 가슴에 봄을 알려주고 있었다.

"아빠, 이 꽃 이름이 임금님 술잔꽃이야?"

"그런 게 아니고, 황금색으로 피는 꽃이 금술잔처럼 오목하게 생겨서 아빠가 부르는 이름이란다. 진짜이름은 복복자(福)에 목숨수자(壽) 풀초자(草)를 써서 복수초라고 하는 꽃이란다. 그래서 꽃말은 글자 그대로 많은 복을 받아 오래오래 살라는 뜻으로 영원한 행복이라고 한단다."

"으응, 하지만 아무리 임금님 금술잔이 아름답다 할 지라도 복수초 꽃 보다 예쁠 수는 없었겠지?"

"그렇지, 금술잔 그 모습이 아름다울지 모르지만 향기는 없겠지."

"아빠 아빠, 복수초 꽃말이 영원한 행복이라 했지? 그런데 왠지 외롭고 쓸쓸해 보인다."

"왜?"

"너무 추워서 나비가 아직 찾아오지 않잖아, 벌도 날아오지 않고 혼자 피었다 혼자 지는 꽃이잖아!"

"정말 그렇구나. 그럼 고독한 영혼이라고 할까?" 복수초 꽃 앞에서 부녀간의 대화가 한참동안 이어졌다.

복수초꽃을 봄의 전령사라고 말한 것은 여느 꽃보다 먼저 눈 속에서 엷은 꽃잎을 피워 봄을 알리기 때문이다. 어쩌면 그 깊은 겨울 꽁꽁 얼어붙은 땅속에서 임금님 금술잔보다 화려한 순금색의 노오란 꽃잎을 펴내는지, 그래서 예린이의 아버지는 복수초꽃을 임금님술잔이라고 말한 것이다.

예린이는 점심 먹을 생각도 하지 않고 복수초꽃 곁에서 꽃을 지켜보고 있었다.

'어떻게 지난겨울 꽁꽁 얼어붙은 땅속에서 이토록 아름다운 꽃잎을 만들어, 아직도 응달엔 눈이 녹지 않은 이른 봄 예쁜 꽃을 피웠을까?' 고개를 갸웃거리며 생각해봐도 알 수 없는 일이었다. 햇볕이 따뜻하다고는 하나 낙엽을 줍고 청소를 하다 보니 손이 시리고 몸은 움츠려드는 데 저토록 여린 꽃잎이 얼어 죽지 않고 봄햇살에 황금빛 꽃잎을 활짝 펼 수 있음은 분명 요술공주의 힘이 아니면 어느 누구도 해 낼 수 없는 일이다.

'그래, 아마도 땅속에는 꼬마 요술공주가 살고 있을 거야. 요술공주님의 따사로운 입김으로 얼음을 녹이고 두 손으로 꽃대를 밀어 올려 요술부채로 살랑살랑 바람을 일으켜 피워 놓았겠지.'

12시가 넘어서부터 날씨는 심상치 않게 변하였다. 일기예보와 같이 따뜻하게 비추던 햇살은 희뿌연 구름 속으로 숨어버리고 찬바람이 으스스 불어왔다.

"예린아, 춥다. 어서 들어와 점심 먹고 벗어버린 외투를 다시 입어라. 오후에는 눈이 내리고 기온이 내려간다는구나."

어머니의 부르는 소리가 아니었다면 예린이는 하루 종일 복수초꽃 곁을 떠나지 않았을지도 모릅니다.

날씨가 참으로 변덕스러웠다. 점심을 다 먹기도 전에 북서풍이 쌩쌩 불어 열어 놓았던 창문을 흔들고 해는 금방 구름 속으로 사라지고 눈발이 히끗히끗 날리더니 저녁 무렵엔 크리스마스 전날 밤 내리는 눈처럼 함박눈이 되어 쌓이기 시작했다.

예린이는 복수초꽃이 걱정이 되어 밖으로 나갔다.

봄눈이라고 하지만 눈은 녹을 줄 모르고 오는 대로 차곡차곡 쌓이고 있었다.

복수초꽃 머리 위에도 금세 차가운 눈이 쌓이면서 복수초꽃은 눈 속에 자취를 감춰버렸다. 예린이는 무엇을 생각했는지 황급히 방으로 뛰어 들어왔다. 그리고 곧 농문을 열고 두툼한 담요를 꺼내 들고 밖으로 나갔다.

'그래 이거라도 덮어주면 따뜻해서 얼어죽지 않겠지?' 그 누구도 생각해 낼 수 없는 신통한 아이디어라 생각하며 혼자 만족해 하였다.

'잠간만 기다려. 내가 이불을 덮어 춥지 않게 해 줄게.' 예린이는 고개를 끄덕거리며 복수초꽃 곁으로 다가가 호호불고 눈을 쓸어 그 위에 담요를 덮어주려는 순간 주방에서 저녁준비를 하시던 어머니께서 예린이의 수상한 행동을 보시고 앞치마에 손을 닦으며 황급히 밖으로 나오시며 예린이를 불렀다.

"정예린, 너 지금 뭐 하는 거니? 담요를 가져다 무엇을 덮고 있는 거야?, 깨끗한 담요를 눈 위에 펼치면 담요가 어떻게 되겠니?"

"응, 엄마, 있잖아. 복수초꽃이 눈 속에 얼어 죽으면 어떡해. 얼어 죽지 않도록 이불을 덮어 주려고."

"아이고, 이 바보야 꽃이 춥다고 하던?"

"복수초 꽃잎은 간난 애 살결보다 더 여리잖아, 저토록 연약한 꽃잎이 이 눈 속에 얼어 죽지 않고 살아남겠어? 담요라도 덮어 줘야지."

"그 꽃은 이불을 덮어주면 숨 막혀 죽는 꽃이야. 얼른 담요 걷어 이리 가져와."

"싫어. 엄마는 나더러 춥다고 외투까지 입으라고 하고서 꽃은 불쌍하지도 않아? 복수초꽃이 죽으면 우리 집에 영원한 행복이 찾아오지 않을지 몰라. 엄마가 이불빨래하기 싫어서 그런 줄 다 알아."

"얘 하는 이야기 좀 봐, 어떻게 우리 딸이 엄마를 그런 나쁜 엄마로 생각하는 거야, 그 꽃은 어름새꽃이라 하는 건데. 어름사이에서 어름을 녹이고 피어나는 꽃이라 해서 어름새꽃이라 하는 거야. 그런 환경을 거슬리고 이불을 덮어주면 꽃이 살아남겠니?"

"어름새꽃 아냐, 어름새꽃은 어름을 녹이고 피어날지 몰라도 이 꽃은 복수초꽃이라 했어 복수초꽃은 우리 집에 영원한 행복을 가져다는데 얼어 죽으면 안 돼. 이 정도는 해주는 게 꽃도 꽃이겠지만 우리 복을 지키는 일이라 생각해."

어린 딸과 아내가 하는 이야기를 한참이나 듣고 계시던 아빠께서 한 말씀 거들었다.

"예린아, 그 꽃은 복수초꽃이라 하는데 엄마 말씀대로 어름속에서 어름을 녹이고 스스로 피어나는 꽃이라 해서 어름새꽃이라고도 한단다. 믿기지 않으면 내일 눈이 녹은 후 해가 뜨면 나가 보렴. 어름새꽃은 더욱 예쁘게 샛노란 꽃으로 피어 있을 거야."

하지만 예린이는 아빠의 말씀을 믿을 수가 없었다. '저토록 연약한 꽃잎이 어떻게 눈 속에서 견딘단 말이야 엄마 아빠가 나를 속이기 위해서 하는 말일거야.'

'어름새꽃? 그 이름 복수초꽃 보다 훨씬 예쁜 이름이잖아, 어름새꽃. 어름새꽃' 예린이의 입가에 환한 웃음이 피어난다.

허나 예린이는 어름새꽃이 걱정되어 밤이 깊어 갈수록 잠을 이루지 못하고 몇 번이나 밖으로 나가 어름새꽃 곁으로 가보았지만 어름새꽃은 여전히 눈속에 묻혀 보이질 않았다.

"예린아, 걱정하지 말고 자렴. 눈이 그치고 내일 아침 해가 솟아 눈이 녹으면 어름새꽃은 더욱 샛노란 꽃잎으로 방긋 웃으며 예린이를 맞을 거야."

예린이는 아빠의 말씀이 귓가에 들리지도 않았고 엎치락뒤치락 온 밤을 걱정으로 날을 새웠다.

거미들의 줄자와 각도기

'요놈 봐라 어디 숨었지?, 우리 식구가 이사 들어오기도 전에 네놈이 벌써 이사를 하였다 이 말이지'

현석이가 새 집으로 이사를 들어오던 첫날 현관문 앞에 도착했을 때였다. 현관 앞에 거미가 집을 지어 놓고 어디에 숨었는지 보이지 않았다. 보아하니 거미집은 참으로 정교하게 잘 지어져 있었다.

거미도 새 집을 지었는지 어느 한곳 허름한 곳 없이 깨끗했다. 아마 오늘 아침 아니면 어제 오후에 완공했을 것이라 생각되었다. 그렇다면 아직 아침 식사도 못했을 것 아닌가. 배가 고파 어디에 꼭꼭 숨어 날벌레들이 걸려들기를 기다리고 있겠지.

"어서 문 열고 들어가지 않고 뭐하고 섰니?" 뒤따라오시던 어머니께서 재촉하셨다.

"어머니, 거미가 쓰는 줄자와 각도기는 어떻게 생겼을까요?"

"자다가 봉창 뚫는다더니 무슨 생뚱맞은 소리야?"

"저 것 보세요, 어쩌면 거미는 날줄과 씨줄의 간격을 한 치의 차이도 없이 각을 맞춰 집을 지을 수 있을까요?"

현석이 어머니도 문 앞에 처져 있는 거미집을 보며 대답을 못하고 한참이나 보고 계셨습니다.

현석이는 거미가 집을 지을 때 필요한 설계도와 사용하는 줄자와 각도기가 궁금해졌다.

설계도는 어디에 그려 두었을까? 거미가 사용하는 각도기와 줄자는 어떻게 생겼을까? 각도기가 없이 저토록 정확하게 열두 각 모양의 거미집을 지을 수는 없을 것이다.

거미집, 날줄 열두 각의 각도와 씨줄 정확한 간격은 줄자와 각도기를 사용해서 그렸을 것이 틀림없다. 아무런 도구를 사용하지 않고는 저토록 정교한 집을 지을 수는 없을 것이다.

사람이 집을 지을 때 많은 도구를 사용해서 그리고 짜 맞춘다 하지만 더러는, 비틀어지고 서로 이가 맞지 않아 다시 고치기도 하는데, 거미집은 어느 한곳 고치거나 비틀어진 곳 없이 집을 지어내는 게 참으로 신통할 뿐이었다.

한참을 보고 계시던 어머니께서 다시 말을 이었습니다.

"저런 하찮은 미생물이 각도기나 줄자를 알기나 하겠니? 거미의 본능으로 지어 놓은 것이겠지."

"거미가 줄자와 각도기도 모른다고요? 그렇지 않을 거예요, 우리 눈에 보이지 않는 아주 작은 도구들이 있을 거예요. 그렇지 않고서야 저토록 정교한 집을 지어 내겠어요?"

현석이네 새 집을 짓는 데도 톱, 망치, 먹통, 줄자, 수평대, 각자 등 셀 수도 없을 만큼 많은 도구를 사용하여 집을 짓는데 거미는 그런 도구가 하나도 없다는 것은 사람이 몰라서 하는 말일 것이다.

"거미 같은 미물들이 도구를 사용한다면 인간이라도 된단 말이냐? 세상에서 도구를 사용한 동물은 인간뿐이란다. 아참, 요즘 학자들의 연구 결과 원숭이들이나 까마귀 같은 동물들도 돌멩이나 나뭇가지 같은 원초적인 도구를 이용하기도 한다고 하더라만, 인간만이 도구를 사용할 수 있기에 만물의 영장이라 하지 않겠니?"

"어머니, 거미가 도구를 사용하지 않고 저토록 아름다운 집을 짓는다면 인간보다 뛰어난 영장이겠는 걸요?"

"쓸 데 없는 소리 그만하고 어서 들어가, 까치가 설계도 보고 제 집을 지은 것 보았니? 새끼를 기르고 종을 이어가기 위한 동물들의 본능일 뿐이야."

"새끼를 기르기 위한 본능이라고? 까치가 살기 위해서 이겠지요."

"까치가 집을 짓고 알을 품고 부화시켜 기른 후에 까치집에서 사는 거 보았니? 새끼를 기른 후에는 떠돌이 생활을 하는 거야. 사람은 본능을 떠나 문화생활을 위해 집이 필요한 거고."

"어머니, 조류박사예요?"

"잔소리 그만하고 문 열라니까?

현석이는 어머니의 재촉에 문을 열려다 손잡이를 놓고 다시 말을 이었다.

"어머니 말씀이 맞나 봐요, 만물의 영장은 인간뿐이라고 생각 되었어요. 왜냐하면요, 거미에게는 예지능력이 없나 봐요. 우리가 문을 열고 들어가면 제 집이 망가진다는 예측을 하지 못했군요."

"그래 현석이 말이 옳은가 보다. 어서 문이나 열어."

어머니께서는 현석이의 말에 아랑 곳 없고 빨리 문을 열고 들어가기만 바랄 뿐이었습니다.

현석이가 현관문 손잡이를 잡았다가 열지 못하고 다시 놓으며 뒤에 서있는 어머니를 바라보며 다시 말을 이었다.

“어머니, 우리 뒷문으로 들어가자. 거미도 이곳에서 살려고 새 집을 지었는데 우리가 문을 열어버리면 거미는 어디서 살아. 날벌레를 잡지 못하고 굶어 죽을지 모르잖아. 뿐만 아니라 거미는 매미충, 모기, 나방, 날개미, 바퀴벌레까지 잡아주기 때문에 우리에겐 무해의 살충제라고도 하잖아.”

“그만 두지 못해, 이삿짐이 먼저 도착하겠다. 어서 문 열라니까.”

어머니의 말투가 상당이 격앙된 소리였다. 그래도 현석이는 문을 열지 못하고 머뭇거렸다.

“거미는 내일 아침 또 다른 집을 보란 듯이 지어 놓을테니 저리 비켜.”

참다못한 어머니는 현석이를 비켜 세우고 들고 있던 작은 짐을 내려놓고 손수 문을 열었다.

정교하고 가지런하던 거미집이 길게 찢어지며 두 조각으로 갈라져 버렸다.

‘어떡해, 여러 사람이 우리 집을 짓는데도 넉 달이 걸렸는데, 작은 거미가 다시 집을 지으려면 며칠이 걸릴 텐데 그때까지 굶주리다 죽지나 않을까’ 사뭇 걱정이 되었다.

현석이는 어머니 뒤를 따라 현관 안으로 들어섰다. 널따란 거실이 눈에 들어 왔다. 들고 있던 가방을 내려놓고 벌러덩 누워 밖을 바라보았다. 확 트인 널따란 창밖으로 파란 가을 하늘에 먼 산이 바라다보였다. 아름다운 시골 풍광이 마음에 들었다.

순간 새로 놓인 에어컨 배관사이에 벌 한 마리가 날고 있었다. 자세히 보니 애호리병벌이다.

‘요놈 봐라, 내가 이사를 오기도 전에 또 네가 먼저 이사를 왔다 이 말이지?’

현석이가 벌떡 일어나 에어컨 배관 사이를 살펴보았다. 거기에는 미세한 진흙으로 예쁘게 만들어진 도토리만한 호리병이 있었다. 바로 이

호리병이 애호리병벌 집이라는 걸 알았다.

애호리병벌은 머리 위의 팔자(八)무늬가 선명하고 더듬이 사이에 세로줄과 앞가슴과 등판 양옆에 노란줄무늬가 뚜렷한 벌로 특히 앞가슴과 뒷배 사이에 끊어질 듯 가는 관으로 이어진, 모양이 어쩐지 불안하고 기묘하게 생긴 벌이다.

'녀석, 기묘하게도 생겼다. 혹시 어디 가다 아랫배만 떨어져도 모르고 살 놈 아냐? 가슴과 배가 어찌 그리 가는 실 같단 말이냐.'

현석이는 큰 도시 아파트에 살았다. 그러다가 아버지의 실직으로 고향시골에서 살고자 지난 봄부터 집을 짓기 시작하여 가을이 되어서야 겨우 완공하였다.

'너도 혼자 살기 외로워서 함께 살고자 이곳에 새 둥지를 마련하였구나.'

아파트는 여러 사람들이 모여 사는 주택이다 그런데 시골집도 한 공간에 여럿이 사는 공동주택이라고 생각되었다.

그때 할아버지께서 들어오셨다.

"할아버지 고맙습니다. 이렇게 아름다운 공동주택을 지어 주셔서 정말 감사합니다."

할아버지께서는 현석이의 말에 이해가 되지 않아 고개를 갸웃

"네놈이 살라고 단독주택을 지었는데 웬 공동주택이란 말이냐?"

"그런데요, 나보다 먼저 이사를 와서 함께 살자는 놈들이 있어요, 그들이 먼저 들어 왔으니 그들이 주인이고 나는 나중에 이사를 왔으니 그들에게 세를 들어 사는 거니까 공동주택 아닌가요?"

"글쎄다, 우리 현석이보다 먼저 이사를 온 그 놈들이 누구란 말이냐?"

할아버지께서는 현석이의 말을 이해할 수 없어 궁금해 하셨다.

"할아버지, 그 놈들이 누구냐 하면 바로 왕거미 하고 애호리병벌 들이어요, 보세요. 여기 벌집이 있잖아요."

그때서야 할아버지께서 허허허 호탕하게 웃으시며 어린 현석이의 생각이 기특해 허리를 굽혀 현석이를 끌어안고 빙글빙글 술래를 돌렸다.

"그래, 잘 살아라. 공동주택에서 벌과 거미와 귀뚜라미 고추잠자리와 함께 말이다.

현석이는 할아버지의 수고하심과 사랑해 주신 은혜에 고마운 마음이 들어 웃음보다 눈물에 젖어 할아버지를 꼭 안고 '할아버지 고맙습니다. 감사히 행복하게 살겠습니다.' 몇 번이나 다짐하였다.

고개 숙인 눈사람

하얀 눈이 내립니다. 시원이가 따뜻한 이불 속에서 깊은 잠을 잠자는 동안 계속 해서 내렸나 봅니다.

시원이보다 일찍 일어난 누나가 창문을 열고 눈 내리는 앞뜰을 바라보며 노래를 부릅니다. '펄펄 눈이 옵니다 하늘에서 눈이 옵니다. 하늘나라 선녀님들이 자꾸자꾸 뿌려줍니다.'

시원이는 누나의 노랫소리에 부스스 일어나 창가로 다가가서 누나 곁에 나란히 서서 창밖을 바라봅니다. 창문밖에 서 있는 키 큰 소나무 위에도 담장 옆 장독대 위에도 하얀 눈이 풍성하게 쌓였습니다. 창밖의 전경을 보고 있으려니 저절로 누나의 노래가 가슴속으로 파고듭니다.

"왜, 따라 불러? 따라 부르지 마. 따라서만 하는 애들은 훌륭한 사람이 못 된데. 네가 아는 노래를 불러." 시원이는 매사 누나를 따라 행동합니다.

"눈도, 자꾸자꾸 따라 내리고 있잖아, 나도 누나 따라 자꾸 부르고 싶은데."

격에 맞게 대답하는 동생 시원이가 귀여웠는지 살며시 시원이 손을 잡아줍니다.

시원이는 1학년이고 누나는 3학년입니다. 학교에 갈 때도 언제나 누나 손을 잡고 정답게 갑니다. 이웃 사람들은 다정한 오누이라고 칭찬을 많이 해 줍니다.

지금은 겨울방학 중이라 학교에 가지 않고 누나와 같이 집에서 동화책을 읽으며 직장에서 돌아오실 엄마 아빠를 기다리는 게 일과입니다.

시원이 아빠는 회사에 다니시고 엄마는 농협에 다니십니다. 두 분이 퇴근 하실 때는 보통 엄마보다 아빠가 먼저 오십니다. 아빠가 들어오실 때는 대문에 들어 오시면서부터

"한솔아, 시원한 물 한 잔 다오." 하시며 딸과 아들의 이름을 합해 넌지시 부르는 말입니다. 아니, 이따금 술을 한 잔 하시고 들어오시는 날에는 대문에 비스듬히 서서 고개를 옆으로 갸우뚱 젓히고 목이 타시는지 급하게

"한솔아, 시원한 물 한 바가지 다오, 어서." 라고 부탁 하실 때도 있습니다. 그땐 누나가 얼른 시원한 물을 받쳐 들고 아버지 앞에 다가서서

"동생 시원이 대령이오." 하고 드리면 그 큰 그릇의 물을 다 마시고

"거 그 물맛 참으로 시원해서 좋다. 시원아." 하고 시원이를 찾습니다. 시원이는 저만큼에서 배시시 웃으며 아버지가 다가와 안아주기를 기다립니다.

허나 아버지는 술에 취하셨는지 걷는 모습이 바르지 못하고 비틀거

립니다.

그럴 때면 시원이는 "싫다." 한마디를 하고 방으로 달려 들어가 버립니다.

오히려 늦게 들어오시는 엄마가 미워집니다.

"엄마 왜 늦어? 농협은 아빠 회사보다 훨씬 먼저 문을 닫잖아, 그런데 퇴근은 엄마가 맨날 늦잖아." 하고 투정을 부리기도 합니다.

그럴 때면 엄마는 항상 이렇게 말씀하십니다.

"문은 일찍 닫지만 그날 있었던 수입과 지출을 계산하여 잔액과 맞춰 놓고 퇴근하기 때문이야. 돈이 남으면 어디서 착오가 났는지, 돈이 부족하면 왜 부족한 지 정확한 계산을 해야 하기 때문에 그런 거란다. 우리 시원이가 엄마 이해해 주었으면 좋겠어." 하시며 시원이 엉덩이를 다독거려 줍니다. 시원이는 은근히 좋으면서도

"몰라, 몰라. 수입 지출 그런 거 난 몰라. 엄마만 빨리 와." 하고 더 투정을 부리기도 합니다.

오늘은 눈이 많이 왔습니다. 벌거벗은 백일홍 나무에도 솜바지를 입혀주고, 뾰족뾰족 돋아난 목련꽃 꽃눈마다 찾아다니며 모자도 씌워놓고, 멍멍이가 추울까봐 멍멍이가 잠자는 작은 지붕 위에도 솜이불을 덮어 놓았습니다.

'하늘나라 선녀님들이 자꾸자꾸 뿌려줍니다.' 하늘나라 선녀님들은 마음씨가 착하나 봅니다. 미운 것도 추한 것도 모두 아름답고 깨끗하게 만들어 주니까요.

오후가 되었습니다. 세상은 온통 커다란 한 장의 도화지가 되었습니다.

"누나야, 우리 눈사람 그릴까?"

"눈사람을 그리지 말고 만들자."

"그린 거나 만든 거나, 저 넓은 도화지 위에 눈사람을 그린 거는 만들자는 거와 같은 것 아니겠어." 한솔이의 마음이 움찔 놀랍니다. '저

어린 꼬마 녀석이 어떻게 그런 생각을 했을까?' 동생의 생각을 알아차리지 못한 자신이 부끄러워집니다. 그래서 동생에게 그 마음이 들킬까 봐 얼른 대답합니다.

"시원아, 얼른 나가 아빠 눈사람 만들자." 이번에는 자신이 주도적으로 해야겠다는 생각에 시원이를 이끌었습니다.

남매는 곧 장갑을 끼고 털모자를 쓰고 밖으로 나갔습니다. 뜰 앞엔 발목까지 눈이 쌓였습니다.

"누나가 머리 만들어. 내가 남자니까 더 큰 몸통을 만들 테니까." 한솔이는 또 한 번 동생에게 패한 수치심에

"아냐, 나는 3학년이고 너는 1학년이잖아. 그러니까 내가 커다란 몸통을 만들고 네가 작은 머리통을 만들어." 시원이는 고개를 끄덕이고 눈을 뭉쳐 눈밭에 굴렸습니다. '눈덩이 구르듯 한다.'는 속담이 거짓이 아닙니다. 한 바퀴씩 굴릴 때마다 자꾸자꾸 커집니다.

"누나야, 다 되었다. 이정도면 되겠지 머리가 너무 크면 누나가 더 힘들 거야." 시원이가 굴리든 눈덩이를 멈추고 누나 곁으로 다가옵니다. 한솔이가 보니 머리 만들 눈덩이가 한솔이가 만든 몸통보다 훨씬 더 큽니다.

'언제 나보다 크게 굴렸단 말이야? 이쯤 되면 누나도 시원이의 능력을 인정 할 수밖에 없었습니다.

"누나, 내가 도와줄까?"

한솔이가 누나 곁으로 다가갔다. 누나도 고개를 가볍게 끄덕였습니다.

"영차영차! 눈덩이를 굴려 우리 아빠 몸통을 만들자. 영차영차!"

"누나야, 우리 아빠 몸통이 이렇게 크지는 않아. 그만 굴리자."

"그래, 이만하면 되겠지."

남매는 다정하게 눈덩이를 굴려 커다란 몸통을 다 만들었습니다.

남매는 굽혔던 허리를 펴고 세울 곳을 찾았습니다.

"어디가 좋을까?" 누나가 시원이를 쳐다보며 물었다. 시원이가 무엇인가를 한참 생각하더니 혼자서 킥킥거리며 웃음을 참지 못했습니다.

"뭔데? 왜 너 혼자만 웃는 거야."

"누나, 우리 아버지 눈사람 대문 기둥 곁에 세우자."

"거긴 해가 잘 비춰 빨리 녹을 텐데 마당 가운데면 어떻겠니?" 어디까지나 누나의 합리적인 의견을 따라야 정성스럽게 만든 눈사람을 오랫동안 볼 수 있을 것입니다. 허나 동생은 합리적인 누나의 의견을 따르지 않고 재미있는 아빠의 이상한 모습을 만들기 위해서는 대문 기둥 곁이 제격이라고 우겼습니다.

이번에도 누나는 하는 수 없이 시원이의 의견을 따랐습니다. 허나 어쩐지 동생의 생각에 따르는 것도 같고 동생이 오빠 같다는 생각도 들었습니다.

남매는 먼저 몸통을 굴려 대문기둥 가까이에 세웠습니다. 아주 완전하게 세우려고 눈을 퍼다 밑바닥에 붓고 발로 밟아 다졌습니다. 그리고 머리를 굴려와 남매가 마주보고 서서 머리를 들어 몸통 위에 올렸습니다.

"누나야, 이런 모습은 흔히 보는 눈사람이야. 우리 아버지의 이상한 모습이 아냐. 머리를 앞으로 숙이도록 붙여 봐."

"어떻게 머리가 앞으로 붙어 있단 말이야? 굴러 떨어져 버리지. 그렇게는 안 돼. 왜 자꾸 머리를 앞으로 붙이려고 해." 누나의 말은 퍽이나 합리적이었습니다.

"그래서 기둥 곁에 세우자는 거야, 머리를 기둥에 기대 놓으면 떨어지지 않고 앞으로 고개를 숙인 눈사람이 되겠지, 자 이렇게."

둥그런 머리가 커다란 몸통 옆에 붙어 떨어질 듯 고개를 숙인 채 겨우 기둥에 의지해 고개를 푹 숙이고 서 있는 눈사람이 되었습니다.

"이게, 뭐야 술 취한 사람도 아니고." 그 말에 시원이가 크게 성공이라도 한 듯 손뼉을 치며 웃었습니다.

"맞다 맞다. 누나야, 술 취한 아버지, 바로 그거야." 누나는 영문을 몰라

"뭐라 하는 거니? 술 취한 우리 아버지."

"그렇다니까 지난번 술에 취해 들어오시다가 여기서 고개를 깊게 숙이고 토를 했잖아. 술에 취한 아버지께서 들어오시다 토한 모습이잖아."

누나도 시원이도 한바탕 웃었다. 어디서 날아 왔는지 까치 한 마리가 백일홍 나무 가지에 앉아 비틀어진 눈사람을 보고 이해할 수 없다는 듯이 고개를 갸웃거리고 한참을 내려다보더니 남매가 하는 소리를 알아들었는지 남매를 따라 웃다가 훌쩍 날아갔다.

"누나야, 입은 크게 벌리고 눈은 찔끈 감고 코는 삐뚤어지게 단단히 붙여."

누가 봐도 이해할 수 없는 이상한 눈사람이 완성되었다.

오늘은 어머니께서 먼저 퇴근을 하셨다.

"엄마, 눈사람 만들었다. 아빠눈사람 만들었다."

"그래, 어디?"

"저기 눈사람 보이지 않아." 어머니께서 눈사람을 보시더니

"무슨 눈사람을 저렇게 만들었니? 고개 떨어지겠다."

"히히히, 지난번 술에 취한 아버지께서 집에 들어오시다 토한 모습이야." 한솔이의 이야기를 듣고 계시던 어머니의 표정이 얼음장처럼 굳어졌습니다.

엄마도 함께 따라 웃어 줄 거라 알았는데 이상했습니다. 한솔이와 시원이도 덩달아 아무 말도 못하고 꽁꽁 얼어버렸습니다. 무엇인가 잘못 되었다는 느낌이 들지만 딱히 알아낼 수도 없었습니다. 눈사람을 넘어뜨려 버려야 된다는 생각이 듭니다. 허나 밖으로 나가 눈사람을 망가뜨릴 용기도 없었습니다.

얼마간의 시간이 지나 아버지께서 퇴근하여 들어오셨습니다. 한솔

이와 시원이는 제 방에서 귀를 기울이고 밖을 주시하고 있었습니다.

들어오시는 아버지를 보시고 어머니께서 몇 말씀 하셨습니다.

"애들 앞에서 조심성 없이 술에 취해 토나 하고 그게 어린 애들 앞에서 할 짓이어요?"

"당신 무슨 자다 봉창 뚫는 소리 하고 있소, 어쩌다 술 한 잔 하는 거가지고 이제와 뚱딴지같은 소리를?"

"밖에 나가 보세요. 애들이 당신 모습을 만들어 놨데요, 어떤 모습인지 똑똑히 감상하고 오세요."

아버지께서 현관문을 열고 밖으로 나가셨습니다.

"시원이 너 때문에 나까지 얻어듣게 되었잖아."

한솔이가 눈을 흘겼다. 시원이도 가슴이 콩닥콩닥 뛰면서 아버지 눈사람 만든 것을 은근히 후회했습니다.

"다음부턴 네 말은 안 들을 거야, 내가 하자는 대로 했으면 이런 일은 없었을 것 아냐."

시원이는 누나의 말에 아무 대꾸도 하지 못했습니다.

한참 후에 아버지께서 들어오셨습니다.

"어때요, 술에 취해 토하고 있는 당신 모습."

"하하하하 고것들!"

갑자기 아버지의 커다란 웃음소리가 거실 안에 가득 찼습니다.

"애들 어디 있어, 한솔아, 시원한 물 한 그릇 가져오너라."

아주 크고 호탕한 말씀이 끝나기도 전에 한솔이의 방문이 열리며 두 팔을 활짝 펴고 달려와 한솔이와 시원이를 꼭 안으셨습니다.

"자랑스런 내 아들 내 딸아, 누굴 닮아 그토록 예술성이 뛰어 날까! 그 뛰어난 창의력! 기발한 아이디어 아빠는 감동이야 감동."

한솔이와 시원이는 아빠의 가슴팍에서 고개를 들어 환한 아버지의 얼굴을 바라보며 안도의 한 숨을 길게 내쉬었습니다. 그리고 세 사람은 한 몸이 되어 방이 꺼질 듯 깡충깡충 뛰며 껄껄껄 웃었습니다.

사과씨 한 알

추석날 아침이다. 방바닥에 까만 사과씨 한 개가 아인이의 눈에 들어왔다. 까만 사과씨는 아주 반들거려 마치 진주알처럼 반짝 반짝 빛나고 있었다. 아인이는 신기한 보물이라도 발견한 듯 호기심에 가득 찬 눈으로 사과씨를 주워 들고 아버지를 바라보며 물었다.

"아버지 이게 뭐야?"

"처음 봤니? 예전에도 보았을 텐데."

"그랬을까? 처음 본 것 같은데, 언제 보았다고요?"

"사과를 깎아 먹은 후에 꼭 나오지 않아."

"응, 알았다. 사과씨."

아인이는 금년 여섯 살이 된 여자 아이다. 아버지의 직장을 따라 인천에서 살고 있다. 해마다 명절이 되면 고향을 찾아 시골 할아버지 댁으로 온 식구가 내려온다.

인천에서 생활은 한다지만 시골 계시는 할아버지와 자주 전화를 하며 안부를 주고받기도 하며 친분을 쌓았고, 고향에 내려갈 때 마다 할아버지께서는 로컬푸드판매장에 가셔서 시원한 얼음, 과일, 감자칩 또 통닭도 사주시기 때문에 할아버지와는 친한 사이가 되었다.

"여보세요, 우리 아인이 좀 바꿔 주세요."

"할아버지, 제가 아인이인데요."

"오, 그러냐? 오늘도 어린이집에 다녀왔니?"

"할아버지, 저 어린이집 안 다녀요."

"그럼 집에서 엄마랑 놀고 있었구나."

"아니요, 어린이집이 아니라 이제 유치원에 다닌다고요."

아인이가 목에 힘을 주어 똑똑하게 말한 것은 이제 어린이집 다닐 나이를 지나 당당하게 유치원에 다니고 있음을 알리고자 한 것으로 은근히 컸다는 것을 자랑하고 싶어서 이었을 것이다.

"오 그렇구나, 지난번에도 가르쳐 주었는데 할애비가 깜박 했구나." 하시며 지난 일을 기억하지 못함을 미안해 하셨다.

아인이는 금년 추석에도 어김없이 할아버지댁으로 추석을 쇠러 아버지 승용차에 온 가족이 함께 타고 왔던 것이다.

"아버지 사과씨 속에는 무엇이 들었을까?"

"글쎄, 무엇이 들었을까? 아마 하얀 꿈이 들어 있지 않을까?"

"하얀 꿈이 뭔데?"

"아인이도 꿈이 있잖아? 사과씨 속에도 그런 꿈이 들어 있겠지."

"응, 알았다. 파란 싹을 틔우고 무럭무럭 자라서 다인이 볼처럼 불그스레한 사과를 주렁주렁 달고 싶은 꿈이겠지."

"와, 아인이의 생각이 아빠의 생각을 능가한데, 아마 그럴 거야."

아버지는 의외로 또록또록 하게 자기의 생각을 말하는 아인이의 사고력에 칭찬을 아끼지 않았다

"아버지, 우리 사과씨를 심을까?"

"그럴까, 아인이가 사과씨를 심으면 사과나무 새싹이 돋아나겠지."

"아마 그러겠죠? 그리고 사과나무가 자라서 커다란 사과가 주렁주렁 열리면 사과를 사올 필요도 없겠죠."

아인이는 호미를 들고 화단가 소나무 아래로 다가섰다.

아인이 아빠는 아인이 동생 다인이를 안고 그 뒤를 따르고 있었다.

"아빠 여기다 심으면 되겠지?"

"응, 흙을 파고 심어봐."

아인이는 꼬막만한 손으로 그 손에 어울리지 않을 만큼 커다란 호미를 들고 땅을 파고 제 손톱만큼 한 까만 사과씨 한 개를 심었다.

그 광경을 보고 계시던 작은할아버지께서 참견을 하셨다.

"그래 우리 조카딸이 벌써 위대한 철학자 스피노자의 사상을 깨우쳤구나."

사과씨를 심던 아인이는 손을 멈추고 작은할아버지를 쳐다보며 물었다.

"스피노자가 뭐예요."

"스피노자는 아주 훌륭한 철학자 선생님이란다. 네델란드에서 태어난 선생님이신데 그가 중간에 깨우치고 한 유명한 말이 지금까지도 전해지고 있단다."

"어떤 말이 그토록 유명한데요?"

"내일 지구의 종말이 올지라도 나는 한 그루의 사과나무를 심겠다는 말이란다."

"아마 우리 조카딸 아인이가 벌써 스피노자의 말을 실천하는 사람이 되었으니 스피노자를 훨씬 뛰어 넘는 위대한 철학자가 될 수 있겠구나."

아인이는 알아들었는지 이해하지 못했는지 모르지만 고개를 끄덕거리고 나서 까만 사과씨 한 개를 소나무 아래 심었다. 그리고 누가 시키지도 않았는데 서재로 들어가더니 노오란 색종이를 사분의 일로 잘라 그 위에 유성사인펜으로 '사과씨 B'라고만 써서 빨대에 꽂아, 사과나무 씨를 심은 곳에 꽂아 놓았다.

'사과씨 B' 할아버지는 이해할 수 없었다. 사과나무 B자인지, B자가 아니라 13이라는 글자를 썼는지 또 명확하지 않았다.

할아버지께서는 아인이에게 뭐라고 쓴 거니? 하고 물어보려다 그만두었다.

추석명절이 끝나서 아인이는 아빠 승용차를 타고 다시 인천으로 올라갔다. 한 달 정도가 지나서 전화가 왔다.

"여보세요."

"오, 우리 아인이로구나, 유치원에 잘 다니고 있쟈? 다인이도 잘 놀고 있쟈."

"할아버지, 한 가지씩만 물어 주세요 어떤 대답부터 해야 할지 헷갈려요."

"오냐 오냐."

"할아버지, 제가 심은 사과씨 새싹이 돋아났지요?"

"아니다. 벌써 씨앗이 돋아났겠니?"

몇 가지 대화를 하고 나서 전화를 끊었다.

추운 겨울 날씨에 하얀 눈이 펄펄 내렸다. 설날이 내일 모래다. 금년에도 어김없이 아인이는 시골집 할아버지 댁을 찾아올 것이다.

섣달 그믐날 이었다. 아인이는 차에서 내리자마자 할아버지께 인사하는 것도 잊고 소나무 아래 사과씨 심은 곳으로 다가갔다.

"할아버지, 사과씨를 심은 지 5개월이 지났는데 아직도 새싹이 나오지 않았어요? 언제 새싹이 나오는 거예요?"

"연약하고 부드러운 새싹이 이 눈 속에 돋아나겠니? 봄 햇살이 따사롭게 비춰주면 곧 돋아날 거야, 다음 추석 때 내려오면 사과나무 새싹이 돋아 쑥쑥자라 아인이보다 더 클 거야."

아인이는 무척 아쉬웠지만 다시 기다릴 수밖에 없었다.

따사로운 햇살에 봄꽃들이 화들짝 피어났다. 수선화의 엷은 미소는 어느새 입을 다물었고 순백의 목련도 꽃잎을 떨구었다. 언제 이렇게 빨리 지나갔을까 엊그제가 구정인 듯 하는 데 봄은 초여름을 향해 달리고 있는 것이다.

어느 토요일 한식경이 지나 나른한 기운은 낮잠을 부르고 있었다.

'따르릉 따르릉' 전화벨이 찾아온 낮잠을 멀리 쫓았다.

"여보세요, 화순에 영기입니다."

"할아버지, 저 아인이에요."

"오 그래, 우리 귀여운 아인이로구나."

"제가요 일학년에 입학해서 학교에 다니고 있거든요. 그래서 자주 전화를 못했어요."

"그래 일학년에 입학했어? 그럼 유치원생이 아니고 이제 초등학생이 되었구나. 학교에 다닐……." 할아버지의 말이 끝나기도 전에 카랑카랑한 목소리로 말을 이어갔다.

"할아버지 제가 심은 사과나무 싹이 나왔어요?" 할아버지 할머니 안부보다 사과나무 안부에만 관심이 있었다.

"오냐, 벌써 싹이 돋아나서 파아란 잎이 봄바람에 한들거리고 있단다."

"그럼은요, 사진을 찍어서 지금 보내주세요. 저, 빨리 보고 싶단 말이에요."

이걸 어떡하나 사과씨는 돋아날 생각도 하지 않고 있는데, 아인이의 기대와 관심에 실망시키지 않으려고 무심코 그렇다고 대답을 했는데 사진을 찍어 보내달라니 할아버지는 너무 황당해서 다음생각도 못하고 수화기만 들고 있을 뿐이었다.

"할아버지, 전화 끊을께요 곧 영상으로 보내주세요." 제 할 말만 하고 뚝 끊어버렸다.

'이걸 어떡하나.' 한참을 생각하고 계시던 할아버지께서는 궁리 끝에 휴대폰을 들고 밖으로 나가셨다.

아인이의 작은 일에 성공의 자신감을 심어주기 위해 무심코 대답한 거짓말이 또 다른 거짓말을 불러오게 될 줄을 미처 생각하지 못한 할아버지는 진퇴양란에 빠졌다. 그렇다고 이제 와서 사과씨가 돋아나지 않았다고 말한다면 얼마나 실망할 것인가? 아인이의 실망한 얼굴이 떠올라 차마 전화를 하지 못하고 묘수를 도모코자 나온 것이다

'어린 사과나무를 어디서 찍는단 말인가?' 골몰하시던 할아버지는 전정가위를 들고 모과나무 밑으로 갔다.

사과나뭇잎과 비슷한 모과나무 새순 작은 가지를 싹둑 잘라 집으로 달려왔다. 곧 아인이가 사과씨를 심고 푯말을 써 놓은 곳에 꽂아 놓고 찰칵 찰칵 사진을 두어 장 찍었다.

언듯 보아 틀림없는 사과나무 새순 같이 보였다. 그 자리에서 아인이에게 영상을 보냈다. 곧 전화가 다시 왔다.

"할아버지, 사과나무에 물 잘 주고요 퇴비도 듬뿍 주어서 잘 자라게 해주세요. 다음 추석에 꼭 내려갈 테니까요."

한 번의 거짓말이 점점 큰 거짓말로 이어지고 있었다. 그러나 결코 할아버지는 후회하지 않았다. 아인이의 뜻을 실망시켜 주고 싶지 않았기 때문이다.

어릴 때부터 성취감의 기쁨을 느껴 본 사람만이 자라면서 더 큰 성취감의 기쁨을 얻고자 노력할 것이며, 어릴 때의 좌절감은 자라면서 자신의 일에 흥미를 갖지 못하고 점점 실망하여 결코 성공하지 못할 것이라는 것을 알고 있는 할아버지께서는 한 번 더 거짓말을 할 수밖에 없었다.

다음날 아침 일찍 할아버지는 나주에 있는 나무시장으로 나갔다. 나무시장에는 복숭아나무, 대추나무, 자두나무, 배나무, 무화과나무 사과나무 등 여러 가지 과일 나무들이, 새 터를 마련하여 살 곳으로 팔려가기를 기다리고 있었다. 할아버지는 될 수 있는 한 튼실하고 뿌리

가 많은 어린 사과나무 묘목을 한그루 사들고 집으로 돌아왔다.

할아버지는 들어온 즉시 외출복을 벗어 놓고 작업복으로 갈아입고 아인이가 사과씨를 심고 푯말을 써 놓은 곳에 사과나무를 정성껏 심어 놓고 그 앞에 아인이가 쓴, 비바람에 돌돌말린 푯말을 다시 꽂아 놓았다.

'됐다. 이만하면 감쪽같이 속아 넘어가겠지?' 무심코 했던 거짓말 한마디에 생각지도 못한 사과나무 한 그루를 심어 놓고, 아인이가 만족한 감동에 폴짝폴짝 뛰는 모습을 그리며 어린애처럼 내심 추석을 기다렸다.

무더운 여름 어느 날이었다.

외출에서 돌아와 외출복을 벗기도 전에 따르릉 전화벨이 울렸다.

"여보세요. 여기……." 할아버지의 첫마디가 끝나기도 전에 카랑카랑한 목소리가 들려 왔다.

"할아버지 안녕하셨죠? 사과나무 많이 자랐죠?"

"오냐 오냐."

"여름방학을 했는데요. 빨리 내려가서 사과나무를 보고 싶은데요. 저 혼자서는 못 가겠어요, 아버지와 토요일에 내려가자고 하였더니 회사일이 바빠서 못 내려가시겠다고 하니 어떡하면 좋지요? 추석에나 내려가자고 하잖아요."

"어쩔 수 없잖니 그때 내려와서 보렴. 그 동안 사과나무는 더 많이 자랄 거야."

"할아버지, 그럼 사과나무 사진 한 장 찍어 보내주세요, 얼마나 자랐는지 보고 싶단 말이에요."

할아버지는 수화기를 놓고 곧 핸드폰을 들고 사과나무 앞으로 다가갔다. 사과나무는 언제 이렇게 자랐는지 푸른 잎을 팔랑거리며 가느다란 가지를 활짝 펴고 무더운 여름날인데도 무럭무럭 자라고 있었다.

'금년추석에 손녀가 내려오면 얼마나 기뻐할까?'

할아버지께서는 푸른 사과나뭇잎을 보시며 하얀 머리카락을 한번 쓰다듬어 올리고 무심코 뒷산을 한참이나 바라 보셨다.

찰칵 찰칵 한두 장 사진을 찍어 거실로 들어와 곧 카톡으로 영상을 보내주었다.

내가 만든 올무

경수가 태어난 곳은 방촌리라는 농촌이었습니다. 방촌리는 마을 뒤로 계명산이 높이 솟아 마을을 감싸고 있으며 마을 앞으로는 지석천 맑은 물이 사시사철 흐르고 주변으로 널따란 평지가 펼쳐있는 우리나라의 아름다운 농촌 마을 이었습니다. 하지만 누구나 알 수 있듯이 농촌의 생활은 여간 어려운 게 아니었습니다.

논농사 밭농사뿐만이 아니고 농사일 외에도 많은 일들이 있었습니다.

지금은 농가에서 가축을 기르는 집이 없고 소나 염소는 목장에서, 닭은 양계장에서, 돼지는 양돈장에서 길러 고기와 알을 팔지만 옛날엔 집집마다 돼지를 한두 마리씩 꼭 길렀습니다. 먹고 살만한 농가에서는 너나없이 소도 한 마리씩 길러 농사일에 이용하기도 하고 큰돈을 마련할 수도 있었습니다. 닭은 집집마다 여나무 마리씩 길러 계란과 고기를 얻어 필요할 때 요긴하게 이용하였던 것입니다. 이러저런 일로 농촌은 언제나 바쁘고 힘들었습니다.

그래서 애들도 학교에 다녀오는 대로 예습과 복습은 생각지도 못하고 책가방은 던져 놓고 꼴망태를 메고 들로 산으로 나아가 꼴베기에 바빴습니다. 경수도 언제나 빠짐없이 소꼴을 베어다 소를 기르는 일을 담당하고 있었습니다.

지금 농촌은 너무 힘이 없습니다. 그러나 옛날의 농촌은 힘이 넘쳤습니다. 골목마다 애들이 모여 겨울이면 연날리기, 스케이트 타기, 가을이면 숨바꼭질, 비석치기놀이 등 언제나 시끌벅적 활기차고 재미있었습니다. 이렇게 많은 애들이 있었기에 혼자 꼴을 베러 가는 애들은 없었고 자연히 또래 애들과 함께 온 들판을 돌며 부드럽고 싱싱한 풀을 찾아 몰려다니며 꼴을 베게 되었습니다.

지금은 소나 염소, 돼지, 닭 할 것 없이 모두 공장에서 나오는 사료를 먹고 살지만 옛날에는 모두 풀에 의존하였기에 논둑이나 밭둑가에 풀은 귀하고 소꼴 베기도 여간 힘든 일이었습니다.

하지만 소꼴을 베러 가면 으레 장난질이 심해서 다른 친구가 베어 놓은 풀을 자기 꼴망태에 담아버리고도 모른 체 하는 얌체들도 있었고, 꼴을 베기 싫으면 낫치기를 해서 꼴 따먹기도 했습니다.

낫치기는 언제나 흥미롭고 재미나는 놀이었습니다. 서로 풀을 한 줌씩 베어다 한군데 모아놓고 자기 낫을 돌려 던져서 풀 모둠 가까이에 떨어져 낫이 땅에 꽂힌 사람이 그 풀을 다 가져가는 놀이로 서로 따먹으려고 지루한 줄도 모르고 꼴을 벨 수 있어서 재미도 있었죠. 하지만 낫이 땅에 꽂히지 않는 애들은 따먹지 못해서 다른 애들은 꼴망태 가득 담아 놓고 놀고 있을 때 자기만 혼자 꼴을 베려니 부화도 나고 힘은 더 들었습니다.

그러던 어느 해 가을이 다가올 무렵이었습니다. 그날도 경수는 친구들과 인장굴 고개 넘어 강변에서 친구들과 어울려 낫치기도 하고 친구들이 베어놓은 꼴을 살짝 훔쳐오기도 하고 부지런히 꼴을 베어 큰 꼴망태를 메고 낑낑거리며 언덕길을 오르는데, 갑자기 발이 묶어놓은 풀포기에 걸려 넘어지고 말았습니다. 꼴망태는 데굴데굴 굴러 저 아래 밭둑에까지 굴러 가버리고 넘어지며 무릎을 꿇는 바람에 무릎에 상처까지 났습니다.

애들이 쇠뜨기풀잎을 서로 묶어 지나가는 다른 사람이 걸려 넘어지도록 해 놓은 덫에 걸려 넘어진 것입니다. 더욱 화가 치민 것은 굴러가는 꼴망태를 잡아 주지도 않고 꼴망태가 한 바퀴씩 구를 때마다 흩어지는 꼴을 보며 배꼽을 잡고 웃는 친구들이었습니다.

"누가 그랬어? 빨리 나와 안 나오면 죽어 누가 묶었어?"

친구들이 모두 꼴망태를 내려놓고 약속이라도 한 듯 이구동성으로

"그래 내가 그랬다. 어쩔 건대 죽여 봐 죽인다고?" 하고 대들었다. 너나없이 자기가 했다고 대드는 친구들 앞에 경수도 어쩔 수 없었다. 그들과 모두 싸울 수도 없었고 더구나 형식이는 어찌나 덩치가 큰지 그를 당해내는 친구는 한 사람도 없었습니다.

"형아야, 결초보은도 모르나. 결초보은이야."

가장 어린 민성이가 끼어들었다.

"저 쥐알 만한 새끼 함부로 까불고 있어." 눈을 부라리며 말했습니다.

"그래 두고 보자."

"두고 보나 마나 다음에 보자는 놈들 하나도 무섭지 않아 얼른 가서 꼴망태나 메고 와." 형식이가 말하며 꼴망태에 꽂힌 낫을 빼 들었습니다.

경식이는 하는 수 없이 터덜터덜 내려가 꼴망태를 추겨 세웠습니다. 꼴은 어디로 쏟아졌는지 반도 차지 못했습니다. 절반 이상 흩어진 풀을 주워 담으며 올라 왔습니다. 모두 가버린 줄 알았던 친구들이 저마

다 한줌씩 풀을 베어 들고 경수에게로 다가와 꼴망태를 채워 주었습니다.

고맙기도 했지만 무릎에 따가운 상처는 치유되지 않았습니다.

'그래 두고 봐라, 나도 꼭 한 번은 갚아 주겠다.' 단단히 마음을 먹고 꼴망태를 메고 마을로 들어 왔습니다.

그 후 일주일쯤이 지났을까? 우리들은 또 모여 꼴을 베러 나갔습니다. 경수는 친구들이 장난을 치던지 말든지 상관 하지 않고 낫치기도 하지 않고 열심히 풀을 베어 쏘까지 박아서 메고 넘어진 언덕배기까지 단걸음에 올라와 꼴망태를 저만큼 숨겨 두고 길가의 쇠뜨기 풀을 잡아 몇 군데 묶어두었습니다. 그리고 멀리 다박솔 나무 밑에 숨어서 친구들이 올라오기를 기다리고 있었습니다.

그런데 한동안 기다려도 친구들이 올라오지 않았습니다. 가슴은 두근두근 어서 올라만 오너라. 어느 한 놈은 걸려들겠지.

'오늘은 내가 네놈들 골탕을 먹여 주겠다. 한군데도 아니고 대여섯 군데나 묶어두었으니 한두 놈은 걸려 넘어지겠지.'

잔뜩 기대를 갖고 기다리는데 앞서 올라온 몇 명이 용하게도 넘어지지 않고 지나쳐 왔습니다. 그러나 나는 뒤에 온 애들이 있으니까 실망하지 않고 숨을 죽이고 엎드려 지켜보고 있었습니다.

그때 나무를 한 짐 짊어지고 힘겹게 올라오신 분이 계셨어요, 그 순간 나무꾼이 벌러덩 앞으로 넘어진 거예요. 이를 어쩌나 가슴이 퉁퉁거리고 몸이 달아올라 어쩔 줄을 모르고 숨을 죽이고 지켜만 보고 있었습니다. 그런데 넘어진 나무꾼이 털털 옷을 털고 일어나는데 아뿔싸 그분은 우리 아버지가 아닌가?

나는 얼른 달려가 지게를 잡아주고 나뭇짐을 다시 매도록 도와주고 싶었지만 그러지도 못하고 속으로 아버지 죄송해요, 정말 죄송해요 하면서 아버지를 지켜보는 수밖에 없었습니다. 아버지는 어느 놈의 짓일까 싶었는지 주위를 한번 둘러보시더니 지게를 바로 세우고 나뭇짐을 다시 메더니 나무 지게를 지고 내려가시는 것이었습니다.

나는 한참이나 멍하니 하늘만 쳐다보았습니다. 그 뒤 곧 따라 올라오던 얘들은 용케 넘어지는 놈은 한 놈도 없었습니다.

허탈한 모습으로 꼴망태를 매고 오는데 어찌나 무겁던지 다리가 후들거리고 걸을 수가 없었습니다.

세상에 이럴 수가 있단 말인가? 어쩌다 내가 만든 올무에 넘어지라는 친구들은 한 놈도 걸리지 않고 우리 아버지께서 걸려들었단 말인가?

그 후 나는 결코 남을 해코지 하는 일은 하지 않았지만 아버지를 볼 때마다 가슴이 두근거리고 죄송한 마음은 평생을 지워지지 않았습니다.

'아버지, 잘못 했어요 그때 넘어진 것은 제 잘못이었어요, 넘어지는 아버지를 보고도 선뜻 나서지 못한 죄스러움을 차마 말씀드리지 못하고 평생을 아버지 앞에 죄인으로 살았습니다. 언젠가는 아버지 앞에 잘못을 빌어야지 하면서도 말씀 드리지 못한 가운데 아버지는 운명의 날을 맞았습니다.

그때서야 경수는 아버지 영정 앞에 엎드려 "아버지 용서하세요. 그 먼 옛날 나뭇짐을 지고 오시다가 넘어져 무릎을 다친 것은 저의 잘못이었어요." 라고 말씀 드렸지만 알아들었는지 못 알아들었는지 아무 대답도 없었습니다.

경수는 늘 그날을 생각하며 거짓말 하지 않고 결코 남을 해코지 하는 말과 행동을 하지 않고 착하고 정의롭게 살면서 해마다 아버지의 제삿날이면 그때 일을 떠올리며 그 잘못으로 평생 죄 짓지 않는 사람이 되었음을 감사하며 정성껏 제사를 받들었습니다.

달맞이꽃

옛날 아주 까마득한 옛날, 달나라에 어질고 마음착한 임금님이 살았습니다.

이 임금님에게는 귀여운 딸이 하나 있었습니다. 공주는 날로 날로 달덩이처럼 예쁘게 자라났습니다.

달나라 임금님은 귀여운 딸을 끔찍이도 사랑하며 키웠습니다.

귀여운 공주가 임금님 곁에 다가오면 임금님은 힘든 나랏일도 모두 잊어버리고 딸과 함께 즐겁고 재미있게 보냈습니다.

무럭무럭 자란 공주님의 나이가 꽃다운 18살이 되던 때였습니다.

달나라에는 여러 가지 재난들이 일어났습니다. 신하들의 불충성 때문에 왕은 몹시 괴로워했고 흉년으로 나라 안은 어지러웠습니다.

나라에 어려운 일이 있을 때마다 달나라 임금님은 세상 나들이를 했습니다. 이번에도 세상 나들이를 하고자 신하를 시켜 채비를 갖추라고 명령했습니다.

신하들은 독수리의 날개가 달린 황금수레에 봉황의 날개가 달린 백마를 채웠습니다.

달나라 임금님께서는 곧 공주를 앞에 태우고 은하수를 건너 파란 바닷물이 넘실거리며 갈매기가 노래하는 바닷가 봉덕산 기슭 백련폭포 앞에 내려왔습니다.

봉덕산 깊은 골자기 푸른 숲속에서 한 줄기 흐르는 맑은 물이 폭포를 이루어 바다로 쏟아지는 물가에 앉았습니다.

찬란히 떠오르는 밝은 햇살을 받아 폭포는 무지개를 그리고 산새들과 바닷새들의 고운 노랫소리는 임금님의 시름을 잊게 했습니다.

한참을 앉아 쉬시던 임금님께서는 일어나셨습니다. 아직 걷히지 않는 아침안개가 봉덕산 봉우리에 맴도는 백련못에 가서 거칠어진 마음을 씻고 달나라의 재난을 슬기롭게 다스리고자 공주님과 함께 이곳에 오셨던 것입니다. “내, 산봉우리 백련못에 다녀올 테니 너는 이곳에서 잠깐 기다리도록 하여라.” 하시고는 바닷가에 공주를 혼자 남겨두고 백련못을 향하여 천사처럼 훨훨 날아 안개 속으로 떠나가셨습니다.

봉덕산 백련못은 하늘이 내린 연못으로써 이 연못에서 목욕을 하면 마음이 깨끗해지고 어려운 재난도 슬기롭게 해결할 수 있는 능력도 생기는 신기한 연못이었기에 달나라 임금님은 마음이 거칠어지고 근심이 생길 때마다 이곳에 오셔서 목욕을 하시고 다시 올라가 나랏일을 돌보셨습니다. 이 때문에 달나라 사람들은 착하고 어진 임금님 밑에서 늘 걱정 없이 생활할 수가 있었던 것입니다.

공주님은 아름다운 봉덕산의 경치와 떨어지는 폭포에서 일어난 찬란한 무지개의 황홀함에 한참을 정신없이 구경하였으나 아버지는 오시지 않았습니다.

공주님은 기다림에 곧 싫증을 냈습니다. 그때였습니다.

"딸랑 딸랑." 아름다운 방울소리가 울렸습니다. 공주는 방울소리가 나는 곳을 바라보았습니다. 예쁜 꽃마차에 타고 있는 분은 키가 훤칠하게 크고 번쩍거리는 눈빛에 웃음 가득한 얼굴을 가진 잘생긴 이능부리왕자님이었습니다.

왕자는 아침마다 이곳 봉덕산 백련폭포까지 산책을 왔던 것입니다.

왕자는 꽃마차를 세워두고 일어나, 처음 보는 봉황의 날개가 달린 황금마차와 눈부시게 아름다운 공주를 보자마자 마음이 끌리어 자신도 모르게 사랑하게 되었습니다.

공주도 잔잔한 호수처럼 맑은 눈과, 넓은 가슴 그리고 용맹스러워 보이는 양어깨 하며, 늠름한 그 모습에 마음이 끌리기 시작하였습니다.

그래서 공주는 자신도 모르게 살며시 마차에서 내리며 미소를 보냈습니다.

미소에 반한 왕자는 공주 곁으로 한 걸음 한 걸음 다가왔습니다.

왕자와 공주는 사뿐사뿐 나는 듯 걷는 듯 가볍게 다가와 서로서로 손을 마주잡고 춤을 추기 시작했습니다. 떨어지는 물소리도 아주 즐거워 너울너울 함께 춤을 추었습니다. 중천에 솟아오르는 해님도 반가워 따사로운 은혜를 내려 주었습니다. 이렇게 춤을 추는 동안 왕자와 공주의 사랑은 깊어만 갔습니다.

백련못에서 마음을 씻어버린 달나라 임금님께서 딸이 걱정되어 바쁜 걸음으로 백련폭포로 달려오셨습니다.

공주는 그런 줄도 모르고 무지갯빛 폭포아래서 왕자님과 함께 즐겁게 춤을 추고 있었습니다.

달나라 임금님은 그런 딸의 모습을 보자마자 버럭 화를 내려 하였으나 금방 백련못에서 목욕을 하셨기 때문에 화보다는 용서와 사랑하는 마음이 솟아올랐습니다.

"자, 내 착한 공주야 이제는 갈 시간이 되었으니 어서 이리로 오너라."

깜짝 놀란 왕자는 잡았던 손을 놓고 달나라 임금님께 뛰어가 공주를 세상에 남겨주기를 간청하였습니다.

"안 되느니라. 공주는 내게 하나밖에 없는 딸인데 어찌 어지러운 세상에 남겨둘 수 있겠느냐!"

"달나라 임금님, 그러시다면 저도 함께 달나라로 가게 해 주세요."

"그도 안 될 말이다. 왕자는 선대를 이어 어지러운 이 세상을 평화롭게 다스릴 일이 아직 남아있으니 어찌 내가 데려가겠느냐?"

또 다시 거절을 했습니다.

"아버지, 그럼 저를 이 세상에 남게 해주세요. 저는 왕자님과 이곳에 남겠어요. 왕자님을 사랑해요."

공주도 임금님께 간청을 하였으나 들어주지 아니하였습니다.

임금님은 어서 이곳을 떠나고자 했습니다.

하는 수 없이 공주는 아버지 곁에 나란히 앉았습니다.

왕자는 황금마차를 붙잡고 "안 됩니다. 저도 가게 허락해 주세요. 저는 공주를 사랑합니다."

아버지 곁에 앉아있던 공주도 눈물을 흘리면서 허락해 주시기를 간청하였으나 아버지는 공주를 위로할 뿐이었습니다.

달나라 임금님은 애절하게 부탁한 이능부리왕자에게 약속해 주었습니다.

"네, 꼭 달나라에 오겠다고 하면 봉덕산 백련폭포 백련바위 밑에서 백일동안 기도를 하여라. 그럼 백일기도가 끝나는 대로 네 소원이 이루어질 것이다."

말씀을 마치자 공주를 태운 황금마차가 달나라를 향해 날아갔습니다.

왕자는 황금마차가 구름 속에 가리어 보이지 않을 때까지 손을 흔들었습니다.

"공주! 공주 잘 가세요 그리고 기다리세요. 네 곧 백일기도를 시작하여 공주 곁으로 가겠으니 말이에요."

공주를 향해 한없이 외쳤으나 하늘이 너무 넓어 외치는 소리는 아련히 폭포 속으로 사라져 갔습니다.

한편 하늘에 올라온 공주는 세상만을 내려다보며 씩씩하고 아름다운 왕자가 그리워 밤마다 은하수 강가에 나와 왕자를 생각하며 눈물을 흘렸습니다. 마침내 공주는 이날부터 얼굴에 근심과 걱정이 생기면서 시름시름 앓기 시작했습니다.

달나라에서 좋다는 약이란 모든 약을 다 구해다 주었으나 백약이 무효였고 병세는 날로 날로 더해갔습니다.

"아버지 저를 세상나라에 보내주세요."

"안 된다, 이토록 허약한 몸으로, 내 어찌 너를 보낼 수 있겠느냐."

근심스러운 달나라 임금님께서는 안타까운 마음으로 공주를 내려다보았습니다.

공주의 해쓱한 얼굴에 또다시 눈물이 주르르 흘렀습니다.

"이대로 두었다가는 아름다운 공주가 죽을지 모르겠으니 어찌해야 되겠느냐?"

달나라 임금님은 신하들을 불러 의논을 하였습니다.

더러는 세상나라로 보내자는 신하도 있었고 하나밖에 없는 공주를 보내면 임금님이 적적하셔서 안 된다는 신하도 있었습니다.

"아버지 저를 세상나라로 보내주세요 그러면 저는 웃으며 떠날 거예요."

공주의 간곡한 부탁에 달나라 임금님은 허락을 하기로 하였습니다.

그러나 큰일이었습니다. 그것은 세상나라에서 살고자 한번 내려가면 다시는 달나라에 올 수가 없었기 때문입니다.

"그래, 떠나거라."

이 한마디에 공주는 날 듯 기뻤습니다. 두 팔을 활짝 펴고 아버지 품에 안겼습니다. 달나라 임금님은 공주를 안고 뜨거운 눈물을 뚝뚝 흘리셨습니다.

"아버지 기뻐해주세요 그리고 눈물을 거둬주세요, 아버지의 눈물을 보고 제가 어찌 기쁜 마음으로 떠날 수 있겠어요."

아버지께서는 억지로 웃음을 보이시며

"오냐 내 아름다운 공주야, 난 너를 보는 것만으로 큰 기쁨을 얻었거늘, 이제 너를 보내니 어찌 슬프지 않겠느냐? 네가 정녕 가고 싶다니 내 너를 보내 주겠노라만 다시 한 번 생각해 보아라, 이제 너 혼자 세상에 내려가면 다시는 올라올 수 없을 테니, 내 마음이 이리도 슬프구나."

"아버지, 세상나라에는 왕자님이 저를 기다리고 계시잖아요."

"그래 하는 수 없는 일이로구나, 정 가고 싶다면 오늘밤 달빛을 타고 내려가도록 하여라."

그날 밤 공주는 부드럽고 순결한 달빛을 타고 은하수를 건너서 봉덕산 백련폭포 옆에 내렸습니다.

그곳 백련바위 옆에는 아무것도 먹지 않은 채 백일기도를 드리고 있는 왕자가 보였습니다. 오늘밤이 기도한지 꼭 백일이 되는 날이었습니다.

공주는 사뿐사뿐 걸어 왕자 곁으로 다가갔습니다. 왕자는 백일기도 끝에 만나게 된 공주를 보고 꿈인지 생시인지 분간하지 못하고 공주를 안고 덩실덩실 춤을 추었습니다.

"공주! 정말 백일기도를 하였더니 내가 달나라에 가지 않아도 공주께서 제 곁으로 오게 되었으니 소원이 이루어졌네요."

"예! 오늘이 기도한지 꼭 백일이 되었다고요?"

춤을 추던 공주는 왕자의 손을 놓고 근심에 쌓였습니다.

"이를 어쩌면 좋지요 왕자님?"

"내일 아침 해가 뜨면 왕자님과 또다시 이별이 될 테니 나는 어찌하면 좋을지?"

"공주! 이제 저와 공주가 이곳에 함께 있으니 어찌 이별이 오겠오."

공주는 고개를 설레설레 흔들며 눈물을 흘렸습니다.

"공주께서 내일 아침 하늘로 떠나시더라도 백일기도가 끝났으니 저도 함께 갈 수 있을 것이오."

공주의 얼굴은 점점 창백해지며 어쩔 수 없는 이별을 생각하고 있었습니다.

'하루만 더 하늘에서 기다리고 있었더라면…….' 후회도 하였습니다.

"공주! 아무 걱정 마시고 어서 즐겁게 춤을 춥시다."

이런 속사정을 모르는 왕자는 그저 기뻐 공주를 안고 밤새토록 덩실덩실 춤만 추었습니다.

봉덕산 봉우리가 밝아오면서 이글대는 태양이 떠올랐습니다.

공주는 이토록 찬란한 태양이 미운 적이 없었습니다.

"싫어 싫어, 해가 싫어."

떠오르는 태양을 밀쳐버리고 싶었으나 공주의 힘으로 밝은 태양을 지워 버릴 수는 없었습니다.

그 때였습니다. 갑자기 소용돌이 치는 바람이 세차게 불었습니다.

백련폭포에 떨어지던 물줄기가 바람을 타고 거꾸로 오르기 시작했습니다.

공주 곁에 있던 왕자의 옷자락이 펄럭이더니 물줄기를 따라 바람과 함께 하늘로 오릅니다.

왕자는 두 발과 두 팔을 버둥거리며 바람과 물에 휩쓸려 하늘로 올라갔습니다. 공주님은 손을 높이 들어 왕자님의 옷깃을 잡고 따라 가려고 애를 썼으나 날 수도 없고 왕자님의 손을 잡을 수도 없었습니다.

"공주! 공주!"

왕자의 소리가 점점 멀어져 갔습니다.

오늘이 백일기도가 끝나는 날이었기에 한 번 약속한대로 왕자는 하늘나라로 오르게 되었던 것입니다. 공주는 너무도 슬픈 일에 그동안 참지 못했던 자신의 일에 대하여 후회를 하였으나 다시는 올라갈 수가 없었습니다.

공주는 하늘을 쳐다보며 울고 또 울다가 그 자리에 쓰러져 숨을 거두고 말았습니다.

그 후 공주의 무덤 앞에 해질녘이면 아름다운 꽃 한 송이가 피어났습니다.

이 꽃은 밤이 되어 고요한 달빛이 흐를 때마다 왕자님이 그리워 다소곳이 엎드린 채 가냘픈 꽃잎을 펴서 달을 향해 기도를 합니다.

밤을 새워도 꽃의 기도는 끝나지 아니하였지만 아침이 되어 태양이 떠오르면 그리운 왕자님을 싣고 떠난 햇빛이 원망스러워 꽃은 입을 다문 채 시들어 버렸다가도 다시 밤이 되면 피어나 기도하는 꽃이 되었답니다.

이 꽃을 누군가의 입에서부터 달맞이 꽃이라 불리어지게 되었습니다.

아인이의 봄 여름 가을 겨울

1. 진달래꽃

달구산 기슭에 따사로운 햇살이 새록새록 내려왔습니다.
겨우내 움츠려 있던 진달래 꽃망울이 토옥 톡 터졌어요.
연분홍 진달래 고운 꽃잎들이 봄바람에 나풀나풀 손짓을 했어요.
걸음마를 막 시작한 아인이가 엄마를 따라 산기슭에 당도했습니다.
"엄마 엄마, 예쁜 꽃이 피었어."
"응, 진달래꽃이란다."
"진달래꽃? 엄마, 나보다 더 예쁘지?"
"그렇구나, 하지만 엄마 눈엔 아인이가 세상에서 제일 예쁘단다. 아인이보다 더 예쁜 꽃이 어디 있겠니."

연분홍 진달래꽃들은 시샘이 나서 따사로운 봄 햇살 아래 더욱 예쁘게 피어났습니다.

"흥, 나보다 더 예쁘다고? 저 꼬맹이?" 하며 입을 삐쭉거렸습니다.

아인이는 아장아장 걸어서 진달래꽃 가까이 갔습니다.

"진달래야 네가 나보다 훨씬 더 예쁘구나, 어쩌면 이렇게나 예쁘니?"

진달래꽃들도 멋쩍은 듯이 고개를 살래살래 흔들며 말했어요.

"아니야, 어머니 말대로 아인이의 웃는 모습이 아주 예쁜 걸."

"아니야, 네 짙은 연분홍 꽃잎은 얼마나 고운데."

"그렇지만 반짝이는 눈 오목한 입술 까만 눈썹 네 아름다움은 백설공주 보다 더 예쁜 걸."

"아니야 아니야, 내 눈빛이 아름답다한들 네 꽃잎만큼 할까 봐?"

아인이와 진달래꽃은 서로를 칭찬하며 웃었습니다.

따사롭던 햇살도 샘이 난 듯 잠깐 구름 속으로 숨어버렸습니다.

2. 다람쥐

무더운 여름철이었습니다.

오늘은 회사에 다니시는 아인이 아버지께서도 여름휴가를 받은 날입니다.

"아인아, 우리 피서를 갈까? 어디로 가면 좋겠어? 바다?, 아니면 깊은 계곡?" 아인이의 반짝거리는 눈에는 벌써 기쁨으로 가득찼습니다.

"아빠, 우리 산으로 가자. 산토끼도 보고 다람쥐도 보고 산속 동물들이랑 만나 놀고 싶어."

아인이는 엄마와 같이 아빠 승용차에 올랐습니다. 한 시간을 달려 덕태산 입구에 도착했습니다. 아빠와 엄마는 배낭을 메고 계곡을 따라 땀을 뻘뻘 흘리며 걸었습니다.

얼마쯤 걸어 자리를 잡은 곳은 아름드리나무들이 울창한 곳이었습니다.

엄마와 아빠는 텐트를 치고 점심준비를 하였습니다. 아인이는 물통을 들고 식수를 뜨러 가던 중 동물들의 이야기와 사는 모습을 볼 수 있었습니다.

수수알처럼 까만 눈망울 끔벅거리며 긴 꼬리를 말아 올린 다람쥐가 바위틈에서 쏘옥 올라와 두리번거리더니 나무꼭대기도 오르내리기도 하고 쫑쫑쫑 춤을 추며 즐겁게 놀았어요.

다람쥐가 목이 말랐는지 곰바위 아래 옹달샘을 찾아 갔어요. 옹달샘에는 솔새 할미새 딱새들이 찾아와 목욕을 하고 있었어요.

"얘들아, 안녕."

"그런데 이 샘물은 우리들이 목마를 때 찾아와 마시는 시원한 샘물인 것을 너희들은 몰랐니?"

"알지, 너무 더워서 시원하게 목욕을 했어 왜 그러는데?"

"알고도 먹는 샘물에서 목욕을 했단 말이야?"

"아아 그렇구나. 잘 못했어 다음부터는 목욕은 이 아래 계곡에서 할께."

새들은 포드득포드득 모두 날아갔어요.

다람쥐 형제는 더러워진 샘물을 모두 퍼내고 깨끗이 청소를 하였습니다. 곰바위 밑에 옹달샘에서는 금방 맑은 물이 퐁퐁 솟아올라 깨끗해졌습니다.

다람쥐 형제는 맑고 시원한 샘물을 꿀꺽꿀꺽 마음껏 마셨습니다.

아인이도 그때서야 샘가로 내려가 마실 물을 떠 담아 엄마에게로 갔습니다.

돌아오는 길에 아인이는 산속에서 듣고 본 이야기를 엄마 아빠에게 해주었습니다.

3. 둔데미 샘물의 나들이

하늘은 한층 높아 하얀 구름을 둥실둥실 띄워 산봉우리에 올려놓았습니다.

오늘은 아인이가 엄마와 함께 아빠 차를 타고 단풍구경을 가는 날입니다.

"엄마, 단풍나무 잎이 왜 빨갛게 변했어?"

"나무가 방귀를 뀌었나보다."

"으응? 방귀."

아인이가 어머니의 말씀을 알아듣지 못하고 고개를 갸우뚱거렸습니다.

"어린 애기에게 말을 삼차원으로 돌려 하면 어떻게 알아듣겠어. 아인아 나뭇잎이 물든 것은 추워서 얼굴이 빨갛게 변한거란다."
아인이는 아버지의 말을 듣고 나서 고개를 끄덕였습니다.

진안군 백운면 백암리 깊은 골짜기에 높이 솟은 산이 선각산입니다. 아인이는 아빠 손을 잡고 계곡을 따라 고운 단풍길을 걸어 둔데미샘까지 올랐습니다.

아인이는 이곳에서 샘물의 이야기를 들었습니다.

뽀그르르 뽀그르르 솟아오른 둔데미샘물이 샘가를 두어 바퀴 돌더니 마침내 마음속 깊이 다짐을 했습니다.

'그래 나는 이곳에 머물러 있을 수는 없어 이곳을 떠나야 내 꿈을 이룰 수 있어' 마음을 굳게 먹고 샘물은 둔데미 언덕을 넘어 흐르기 시작했어요.

깊은 계곡 높고 가파른 골짜기라 샘물은 힘차게 힘차게 출발하였어요.

둔데미샘을 떠난 지 불과 몇 미터도 못가서 커다란 바윗돌이 길을 막고 서 있었어요.

'내가 이곳에서 멈출 수는 없어. 어떻게 이곳을 빠져 나가야 될까?'

한참을 빙빙 돌며 생각하던 샘물은 작은 소용돌이 속으로 빨려 들어갔습니다.

둔데미샘물은 바위 밑에 작은 구멍을 찾아 고개를 숙이고 납작 엎드려 커다란 바윗돌을 겨우 빠져 나왔어요.

'휴 겨우 빠져 나왔구나, 내 몸을 낮추고 몸을 적게 하면 빠져 나갈 방법이 생기는 것이로구나.'

둔데미샘물은 다시 졸졸졸 산골짜기 좁다란 계곡을 따라 흘렀습니다.

그런데 이번에는 정말 커다란 바위가 앞을 꽉 막고 있는 거예요.

샘물은 한참을 웅덩이에 갇혀 빠져 나가지 못하고 빙빙 돌면서 침

착하게 생각 했어요

'그래, 그럼 되겠다.' 다시 생각한 샘물은 바윗돌과 산기슭이 만나는 옆으로 돌아 바윗돌을 붙잡고 빠져 나갈 수 있었습니다.

마침내 둔데미샘물은 백운동천에 도착하였어요. 하지만 여기서 멈추지 않고 계속 흘러 마침내 섬진강의 큰 강에 도달하였습니다.

4. 소나무와 솔새

하얀 눈이 온 산에 가득 내렸어요.

나무들의 숨소리도 들리지 않고 계곡 물도 그대로 꽁꽁 얼었어요.

온 산천이 하얀 눈으로 가득 찼어요.

이른 아침 찬란한 햇살이 아인이가 새근새근 잠자는 창가에 다가와 반짝반짝 빛났어요.

아인이가 부스스 일어나 창문을 활짝 열고 창밖을 내다보았어요. 세상은 아름다운 나라가 되었어요.

새하얀 솜이불을 덮고 자던 나무들도 일어났어요.

일찍 일어난 솔새 한 마리가 소나무 위에 앉아 소록소록 배가 고파 울었답니다.

펑펑 쏟아지는 눈 때문에 먹이를 찾지 못해 배가 고파 견딜 수 없었겠죠.

솔새의 안타까운 울음소리를 듣고 소나무가 말했어요

"솔새야, 위를 쳐다 봐. 머리 위에 매달린 솔방울에 솔씨 세 개를 숨겨 두었어. 그거면 요기가 될거야."

"고마워, 그렇지만 내년 봄이 되면 땅에 떨어뜨려 새싹을 피워야 되잖아."

"괜찮아, 내년 봄에는 더 많은 솔방울을 만들어 많은 씨앗을 맺을

테니까."

"고마워. 은혜를 어떻게 갚지."

"괜찮아, 내년 솔방울이 많이 맺히면 씨들을 물어다 멀리 멀리 후손을 퍼뜨려 주면 돼."

가지에 앉아 울던 솔새가 포드득 날아올라 솔방울 속에 꼭꼭 숨겨둔 씨앗을 쪼아 먹었습니다.

참 다행한 일었습니다. 솔새가 오늘도 굶게 되었다면 배가 고파 그만 눈 속에 푹 쓰러졌을 거예요.

눈보다 하얀 착하고 아름다운 아인이는 솔새와 소나무의 다정한 이야기를 듣고 이 겨울을 뜻하게 보낼 수 있는 방법을 찾았어요.

"아인아, 세수하고 아빠랑 같이 밥 먹어야지."

아인이가 고개를 흔들었어요.

"왜? 싫은 거니?"

밥상 앞에 앉아 있던 아인이가 갑자기 밥과 국을 들고 일어났어요.

"어디로 가려고 여기서 먹어야지."

"눈이 많이 왔잖아, 오늘은 웃집 혼자 사시는 할머니와 같이 먹고 싶어."

아인이는 밥과 국그릇을 들고 아장아장 걸어 밖으로 나갔습니다.

해바라기의 꿈

며칠째 비가 내리지 않았습니다. 장마가 지난 뒤라서 오뉴월 태양빛은 너무 뜨거웠습니다. 뜰 앞에 모이를 줍던 암탉도 양쪽 날개를 독수리처럼 활짝 치켜들고 화단가 해바라기 그늘 밑에서 히멀건 눈을 이기지 못하고 끔벅 졸고 있습니다. 암탉을 못살게 쫓아다니던 달곰이도 울타리 밑에서 진달래빛 혀를 조갯살처럼 빼고 헐근거립니다. 키가 큰 해바라기는 해를 쫓다 지쳐 힘에 겨운 듯 잎을 말고 간신히 고개를 지탱하고 서 있었습니다. 키가 작은 봉숭아도 시들시들 몸을 지탱하지 못한 채 시들어 가고 있었습니다. 그나마 다행인 것은 해바라기의 그늘이 햇볕을 가려 주어서 이만큼이나 버틸 수 있었던 것입니다.

"언니, 우리 이러다가 꿈을 이루기도 전에 죽는 게 아냐?"

"조금만 더 참고 기다려 봐."

"아니야, 목이 말라 더는 못 견딜 것 같애."

"해님이 서산너머로 떠나면 좀 더 나아질 거야."

"그러게 말이야, 빨리 떠나 보내. 언니가 자꾸 따라가며 붙잡으니까 하루가 이렇게 길잖아."

"낸들 어찌 하겠니, 한 번 먹은 마음 그리 쉬 포기할 수 없는 걸, 꼭 해를 닮은 밝은 빛을 얻고 말거야."

봉숭아도 해바라기의 말에 더할 말이 없어 고개를 숙인 채 심한 갈증을 참느라 잎들을 빌빌 꼬았습니다. 곁에 서 있던 맨드라미 잎들도 축 늘어져 거의 땅 위에 누운 채 숨을 헐떡거렸습니다. 해바라기의 고통도 봉숭아 못지 않았습니다.

뜨거운 햇볕과 바싹 마른 가뭄 땅에 신이 난 꽃은 채송화뿐입니다. 화단가에 핀 채송화 꽃만은 엷은 꽃잎을 활짝 폈습니다. 노란꽃잎 빨강꽃잎 분홍꽃잎의 선명한 색상이 하늘의 별빛만큼 또록또록 반짝였습니다. 어떻게 채송화는 무더운 여름을 잘 견디는지 약이 오르기도 했습니다.

오늘도 해바라기는 아침 일찍 해님이 동산에 떠오르는 시각에 동쪽 하늘에서부터 해를 따라 서쪽으로 돌아가면서 해를 닮고자 하였지만 무심하게도 해는 말 한마디 들려주지 않고 서산 너머로 붉은 빛을 토해내며 자취를 감추어 버렸습니다.

'감히 너 따위가 위대한 나를 닮겠다고?'

화가 난 해님이 내일은 더 뜨거운 햇볕으로 혼 내켜 주려는 것인지 모릅니다.

"언니, 어떻게 긴긴 여름을 참으란 말이요. 난 그만 둘래요."

"낸들 힘들지 않겠니? 참고 기다리면 언젠가는 꼭 이루어질 거야."

"아니, 우리의 꿈은 이루어질 수 없나 봐요, 괜한 헛수고만 하는 게 아닐까싶어요?"

"그렇다고 여기서 그만둘 수 없잖니? 내일을 위해 오늘밤은 쉬지 말고 조금이라도 더 많은 물을 마셔두자."

해가 넘어간 후 골바람이 선들선들 뜨거운 땅을 식혀 주었습니다. 밤이 깊어 갈 무렵 이슬이 내려 꽃들은 목을 축일 수 있었습니다. 채송화는 해가 넘어 가는 시각이면 엷은 잎을 접었습니다.

그 후 몇 차례 소나기가 지나고 무더운 여름이 거의 지나갈 무렵 봉숭아 겨드랑이에서 땀방울처럼 망울망울 작은 봉오리들이 생겨나기 시작했습니다. 처음에는 이슬방울만 하던 것이 하루하루가 지나면서 점점 자라더니 일주일이 지나자 쌀튀밥 만큼 부풀었습니다.

푸르기만 하던 꽃밭엔 빨간 칸나, 분홍빛 다알리아, 연둣빛 과꽃 등 여름꽃들이 피기 시작하였습니다.

봉숭아에게서도 드디어 빨간 꽃잎이 연둣빛 꽃주머니 속에서 나비의 날개가 펼쳐지듯 꼬깔콘처럼 피어올랐습니다.

"언니 언니, 꽃을 피웠어. 내가 꽃을 피웠어." 봉숭아꽃은 무척 기뻐했습니다.

이제 봉숭아꽃의 꿈은 거의 이루어진 것이나 다름없습니다. 하지만 해바라기에게는 아직도 꿈이 이루어질 기미는 보이지 않았습니다.

"언니 이제는 아랫동네 진희아씨만 찾아오면 돼."

봉숭아꽃은 자기의 꿈이 하나씩 이루어지고 있음이 신통하기만 했습니다.

"착한 네 마음을 알고 꿈을 이루어 주시는구나."

"착하긴, 나보다 언니가 더 착하지."

"소낙비가 후두둑 내릴 때마다 널따란 잎으로 행여 연약한 줄기 다칠까 봐 비를 가려 주고, 지난 여름 뜨거운 햇볕을 막아주기도 하고, 내가 넘어질 때마다 달려와 손을 잡아 일으켜 주며 언제나 용기를 주었잖아."

"그랬었나, 하지만 너만큼은 못 했는걸, 넌 물에 젖은 내 발을 닦아주고, 동구밖 심부름은 네가 다 해주고, 언제나 청소는 네 차지였잖아?"

해바라기는 봉숭아꽃이 부러워 내려다봅니다.

"언니 걱정하지 마. 더 큰 꿈을 이루어 주시기 위해 늦을 거야. 대기만성이라는 말도 있잖아."

봉숭아꽃은 숭월숭월 활짝 피었습니다. 짙은 분홍빛 봉숭아꽃, 진홍빛 봉숭아꽃, 빠알간 봉숭아꽃들로 등불을 밝힌 듯 환하게 빛났습니다.

미진이도 찾아와 빨간 봉숭아꽃을 한 움큼 따가고, 정미도 몇 송이 따갔습니다. 기다려도 진희는 웬일인지 아직 찾아오지 않았습니다. 아마도 집안 일이 바빠서일 것입니다.

이제 여름이 지나 가나봅니다. 시원한 바람이 불어왔습니다. 밤이면 풀벌레 소리가 들려 왔습니다. 별처럼 빛나던 채송화도 시들었습니다. 화사하게 피어나던 봉숭아꽃이 지고 타원형 씨방이 배불뚝이로 자라기 시작했습니다.

그 무렵 지칠 줄 모르고 자라던 해바라기 끝부분에 작은 꽃머리가 생겨났습니다. 처음은 오십 원짜리 동전만큼 하던 것이 차차 자라더니 아버지의 손목시계만큼 동그랗게 커졌고 며칠이 지나자 동그란 접시만큼 자랐습니다.

해바라기 머리맡에 다가와 있던 하늘이 저만큼 물러가 남산 위에 앉아있습니다. 파란 하늘에 흰구름이 한가롭게 떠나갑니다. 언제 날아왔는지 빨간 고추잠자리가 해바라기 머리 위에 맴을 돕니다.

'어어! 내 얼굴이 정말 해를 닮아가는구나! 동그란 내 얼굴에서도 조금 있으면 해님처럼 밝은 빛이 나겠지.'

해바라기도 꿈이 이루어지는 것 같아 가슴이 뿌듯하고 기뻤습니다.

저만큼에서 진희가 채소바구니를 들고 올라오고 있었습니다. 진희 뒤로 미진이와 정미도 함께 따라 옵니다.

"지난 번에 따간 봉숭아꽃으로 물들인 손톱이야. 예쁘지."

정미가 손톱을 내밀었습니다. 손톱에 진홍빛 봉숭아 꽃물이 메니큐어처럼 선명하게 드러났습니다.

"예쁘다, 나도 봉숭아 꽃물을 들여 봐야겠다."

"그래 지금 드리면 첫눈 올 때까지 남아있을 거야, 첫눈이 내릴 때까지 봉숭아꽃 물이 손톱에 남아있으면 첫사랑이 이루어진다고 하잖니?"

"진희야, 너도 들여 봐. 네가 좋아하는 성민이하고 사랑이 꼭 이루어질 거야."

진희의 얼굴이 봉숭아꽃처럼 분홍빛으로 상기되었습니다.

진희의 얼굴이 그토록 상기된 것은 몇 년 전부터 성민이와 다정한 친구로 지내오다가 지난 겨울 성민으로부터 사랑을 고백 받았기 때문이었습니다. 그러나 성민이는 부모님의 승낙을 받고 사랑을 고백한 것은 아니었습니다.

이를 잘 알고 있는 진희는 부모님의 승낙이 있기까지 만나지 않겠다고 하였으나 성민이의 사랑은 지나칠 만큼 진희를 그리워하였던 것만은 사실이었습니다.

그래서 성민는 진희를 만나 가끔 시내 극장을 찾아가 영화도 보았고 다방과 식당가를 찾기도 했었습니다.

소문은 금방 온 마을로 퍼져갔습니다. 진희 부모님들의 책망도 있었지만 그보다 성민이네 부모님들의 성화가 더욱 심해졌습니다.

어느 날 진희는 성민이네 부모의 부름을 받아 소가 도살장에 끌려가듯 무거운 발걸음으로 찾아갔습니다. 방안에는 성민이가 먼저 무릎을 꿇고 아버지 앞에 앉아 있었습니다. 진희는 저만큼 뒤쪽으로 가서 쪼그리고 앉았습니다. 부엌문을 열고 들어오시는 어머님께서 먼저 말씀을 하셨습니다.

"다 큰 애들이 어쩌자고 쏘다녀, 남의 입성구에 오르내려 좋을 게 뭐 있다고?"

한마디 말씀을 하시고 진희 곁에 다가와 앉으시며 착한 진희의 손을 꼭 잡아 주었습니다. 아마 어떤 말이 나오더라도 참고 성민이를 단념하라는 뜻 같았습니다. 그 뜻이 어찌 됐건 진희에게는 무척 힘이 되어 주었습니다. 고개를 숙인 채 성민이 아버지의 말씀을 기다렸습니다.

"안 된다. 예로부터 네 집과 우리 집은 동기간처럼 가깝게 지내온 터라지만 결혼만은 절대 승낙할 수 없다."

아버지의 입장을 단호하게 말씀하셨습니다. 뒤를 이어 몇 가지 당부 말씀도 해주었습니다.

진희는 서럽고 눈앞이 캄캄했습니다. 빈부의 격차, 학벌의 격차, 체면이 사랑을 막을 수 있을까?

진희네는 살림이 구차하여 품팔이가 생계의 수단이었습니다. 그래서 진희아버지는 성민이네 일을 머슴처럼 도맡아 해주며 밭떼기 좀 부쳐 먹었다고는 하지만 그런 일로 사랑을 막을 수 있을까?

그날 밤 진희는 집에 오던 길가에 주저앉아 슬피 울었습니다. 담장 너머 파랗게 자란 봉숭아가 진희의 사정을 알고 해바라기에게 말했습니다.

"언니, 나는 자라서 진희의 소원을 꼭 들어주는 봉숭아꽃이 될 거야."

봉숭아새싹은 키가 훌쩍 자란 해바라기를 보고 말했습니다. 해바라기와 봉숭아는 함께 심은 동기였지만 해바라기 키가 너무 컸기 때문에 봉숭아는 해바라기를 언니라고 부르게 되었습니다.

"그래, 네 소원이 꼭 이루어져 진희의 가슴앓이가 행복으로 바뀌었으면 좋겠구나."

진희는 봉숭아 제일 끝부분에 달린 싱싱한 꽃잎을 한 송이 두 송이

땄습니다. 빨간 봉숭아꽃을 바른손에 꼭 움켜쥐고 종종걸음으로 내려갔습니다.

"진희야 백분도 조금 넣으면 물이 더 잘 들어."

정미의 말을 뒤로 하고 걸었습니다. 진희의 가슴이 왠지 설레었습니다.

아마 요즘 손톱에 물을 들이면 첫눈이 올 때까지 봉숭아꽃 물이 남아 하얀눈 위에 분홍빛 진희의 손톱이 반짝반짝 비춰 하늘나라에까지 전달되어 진희의 소원이 이루어질 것입니다.

해바라기 얼굴은 보름달만큼 자랐습니다. 그러나 좀처럼 해님처럼 밝고 환한 빛은 나타나지 않았습니다.

오늘도 해님은 동산 위에 밝은 모습으로 떠올랐습니다. 해바라기가 해님을 따라 고개를 들어 쳐다보았지만 해바라기의 얼굴이 점점 무거워 고개를 들지 못한 채 땅을 내려다보았습니다. 그러나 밝은 빛은 나타나지 않고 제 그림자만 땅 위에 모습을 드러냈습니다.

언제부턴가 해바라기의 얼굴엔 제비새끼의 부리처럼 귀엽게 생긴 낱알들이 또록또록 여물어 갔습니다. 빼곡하게 들어박힌 씨앗들이 해바라기의 얼굴을 무겁게 눌러 다시는 해를 쳐다볼 수 없게 익어버렸습니다.

누렇게 익은 벼들의 추수가 끝났습니다. 사각거리던 옥수숫대들도 모두 뽑히고 말았습니다. 밭머리에 작은 채소밭만이 푸르렀습니다. 머지않아 하얀 눈이 내릴 것입니다. 오늘도 해바라기의 꿈은 이루어지지 않고 회색빛 씨앗들만 해바라기의 고개를 짓눌러 점점 땅으로 처지고 말았습니다.

이제는 해바라기도 자기의 꿈을 포기해야 할 때가 되었나 봅니다. 그래서 너무 억울하기도 했습니다. 그것은 지난 여름 그 뜨겁고 무더운 나날을 오직 꿈을 이루기 위해 참고 노력했는데 헛수고가 되나 싶었기 때문이겠죠.

그때 갑자기 해님의 음성이 들렸습니다.

"해바라기야, 긴긴 여름 나를 따라 다니느라 수고가 많았다. 네 꿈이 모두 이루어졌느니라."

해바라기는 어처구니가 없어 쇠잔한 목소리로 말했습니다.

"해님처럼 밝은 빛이 아니라도 반딧불처럼 희미한 빛을 받아 어두운 곳을 밝혀주는 것이 제 꿈이었는데 지금은 이토록 초라한 제 모습일 뿐인데 어찌 이루어졌다 하시는지요?"

"네 얼굴에 또록또록 잘 여문 씨앗 속에는 빛의 씨가 숨어 있단다. 그 빛의 씨를 찾아내어 불을 밝히면 너는 내가 비출 수 없는 동굴 속까지 밝힐 수 있을 것이며, 어두운 밤길도 환히 비추는 밝은 빛을 낼 수 있을 것이니라."

해바라기는 해님의 말씀을 듣고 기뻤습니다. 몇 번이고 고개를 깊숙이 숙여 감사하다는 인사를 했습니다.

"해바라기야, 잘 들어라, 빛의 씨를 뽑아내기 위해서는 네 몸을 불사르는 어려운 고통과 뼈마디가 모두 부서져 가루가 되는 어려움이 있을 것이다. 지금이라도 포기하면 그 어려운 고통은 벗어날 수 있으니 내 말 명심하여라."

'나는 빛이 될 거야 어두운 골목길도 밝히고 해가 떠난 밤길도 밝혀주고 캄캄한 동굴 속까지도 밝혀주는 빛이 되어 어두운 세상을 밝게 비춰주는 빛이 될거야. 어떤 고통과 어려움이 닥치더라도 꿈을 이루고 말거야.'

해바라기는 다시 한 번 입을 꼭 다물고 굳게굳게 다짐을 했습니다.

'내 몸이 뜨거운 불길에 볶이더라도, 내 몸이 기름틀에 짓눌려 바스라져도 참고 견디어 밝은 빛이 되어 어두운 세상을 밝게 비추는 빛이 될거야.'

할머니와 조롱박

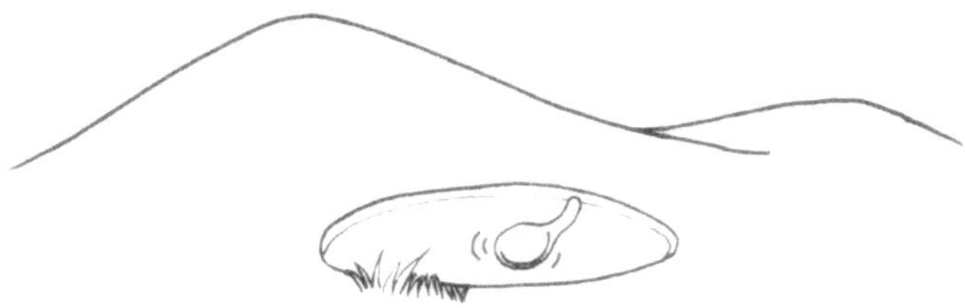

우뚝 솟은 용암산 기슭 한천리 마을 뒤켠에 쓰러질듯 겨우 버티고 서있는 토담집 단칸에 늙디늙은 할머니 한 분이 살고 있었습니다.

할머니 집 곁으로는 용암산을 오르는 꼬불꼬불한 등산로가 있어서 사시사철 등산객들이 오고 갔습니다. 또한 할머니집 앞 커다란 바위 밑에는 예로부터 신통력이 있다는 시원한 약수터가 있었습니다.

많은 사람들은 이곳을 지날 때면 맑고 시원한 샘물을 떠서 마른 목을 축이고 갔습니다. 뿐만 아니라 등산객들은 이곳 약수터에서 산행에 필요한 물을 떠 물통에 담아 갔습니다.

어느 해 봄 따사로운 햇살이 대지를 비췄습니다. 할머니는 어디서 구했는지 조롱박씨 하나를 들고 와 울 가에 정성스럽게 심었습니다. 며칠 후 박씨는 연록색 새싹을 내밀었습니다. 할머니는 물도 주고 북도 주며 정성스럽게 가꾸었습니다. 덕분에 조롱박새싹은 쑥쑥 자랐습니다.

민들레도 피고 개나리도 피었습니다. 보리밭 이랑 위에서는 종달새는 찌지루 찌지루 울었습니다. 조롱박 새싹은 넝쿨을 쭉쭉 뻗어 울타리를 타고 올랐습니다.

"그래, 어서어서 자라 야무진 바가지가 열려야지."

앞니가 겨우 하나 남은 할머니는 똑똑치 못한 발음으로 중얼거리며 조롱박넝쿨이 자라는 모습을 보며 기뻐하였습니다. 더러는 곁줄기가 땅 위로 내려오면 울타리 위로 걷어 올려주기도 하고 웃거름으로 요소비료를 한 움큼씩 부어주기도 하였습니다.

"할머니, 고마워요 어서어서 자라서 할머니처럼 남을 배려할 줄 아는 조롱박이 될 게요."

조롱박넝쿨도 할머니 은혜에 보답이라도 하듯 하루가 다르게 뻗어 올라 사립문 곁에 서있는 오동나무 위까지 뻗었습니다.

"아 더워라, 벌써 여름이나 보다. 봄은 짧고 여름이 길다더니 벌써 이렇게 더워서야 올 여름을 어찌 날꼬."

할머니는 부지런히 텃밭을 가꾸었습니다. 옥수수도 심고 고구마도 심고 참외와 오이도 심었습니다. 광주에 사는 외손자 녀석들이 여름방학을 맞아 할머니집에 찾아오면 삶아주고 잘 익은 참외도 따주고 싶어 고루고루 채소와 과일채소를 심고 가꾸었습니다. 틈틈이 집안을 청소하고 여름옷을 꺼내놓기도 하고 지난 가을 시렁 위에 깊숙이 올려놓은 부채도 찾아냈습니다. 쓰러질듯 한 오두막이지만 집 안팎은 항상 깨끗하여 누구나 할머니의 부지런함을 엿볼 수 있었습니다.

조롱박넝쿨도 잎새 사이에 초롱 꽃대가 기다랗게 돋아나더니 여름밤 하얀 박꽃이 소담하게 피었습니다. 어린아이 볼보다 더 부드러운 박꽃은 살랑살랑 부는 바람에도 엷은 입술을 히죽이며 귀엽게 웃었습니다.

한 송이 두 송이 하얀 박꽃은 이 넝쿨 저 넝쿨에서 울타리를 따라 하얗게 피었습니다. 할머니의 정성이 그토록 여린 박꽃을 많이 피웠나 봅니다.

며칠이 지나자 나비의 날개처럼 엷고 소복처럼 깨끗한 박꽃이 누렇게 지더니 콩알만큼 한 조롱박이 열렸습니다.

날이 지나갈수록 콩알만큼 하던 조롱박은 탁구공만큼 자라고 탁구공만큼 하던 조롱박은 야구공만큼 자랐습니다.

조롱박은 튼튼한 넝쿨 덕분에 무럭무럭 자랐습니다.

할머니는 짚으로 똬리를 만들어 잘 자랄 수 있도록 밑을 안전하게 받쳐주었습니다.

밤이면 달님도 내려와 조롱박과 같이 놀았습니다.

"나도 달님처럼 많은 사람들에게 밝은 빛을 주는 조롱박이 될 거예요."

조롱박은 달님을 닮고자 했습니다.

낮이면 해님이 내려와 조롱박과 놀았습니다. 조롱박은 해님과 같은 둥근 박이 되어 온 세상에 밝은 빛을 주겠다고 해님을 따랐습니다.

어느덧 무덥던 여름도 지나고 가을이 다가왔습니다. 조롱박은 달님을 닮고자 했지만 길다란 자루에 배통만 둥그런 조롱박이 되었습니다. 그날 밤도 한가위 둥그런 보름달이 동산에 솟았습니다.

"달님, 나는 왜 달님처럼 둥글지도 못하고 밝은 빛도 나지 않아요?"

"너는 나를 닮지 못한단다. 너는 너대로 해야 할 일이 있는 거야. 누구나 똑같이 밝은 빛을 비춘다면 세상은 온통 밝은 빛 때문에 살 수가 없게 된단다."

"싫어요, 처음부터 달님을 닮고자 했잖아요."

"조롱박아, 너는 너대로 해야 할 일이 일을 거야. 처음대로 할머니를 닮아 남에게 배려하는 훌륭한 박이 되겠다고 했잖니? 남을 위해 할 수 있는 일이 많을 거야."

"남을 배려하는 일이야 누구나 다할 수 있잖아요."

"아니야, 남을 배려 할 줄 알기까지는 엄청난 시련과 고통을 참고 이겨 내는 자만이 진정 남을 위할 줄 알게 된단다. 그런 시련과 고난을 겪지 못한 자는 오히려 위선이 되고 만단다."

"다시 한 번 당부하는데 뼈를 깎는 아픔과 살을 에는 고통을 참아야만 한다. 명심하여라."

그날 이후로 조롱박은 달님을 만나지 못하였습니다.

어느새 화사하게 피어난 코스모스꽃들도 지고 까만 꽃대궁만 앙상하게 남아 소슬한 바람에 이리저리 흔들렸습니다. 사립문 옆에 서있는 오동나무도 잎을 떨구었습니다.

서리가 내린 어느 날 아침이었습니다. 할머니께서는 하얗게 여문 조롱박을 뚝 따셨습니다. 그리고는 날카로운 톱을 들고 들어오셨습니다.

'잘 여물었다. 이놈은 꼭 쓸 수 있겠구나' 하시더니 톱을 들어 조롱박을 타기 시작하였습니다.

"할머니, 할머니! 참아요. 왜 그러시는 데요 너무 아파요."

조롱박은 날카로운 톱날을 한 번 튕겼습니다.

"요놈 봐라 아주 단단히 시었구나, 하마터면 못쓰고 버릴 번 봤네."

'네 모습 그대로는 아무데도 쓸 데가 없어 자신을 깨쳐야 쓸모가 있게 돼.'

할머니는 중얼거리며 다시 톱날을 바로 잡고 박을 타기 시작하였습니다. 조롱박은 달님의 마지막 당부한 말을 떠올리며 고통스러운 시간을 보냈습니다. 그러더니 다시 속 창자까지 모두 긁어냈습니다.

"할머니 너무 하신 게 아니에요? 더는 못 참겠어요."

"네 속에 들어있는 고집과 욕심도 모두 버려야 쓸모가 있게 되는 거야, 그 아집과 욕심으로는 아무짝에도 쓸모가 없어."

할머니의 생각은 단호했습니다. 조롱박의 고통은 여기서 끝난 것이 아니었습니다. 펄펄 끓는 물속에서 얼마나 울었는지 달님과의 약속이 아니었더라면 솥에서 튕겨 나왔을 것입니다.

한 시경이 지나 할머니는 조롱박을 꺼내어 겉껍질을 잘 긁어 벗겼습니다. 이제 조롱박은, 박이 아닌 새로운 쪽박으로 태어났습니다. 할머니는 또다시 송곳으로 쪽박의 귀를 뚫어 예쁜 꽃실로 귀걸이를 해주었습니다.

쪽박은 불평이 컸습니다.

'바가지로 태어나려면 커다란 함박으로 태어나야지 보잘 것 없는 쪽박이 뭐람.'

할머니는 한 쌍의 귀여운 쪽박을 양지바른 들보아래 걸어 두었습니다.

쪽박은 할 일 없이 들보 아래서 한들한들 그네를 타고 한겨울을 보냈습니다.

'이게 뭐야. 그토록 모진 고통과 아픔을 참고 태어나 빈둥빈둥 놀고만 있으려면 차라리 고통이나 감내하지 않았을 텐데.'

해가 지나고 따뜻한 봄이 찾아왔습니다. 할머니는 쪽박을 들고 사립문 앞에 있는 약수터로 갔습니다. 그러더니 쪽박을 곧 샘물가의 버드나무 작은 가지에 걸어두고 집으로 들어가셨습니다. 밤이 되어 무섭기도 하였습니다. 여우의 우는 소리도 들렸습니다. 한 쌍의 쪽박은 서로 꼭 부둥켜안고 밤을 새웠습니다.

다음날은 일요일이라서 용암산을 오르는 등산객이 많았습니다. 등산객들은 너나 할 것 없이 약수터에 와서 쪽박을 내려 물을 떠 마시기도 하고 더러는 물을 퍼 물통에 채우기도 하였습니다.

"새 바가지 아냐? 올해도 할머니가 정성스럽게 바가지를 만들어 걸어 두셨구먼."

"누가 아니래, 할머니의 고마운 마음을 헤아리기나 해."

저마다 등산객들은 쪽박을 들고 보이지 않게 좋은 일을 하시는 할머니를 칭찬하였습니다. 쪽박도 할머니를 칭찬하는 말에 덩달아 흥이 났습니다.

'그래, 나도 아주 작은 일, 목마른 자에게 한 모금의 물을 떠주는 일에도 게으름을 피우지 말아야겠구나.'

쪽박은 그날부터 열심히 물을 떠서 목마른 등산객에게 봉사하였습니다.

일 년의 긴 시간이 금방 지나갔습니다. 쪽박은 그동안 닳고 손잡이가 깨졌습니다.

이제는 어쩔 수 없이 깨진 쪽박신세가 되어 아궁이 속이나 동구 밖 쓰레기장으로 가게 되었습니다. 생각하니 이렇다 할 큰 일 한 번 못하고 허무한 삶을 마치려니 지난 날이 그리웠습니다.

그때 할머니는 깨진 쪽박을 들고 집으로 들어와 깨진 주변에 구멍을 뚫고 작은 소나무 뿌리로 꼭꼭 꿰매더니 쌀독에 넣어 두었습니다. 쪽박은 그날부터 아침저녁으로 쌀을 떠 주는 일도 하고 더러는 화주승에게 공양하는 일도 하게 되어 무척이나 기뻤습니다.

짱아짱아 예쁜 짱아

신덕리 마을 앞 맑은 시냇물이 졸졸 노래하며 한가롭게 흘러갑니다.

강변 따라 갈대밭이 줄을 지어 가지런히 서 있고 곁으로는 푸른 풀밭이 널따랗게 펼쳐 있습니다.

이곳 갈대밭에는 왕잠자리, 고추잠자리가 날아와 숨바꼭질을 하며 놀다 가기도 하고 물새들이 찾아와 술래잡기도 하는 동물들의 놀이터이기도 합니다. 뿐만 아니라 물가로 펼쳐진 풀밭에는 누렁황소가 풀을 뜯기도 하고 엄마소와 어린 송아지가 나란히 누어 낮잠을 즐기기도 합니다.

유난히도 맑고 아름다운 신덕천 물속엔 조약돌 하얀 모래가 명경처럼 들여다보입니다. 그 위로 송사리, 붕어 떼가 물살을 가르며 헤엄을 치고 수염이 긴 메기가 느릿느릿 나들이도 합니다.

강바닥 밑에 있는 조약돌 틈엔 못난 학배기가 살고 있었습니다.

학배기는 물속에 사는 동물들 중에 가장 못난이입니다. 마치 물속에 사는 진디기 어미처럼 생기기도 했고 뿔룩뿔룩 튀어나온 배가 송장벌레도 닮았고 몸통에 비해 별나게 작아 보이는 여섯 개나 되는 다리하며 눈도 코도 알아볼 수 없이 다닥다닥 붙은 얼굴 어느 곳을 뜯어봐도 잘난 곳이라고는 없는 놈이지요.

그래서 자신을 잘 아는 학배기는 물속을 헤엄쳐 다니거나 물 위를 오르락내리락 하는 일은 거의 없습니다. 그저 하루 종일 돌 밑에 숨어 있거나 붕어마름 수풀 속에 조용히 앉아 있을 뿐입니다.

그런데도 이따금씩 지나가는 물고기 들이 학배기를 만나면

“넌 왜 그렇게도 못생겼니?” 하고 골려 주기도 하고 지나가는 피라미들이 저희들끼리 낄낄거리기도 합니다. 그러나 학배기는 화를 내는 일은 거의 없습니다. 오히려 미안하다고 물밑으로 깊이 숨어 버립니다.

혼자 생각해보면 속이 상했습니다. 그렇지만 학배기는 옛날부터 전설처럼 전해오는 이야기를 가슴속에 꼭 간직하고 희망을 잃지 않고 살았습니다.

‘내 비록 지금은 너희들에게 못났다고 손가락질을 받으며 물 속에 살고 있지만 어느 땐가는 너희들이 날 부러워하는 날이 올거야.’

마치 학배기는 예수를 믿고 천당을 위해 지금의 고난을 이겨내는 선택받은 민족처럼 지금의 처지를 원망하지 않고 큰 희망과 뜻을 가지고 나날을 살았습니다.

그러던 어느 날이었습니다. 배가 고파 이곳저곳 먹이를 찾아다니던 꽃가래 한 마리가 학배기를 만났습니다.

“허, 참! 물속 세상에 이렇게도 못난 게 있어? 그러나 저러나 배가 고프던 차에 잘 됐다. 허기진 배를 채우는데 잘나고 못나게 무슨 상관

이랴."

꽃가래는 학배기를 툭툭 쳐보았습니다. 한입에 먹기엔 너무 컸습니다.

'요걸 어떻게 삼킨담.' 요리조리 쳐다보고 내려다보았지만 뾰족한 수가 생각나지 않았습니다.

그걸 알아차린 학배기도 등껍질을 치켜세우고 못생긴 여섯 개의 발가락을 힘껏 펴 보였습니다. 그럴수록 꽃가래는 바싹 다가와 툭툭 건드려 봅니다. 그때마다 치켜세운 학배기의 등껍질이 꽃가래의 입을 톡톡 쏘았습니다.

'흥, 고것 생긴 그대로야 맛도 없겠는 걸.'

"네 이름이 뭐니?"

"학배기라고 해."

학배기는 무섭고 떨렸지만 태연한 척 대답했습니다.

"너 참말로 희한하게도 생겼다. 이 물 속에 너와 내가 함께 산다는 게 꼽다 꼬아, 너도 부모가 있니? 얼마나 못생겼기에 너 같은 자식을 낳았을까?"

부모라는 말에 학배기는 어리둥절합니다. 언젠가 어디서 들어본 것 같기도 했습니다.

학배기는 물 위로 비쳐오는 파아란 가을 하늘을 한 번 쳐다보았습니다.

물속에서 태어나 3,4년을 살아오면서 부모님은 하늘에 천사처럼 아름다운 분이라고 한두 번 들었을 뿐 아직 본 적은 없었습니다.

꽃가래는 울긋불긋 고운 몸매를 자랑스럽게 비쳐 보이며 번쩍이는 지느러미로 물살을 가르며 헤엄을 쳐 뽐냈습니다.

"물 속에서 살려면 적어도 나처럼은 되어야지. 너 같은 게 어떻게 산다고 그래?"

꽃가래는 학배기 주위를 빙빙 돌면서 자신의 아름다움을 자랑했습니다.

그러나 학배기는 자신을 잘 알기 때문에 아무 말로도 대꾸할 수 없었습니다. 사뭇 놀리고 시키는 대로 해보라고 윽박지르면 겨우 한다는 소리가

"내게는 헤엄을 칠 수 있는 지느러미도 꼬리도 없어." 라고 모기소리 만큼이나 적은 소리로 대답할 뿐이였습니다.

그럴수록 기가 살아난 꽃가래는 학배기를 골려주기도 하고 거꾸로 곤두박칠쳐 던지기도 하며 못살게 굴었습니다.

"너는 뭍에 사는 거미도 닮았고 개똥벌레도 닮았다. 뭐가 잘못되어 물속에 빠졌나 보다 물 밖으로 나가는 게 어때?"

꽃가래는 쫓아다니며 놀렸습니다.

바위 틈에 숨기라도 하는 날이면 그곳은 다슬기나 우렁이가 사는 곳이라며 또 쫓아냈습니다. 쫓겨 나온 학배기는 다시 물풀 속에도 숨고 돌 밑에도 숨었지만 꽃가래의 극성은 더욱 심했습니다.

시간이 지날수록 냇물에 사는 피라미들까지 몰려와 놀렸습니다. 그러는 동안 학배기의 등껍질은 더욱 단단해졌습니다. 물속에서 쳐다보는 파란 가을 하늘은 너무 아름다워 손에 잡일 듯 가까워 보였습니다.

'저 파란 하늘을 날 수만 있다면……. 그날이 내게도 있을까?'

가슴이 미어지도록 하늘이 그리웠습니다.

이따금 고추잠자리가 뱅글뱅글 맴을 돌다 날아갑니다.

입 꼭 다물고 이세상의 고생쯤은 저 천당의 화려하고 화평한 생활에 비교할 수 없다고, 살아가는 성도들처럼 살자던 학배기도 극성스러운 피라미들의 성화에 못 이겨 한마디 외쳤습니다.

"너무 얕보지 말아. 머지않아 나는 너희들이 상상도 못할 일이 생길 거야. 두고 봐, 나는 저 하늘을 훨훨 날아다니는 천사가 될 거야."

"뭐? 천사? 헤엄도 못 치는 주제에 하늘을 날아? 네가 하늘을 날게 된다면 우리 피라미들은 용이 되어 하늘로 오를 거야."

꽃가래의 빈정거림은 여전합니다.

"네가 하루살이라도 된다던? 웃기지 마라, 이 병신아 네 자신을 알아라. 그래 난 용, 용이 될 수 있다니까."

학배기는 큰일이 났습니다. 자신도 믿을 수 없던 전해오는 이야기 같은 말을 함부로 지껄였기 때문입니다.

'일이 잘못되면 난 어떻게 되지 ? 그래! 두고 봐라. 나는 꼭 천사가 될 거야. 그리고 꽃가래의 코를 납작하게 해주고 말거야.'

오늘도 학배기는 이리 쫓기고 저리 쫓기다 풀잎을 타고 물 밖으로 나오게 되었습니다. 그걸 보고 있던 꽃가래와 피라미들이 다급한 목소리로 말했습니다.

"정말 하늘로 날 수 있을 것 같니? 어서 내려와 네까짓 게 죽을 수 밖에 더 있을려구."

"죽었으면 죽었지. 다시는 물 속으로 내려가지 않을 거야."

"흥! 어서 내려와 장담하는 게 아니야."

다급해진 꽃가래도 자꾸 말렸지만 학배기는 내려오질 않았습니다.

물 속을 내려다보니 마알간 물속에 피라미들이 온통 다 모여 학배기를 쳐다보고 있었습니다.

학배기는 무척 괴로웠습니다. 그러나 이번에야말로 하늘을 날아야 된다는 각오가 대단했습니다.

'하늘을 날지 못하면 차라리 죽으리라.'

계속해서 줄잎 끝까지 기어 올라갔습니다. 맑은 가을 하늘에 따가운 가을 햇살이 학배기의 갑옷처럼 단단한 등껍질을 비추었습니다.

갈증이 나고, 숨이 차고, 따가워 견딜 수가 없었습니다.

물속으로 풍덩 뛰어 들어가 버릴까 생각도 했으나 그럴 수도 없었습니다.

꽃가래 피라미들의 놀림을 당하는 것보다 차라리 이대로 말라 죽는 게 나으리라는 생각이 들었기 때문입니다.

‘나같이 못난 것이 허튼 생각이야. 어찌 하늘을 날 수 있겠는가. 학배기들이 알고 있는 전설 같은 것은 모두 헛된 이야기일 뿐이야. 아… 목이 말라 견딜 수가 없구나.’

학배기의 고통은 이만저만이 아니었습니다. 물속으로 뛰어들고 싶은 마음이 간절했으나 꾹 참고 한나절을 풀잎에 매달려 견디었습니다. 그런데 학배기에게 이상한 일이 생겼습니다. 갑옷처럼 단단하던 등껍질이 가뭄에 논바닥이 갈라지듯 쫘악 벌어지기 시작했습니다.

“아이고 아파 나 죽는다. 으.. 음.”

학배기의 신음소리가 물밑에까지 들려 왔습니다.

“그래 저 못난 것이 물에서 나가더니 기어이 죽는 거로구나.”

꽃가래의 말을 이어 피라미들이 말했습니다.

“정말 저러다 하늘을 날게 되면 우리는 어쩌지. 용이 되어 날아갈 수도 없잖아.”

“걱정도 팔자다. 저게 저러다 죽는거지 뭐.”

견디다 못한 학배기가 외마디 소리를 쳤습니다.

‘하나님 저에게 하늘을 날 수 있는 날개를 주셔요.’

“어림도 없다. 네가 날 수 있게 된다면 우리 모두는 용이 되어 구름 속에서 놀 수 있겠다니까 그러지 말고 어서 내려와.”

꽃가래의 빈정거림은 이제 걱정이 되어 학배기를 달랬습니다.

그리고 한참이 흘렀습니다.

학배기의 갈라진 등껍질 속에서는 비단보다 더 가볍고 아름다운 2쌍의 날개가 밖으로 튀어 나왔습니다.

‘이게 꿈인가 생시인가.’

학배기 자신도 놀라지 않을 수 없었습니다. 정말 신기한 일이 아닐 수 없었습니다.

괴롭고 고통스러운 시간이 몇 분 지났습니다. 그랬더니 이번에는 망원렌즈처럼 둥글고 번쩍번쩍 빛나는 두 개의 눈을 가지 예쁜 머리가 밖으로 튀어 나왔습니다. 마지막으로 아랫배가 껍질 밖으로 나왔는데 아랫배는 잘 익은 고추처럼 빠알간 색이였습니다.

몹시도 고통스러운 몇 시간이 지난 후 못난 학배기의 몸은 완전히 변하고 말았습니다.

물 위로 비춰 보이는 학배기의 모습은 전날의 학배기가 아니라 이제는 아름다운 고추잠자리가 되었습니다.

놀란 것은 물속에서 이 광경을 지켜보던 꽃가래와 피라미들이었습니다.

"와 아 ~ 학배기가 천사가 되었어. 그 못난 학배기의 변한 모습 좀 봐."

피라미들의 외치는 소리가 들려 왔습니다.

정신을 차린 학배기는 날개를 쳐보았습니다. 사뿐사뿐 가볍게 온 몸이 둥둥 떠올랐습니다.

'야, 이제야 꿈이 이루어졌구나. 학배기 마을에 전해오는 전설은 거짓이 아니였구나.'

고추잠자리가 된 학배기는 너무 즐거워 하늘을 빙빙 돌았습니다.

구름 위에까지 날아도 보고, 감나무 꼭대기에 앉아도 보고, 바지랑대 꼭대기에서 쉬기도 했습니다.

문득 꽃가래가 생각이 났습니다.

고추잠자리는 다시 날아 고향을 찾아가 보았습니다.

그때까지 피라미와 꽃가래는 학배기가 날아가 버린 하늘을 바라보고 있었습니다. 조심스럽게 바라보던 꽃가래가 학배기를 보자마자 분한 시기심이 발끈 솟아올랐습니다.

"저따위 학배기가 하늘을 날았는데 나라고 못날까?"

꽃가래는 하늘 높이 치솟았습니다.

덩달아 피라미들도 뛰어 올랐습니다.

"부질없는 짓이야. 너희들은 날개가 없지 않아. 헤엄이나 치면서 살아."

고추잠자리가 한마디 남기고 파란 하늘을 빙빙 돌며 다시 날아갔습니다.

뒤를 이어 노을진 석양 하늘을 피라미들이 뛰어 올랐습니다.

"나도 날 수 있다니까."

피라미들은 기를 쓰고 날고 싶어서 지금도 저녁 때가 되면 석양 하늘을 바라보며 물 위로 자꾸 자꾸 뛰어 오른답니다.

청산도 솔바람

남해바다 푸른 물결 출렁거리는 바다 가운데 동백나무와 해송으로 뒤덮인 우뚝 솟아난 푸른 섬이 있었습니다. 바닷물에 깎이고 닳은 절벽과 흰 바윗돌로 절경을 이룬 아름다운 섬이 청산도입니다.

청산도 백산기슭에는 울창하게 들어선 소나무와 천년이 넘은 동백들이 다정하게 숲을 이루며 한가로운 게 어느 섬과 다름없겠지만 봄 한철이면 우리나라에서는 없어서는 안 될 아주 특별한 섬이기도 하였습니다.

지난 겨울 내내 해송 가지를 붙잡고 씽씽 심술이나 부리며 놀던 솔바람이 따사로운 봄 햇살과 함께 무척 바빠졌습니다.

'어, 벌써 봄이 되었나? 이제 그만 놀고 내 일을 해야지' 주섬주섬

봄옷으로 갈아입었습니다.

벌써 보리밭 언덕 밑엔 노오란 양지꽃이 피어났습니다. 양지꽃 향기는 솔바람을 찾아가 꽃소식을 뭍으로 전해 주도록 부탁했습니다. 청산도 솔바람은 기다렸다는 듯 반갑게 대답하고 곧 백산기슭 바닷가로 내려갔습니다.

"파도야, 어서 내게 꽃향기 주머니를 다오."

청산도 솔바람이 푸른 바닷물을 향해 부탁을 하자 파도가 '철썩철썩' 봄바람을 불러 모았습니다.

"살랑~살랑~ 한들~ 한들~ 윙."

훈훈한 청산도솔바람이 양지꽃 소식을 안고 해남으로 날아갔습니다.

해남에는 양지꽃들이 아직도 잔디 속에 잠을 자고 있어서 좀처럼 찾을 수가 없었습니다.

이곳저곳 헤매던 도중에 양지바른 밭둑에서 양지꽃을 찾았습니다.

"양지꽃 아가씨, 어서 일어나 꽃을 피워야지."

"넌 누구니? 어디서 왔어?"

"청산도에서 온 솔바람이야."

"어머, 그렇구나. 벌써 봄 햇살이 따사롭구나."

양지꽃은 금방 꽃을 피웠습니다.

청산도의 솔바람은 강진과 화순을 지나 여주, 단양까지 양지꽃 소식을 분주하게 전하고 다녔습니다.

그러는 동안 청산도에는 파랗게 반짝이는 동백나뭇잎 사이로 망울망울 맺은 빨간 동백꽃이 활짝 피어났습니다.

고향으로 돌아온 청산도솔바람은 조금도 쉴 틈 없이 다시 동백꽃 향기를 모아 뭍으로 달려갔습니다. 푸른 파도를 넘고 넘어 여수 오동도를 찾아가 동백꽃 향기를 살며시 불어넣었습니다. 오동도의 커다란 동백꽃나무에 탐스러운 꽃망울이 터질 듯 부풀어 올랐습니다. 며칠이 지나자 진홍빛 동백꽃이 활짝 피어났습니다.

청산도솔바람은 잘 있으라는 인사를 남기고 고창 선운사 골짜기를 찾아갔습니다. 선운사 웅장한 대웅전 뒤편에 아름드리 동백들이 청산도 솔바람을 맞을 준비를 하고 있었습니다.

청산도 솔바람이 솔솔 입김을 불어 동백꽃 향기를 이리저리 품어냈습니다. 봄 햇살과 함께 솔바람 덕분에 동백나뭇잎이 살래살래 흔들리면서 꽃망울을 깨웠습니다. 선운사 골짜기 동백나무숲에는 금방 타는 듯 붉은 동백꽃들이 곱게 피어났습니다. 청산도솔바람은 한시도 멈추지 않고 동백꽃 향기를 가득 안고 북쪽으로 북으로 꽃 소식을 전했습니다.

이번에는 매화꽃 차례입니다.

청산도 도청리 양지바른 준아네 담장을 넘겨보던 매화꽃이 솔바람을 찾아갔습니다. 솔바람은 '휴' 하고 한숨을 쉬면서도 매화꽃을 친절하게 맞았습니다.

"이제는 우리 차례지요. 어서 우리를 뭍으로 날라주세요."

청산도 솔바람은 피곤한 줄도 모르고 또 다시 매화꽃 짙은 향기를 가슴속에 가득 담았습니다. 그리고 솔바람은 푸른 파도가 넘실거리는 남해 바다를 건너 왔습니다.

'이번에는 누구 집을 먼저 찾아갈까? 옳지! 영균이네 장독가에 서 있는 커다란 매화나무를 찾아가야지.'

솔바람은 영암 월출산을 넘어 영균이네 집을 찾아갔습니다. 영균이네 집에는 증조할아버지 적에 심은 백년 넘은 매화나무가 봄을 맞아 청산도 솔바람을 기다리고 있었습니다. 솔바람은 도착하자마자 곧 매화꽃 향기를 불어넣었습니다. 그러자 커다란 매화나무에 매화꽃이 눈송이처럼 하얗게 피어났습니다.

한참 뒤에 마을 어린이들이 찾아 들었습니다.

"얘들아! 봄이 왔다. 매화꽃이 활짝 피었어."

영균이가 호들갑을 떨었습니다. 다운이는 친구들의 손을 잡고 매화나무 꽃 그늘에 둘러서서 노래를 불렀습니다.

"나의 살던 고향은 꽃피는 산골 복숭아꽃 살구꽃……."

청산도 솔바람은 매우 기뻤습니다. 저만큼 버드나무 가지 끝에 앉아 애들이 노는 모습을 한참이나 보고 있었습니다.

솔바람도 애들과 함께 놀고 싶었습니다. 실버들가지에 앉아 쉬던 솔바람이 살며시 내려와 다운이의 부드러운 블라우스 깃을 흔들며 함께 놀았습니다. 한참을 신나게 놀던 솔바람은 무슨 생각에서인지 바쁜 걸음으로 휭 날아 다시 청산도로 향했습니다.

'너무 늦었어. 청산도에 피어난 진달래가 날 얼마나 기다리고 있을까?'

솔바람은 단숨에 바다를 건너 청산도에 도착하였습니다. 청산도 산기슭에는 진달래꽃들이 짙은 분홍빛 꽃잎을 터뜨렸습니다. 부지런하고 마음 착한 청산도 솔바람이 진달래 꽃 소식을 전하려고 솔솔 꽃잎에서 일어나는 바람을 다시 모았습니다.

"어머나! 저걸 어쩌나."

진달래 꽃 소식을 전하려고 뭍으로 가려는데 너무 세찬 파도 때문에 바다를 건너 갈 수가 없었습니다. 검푸른 남해 바다가 흰 물거품을 물고 달려가 바위깃을 철썩 철썩 때리고 '우르르 쏴~아 우르르 쏴' 부서집니다.

청산도 솔바람은 '싱~잉~' 뭍으로 가고파 늙은 소나무가지 끝에 앉아 울었습니다. 솔바람이 이토록 안타까워 한 것은 진달래꽃을 못 피워서가 아닙니다.

한시라도 뭍으로 꽃 소식을 전하지 않으면 뭍에 사는 엉큼스러운 찬 서리가 내려와 새싹들을 모두 얼어 죽게 하기 때문입니다. 얄미운 찬 서리는 이맘 때면 솔바람의 입김이 닿지 않는 곳에 살며시 뿌려놓고 지나가 버리곤 하였습니다.

청산도 솔바람이 가지 끝에 매달려 발을 구르고 있을 때도 울타리 가의 개나리가 노란 병아리 부리처럼 뾰족하게 피어났습니다. 솔바람은 산기슭에 내려와 개나리 꽃향기를 함께 담았습니다.

하루가 지나, 거친 파도가 잔잔해졌습니다. 청산도 솔바람은 늙은 소나무 가지 끝을 떠나 뭍으로 곧장 달려갔습니다.

뭍으로 간 솔바람은 높은 산과 낮은 산을 모두 찾아다니며 진달래 꽃눈에 꽃향기를 잔뜩 불어넣었습니다. 신통하게도 진달래꽃들이 연분홍 꽃잎을 금방 피웠습니다. 개울가에 찾아가 가느다랗게 뻗은 개나리나뭇가지를 만지고 지나갔습니다. 개울가에도 노오란 병아리처럼 예쁜 개나리꽃들이 만발하였습니다.

속리산, 계룡산, 관악산에도 솔바람이 스치고 지나간 골짜기마다 진달래, 개나리꽃이 활짝 피었습니다. 강원도 치악산, 설악산을 거쳐 올라간 솔바람은 더 이상 올라갈 수가 없었습니다. 휴전선 철조망에 감시하는 보초병들의 총칼이 무서워 도저히 올라갈 수가 없었습니다. 남해 바다의 파도보다 더 무서운 보초병들이 반짝이는 눈길로 철저히 감시를 하기 때문입니다.

한시도 지체할 수 없던 솔바람은 다시 내려와 아담한 산기슭 양지쪽에 있는 초등학교 화단가에 피어난 목련꽃 향기를 가슴에 담아 뭍으로 날라 주었습니다.

그리고 다시 휴전선 부근에 도착하였습니다. 청산도솔바람은 높다란 미루나무 가지 끝에 앉아 잠시 쉬었습니다.

석양 노을이 붉게 물들었다 사라지면 설악산 꼭대기로부터 검은 저녁이 안개처럼 스멀스멀 찾아왔습니다. 청산도 솔바람이 앉았던 미루나무 가지에 파란 잎이 돋아났습니다.

자정이 조금 지났습니다. 철조망을 지키는 보초병들이 잠들었는지 조용합니다. 이따금 자다 놀란 산노루가 '후다닥' 뛰어가는 소리가 들렸습니다. 솔바람이 기회를 놓치지 않고 철책선을 살며시 넘었습니다.

'휴~ 됐다. 이곳 북쪽 산에도 꽃들을 피울 수 있게 되었구나.'

솔바람은 금강산, 묘향산을 두루 돌아다니며 진달래, 개나리, 목련, 수선화 꽃향기를 불어넣었습니다. 진달래는 부드럽고 훈훈한 솔바람 입김이 스치고 지나가는 곳마다 연분홍 꽃잎을 피웠습니다.

"고마워, 우린 얼마나 기다렸는지 몰라. 혹시나 초병들의 감시 때문에 못 오나 싶어 숨을 죽이고 기다렸지요."

진달래꽃이 활짝 웃으며 말했습니다.

청산도 솔바람은 너무 바빠 대답도 못해주고, 아름다운 봄꽃 향기를 가득 싣고 백두산까지 찾아가 꽃향기를 솔솔 불어 넣었습니다. 그러나 아직도 백두산에는 냉기를 머금은 찬 서리가 봄 새싹을 괴롭혔습니다. 그래서 솔바람은 매화꽃, 살구꽃 향기를 가지고 해주를 거쳐 사리원, 남포, 평양, 의주, 함흥 등 북녘땅을 찾아다니며 예쁜 꽃을 피웠습니다. 이곳저곳에서 봄노래와 꽃향기가 가득 찼습니다. 금강산 골짜기도 철쭉꽃으로 물들었습니다. 골짜기에 사는 아이들이 꽃을 꺾으러 산으로 올라왔습니다.

"꽃이 피어 다행이야, 이 꽃이라도 따 먹으면 요기가 되겠지."

"하지만 너무 많이 먹지 마, 독성이 있어 배가 아파."

조잘대는 아이들에게는 그나마 행복한 웃음을 찾을 수 있었습니다. 참 다행한 일이었습니다. 어린이들 얼굴도 보지 못하려나 싶었는데 말입니다. 청산도솔바람은 마지막으로 백두산 골짜기를 다시 찾아갔습니다. 산기슭에 도착한 솔바람이 꽃향기를 불어 골짜기마다 가득 채웠습니다. 찬 서리는 할 수 없이 만주를 거쳐 시베리아로 쫓겨나고 골짜기마다 울긋불긋 진달래, 철쭉꽃이 타는 듯 붉게 피었습니다.

특히나 영변 약산 진달래는 우리나라에서 제일가는 경치를 이루었습니다. 지칠 줄 모르고 일만 하던 솔바람도 엄청나게 크고 높은 백두산까지 오를 때는 무척이나 힘이 들었습니다. 잠깐 자작나무 가지에 앉아 쉬었습니다. 그러자 몸이 단단한 자작나무가 부드러운 가지로 변했습니다. 이렇듯 우리나라 산천의 많은 꽃과 나무들은 청산도솔바람을 반갑게 맞았습니다.

청산솔바람은 삼천리 금수강산 어느 한 곳도 빼놓지 않고 꽃향기를 불어넣어 주었습니다.

백두산 정상에서 내려다보는 우리나라는 참으로 아름다웠습니다.

하루속히 통일이 되어 초병들의 눈치를 보지 않고 마음대로 꽃을 피울 수 있기를 바라면서 청산도솔바람은 백두산을 내려왔습니다.

흥부박 놀부박

서울 강남에 부자들만 모여 사는 압구정동 중앙부에는 엄청나게 큰 세모교회가 있었습니다. 세모교회에는 우리나라 정치 지도자도 여러 명이 다니고 판검사만 해도 수십 명이나 되었습니다. 뿐만 아니라 건설회사 사장님이나 회장님, 그리고 은행원, 회사원, 공무원, 상가에서 장사를 하는 사람들까지 많은 사람들이 모두 세모교회로 모여들었습니다.

이 교회에 입교하면 믿는 사람들은 친형제처럼 서로 도와주고 협력하기 때문에 안 되는 일이 없이 모두 이루어졌습니다.

정치인들은 교인들을 도와주고 교인들은 표를 주고 송사할 문제가 생기면 검사장로님이, 정치적인 문제는 장관님이나 국회의원님들께서, 사업에 필요한 돈이 부족할 땐 회장님이나 은행장님들께서 협조를 아끼지 않아 안 되는 일이 없었습니다.

그래서 사람들은 성령이 충만한 교회라고 하였고 덕분에 목사님이나 전도사님이 전도를 하지 않아도 교인들이 날로 늘어나고 저절로 부흥이 되기 때문에 다른 교회에서 늘 부러워하였습니다.

그러나 사람의 욕망은 한이 없어 현재에 만족하지 못하고 더 많은 욕심으로 부족함을 채우려고 목사는 더 많은 교인이 모이기를 바랐고,

공직자들은 더 높은 권력을 위해서 혹은 더 많은 물질을 위해서 더 좋은 직책을 얻기 위해서 열심히 기도를 했습니다.

"하나님 아버지 저는 참으로 양같이 선한 집사입니다. 어찌 검사로서 만족 하겠습니까? 법무부장관 정도가 적당하겠사오니 하나님의 축복으로 채워 주시기를 기원합니다."

더러는 이렇게 기도를 했어요.

"하나님, 저는 목자처럼 순한 장로입니다. 이까짓 재산으로야 어디 행세나 해 보겠습니까? 적어도 우리나라에서 제일가는 네모그룹보다 앞서가는 그룹이 되도록 물질의 축복을 베풀어주시기 원합니다."

"하나님 저는 이른 새벽부터 상점 문을 열고 저녁 늦게 닫으면서도 돈은 벌지 못하였습니다. 돈 좀 번다고 해봤자 모두 애들 학원비로 들어가 버리고 평생 이 꼴로 살아서야 되겠어요. 듬뿍 은혜를 베풀어 커다란 걸로 한 장만 채워 주시오."

이토록 저마다 더 많은 것으로 채워 달라고 열심히 기도를 하였습니다.

오늘도 예배가 끝나고 목사님의 축도는 "모든 성도들에게 하나님의 크신 은총이 함께 있을 지어다."로 끝나고 수많은 성도들이 문밖으로 나가려 할 때입니다.

허름하게 차려입은 한 시골 농부가 고만고만한 조롱박을 자동차에 가득 싣고 세모교회 문 앞에서 외치고 있었습니다.

"흥부박 놀부박이 왔습니다. 이 조롱박은 강남에서 제비가 물고 온 박씨를 심었더니 이렇게 많이 열려 얻은 것입니다. 틀림없는 흥부박 놀부박입니다. 어서들 가져가세요. 금년에는 하나님의 은혜로 농사를 잘 지었기에 거저 드리려고 남쪽 멀리 전라도에서 이곳까지 올라왔습니다. 돈은 한 푼도 받지 않고 선한 양 같은 세모교인들에게 공짜로 드립니다."

농부는 보기와 다르게 유창한 말씨로 교인들을 불러 모았습니다.

예배가 끝나서 나오던 교인들은 순식간에 시골 농부의 주위를 둘러싸고 고개만 내밀고 이상한 농부를 바라보고 있었습니다.

"자! 흥부박 놀부박입니다. 여러분이 원하는 것은 이 박 속에서 나옵니다. 보석을 원하시면 녹보석이 나오고, 돈을 원하시면 황금이 쏟아져 나옵니다. 높은 명예와 지위를 원하시는 분에게는 하얀 연기와 함께 높은 벼슬을 얻게 되어 귀한 몸이 될 것이고 재벌이 되고자 하는 자는 현대그룹보다 더 큰 재벌이 될 수 있는 흥부박 놀부박입니다. 어서들 가져가세요."

그래서 더 많은 것, 더 높은 자리, 더 큰 권력을 탐하던 교인들에게 딱 맞아 떨어진 말이었습니다. 교인들은 농부의 말대로라면 밑질 것 없을 것 같아 저마다 한 통씩 가져가겠다고 차 옆으로 우르르 모여들어 조롱박이 떨어지기 전에 더 크고 예쁜 조롱박을 차지하려고 서로 밟히고 넘어지며 우르르 모여들었습니다. 그래서 세모교회 앞은 순식간에 시장바닥처럼 소란해졌습니다.

"예 좋습니다. 어서들 가져가세요. 선한 양 같은 교인들에게는 흥부박이요, 흉악한 이리와 같은 교인들에게는 놀부박이요 놀부박."

막 조롱박을 집어 들었던 교인들이 조롱박을 다시 놓고 농부의 말에 귀를 기울였습니다.

시골에서 올라온 농부는 거침없이 말을 이었습니다.

"흥부박 놀부박이요. 강남 갔던 제비가 물고 온 박씨에서 싹이 나고 자라 주렁주렁 열린 조롱박입니다. 죄 없는 성도들에게는 흥부박이요, 자신을 속이고 하나님을 속이는 죄인에게는 놀부박이요, 무엇이든지 소원을 빌며 이 박을 타면 소원이 이루어집니다. 나는 이 두 눈으로 똑똑히 보았어요. 이웃집 욕심 많은 할아버지가 가져가더니 놀부네처럼 하루아침에 알거지가 되었고, 아무 죄도 없다던 면장댁 아저씨가 가져가더니 당장 불길에 싸여 돌아가셨다니까요. 그것만이 아니에요. 천하에 병신 같이 불쌍하고 가난한 종선이가 가져가더니 박 속에서

금화가 쏟아져 부자가 되었고, 장가 가기를 고대하였지만 서른셋이 넘도록 장가도 못간 시골 농사꾼 쇠돌이가 가져가더니 금방 색시가 나와서 장가를 가게 되었다니까요. 어제 밤 꿈속에서 예수님이 나오셔서 저에게 똑똑히 말씀해 주셨어요. 네게 흥부박 놀부박을 줄 테니 잘 사용하여 덕을 쌓으라고요. 이 박은 분명 흥부박 놀부박입니다. 어서들 가져가세요. 하나님이 보시기에 선한 자만 가져가세요."

농부의 말을 자세히 듣고 있던 성도들은 들었던 조롱박을 놓고 한 사람 한 사람 뒷걸음질로 빠져나가고 웅성거리던 세모교회 앞에는 한 명도 남아 있는 사람 없이 조용히 사라져 버렸습니다.

잠시 후에 목사님이 나오셨지만 그대로 지나가시고 맨 나중에 청소를 마치고 창문을 닫고 나온 승현이라는 청년이 절뚝거린 걸음으로 뒤뚱뒤뚱 농부곁으로 다가와 농부의 말을 한참이나 듣고 있더니 단단하게 여문 조롱박 하나를 골라 들고 골목으로 사라졌습니다.

둥지 잃은 산비둘기

"엄마, 며칠 있으면 새 집으로 이사를 가?"

"응, 이제 사흘 남았구나. 새 아파트로 이사를 가면 우리 집이니 얼마나 좋겠니?"

어머니께서도 기대에 부풀어 새 아파트로 이사 가실 날을 고대하고 계신가 봅니다.

지금까지 희철이네는 집도 없이 남의 집 2층에 세를 들어 살았습니다. 그래서 집안에서는 조금이라도 노래를 부르거나 떠들며 동생과 장난을 치며 재미있게 놀 수는 없었습니다. 쿵쿵 걷기만 하여도 주인 아주머니의 꾸중을 들어야 했고 혹시 동생과 장난을 칠 때 주인 아주머니가 보시면 집을 당장 비워 주라거나 애들 버릇이 없다고 멸시를 했습니다.

무엇보다 불편한 것은 화장실 사용이었습니다. 아래층까지 내려 다니면서 용변을 봐야 했고, 조금이라도 청소를 게을리 하면 냄새가 나서 못 산다느니 사람이 지저분하다느니 아주머니의 쇳소리 같은 꾸중을 들어야만 했습니다.

어디 남의 집 셋방살이의 설움이 그것만이겠어요? 우리 식구들은 외출할 때도 마음대로 집을 드나들지 못하고 대문밖에 서 있다가 주인집 식구들이 나오거나 들어갈 때까지 기다렸다가 드나든 적이 많았습니다.

이토록 서럽게 셋방살이를 하다가 새 아파트를 사서 이사를 간다니 오죽이나 기다려지겠어요?

그 후 희철이가 새 아파트로 이사를 온 것은 사흘이 지나서였습니다.

오치동 일신아파트는 2년 전 만해도 오리나무와 소나무들로 빼곡이 차 있는 산간 벽지였습니다. 그 숲 속에서는 구구구구 비둘기들이 울기도 하고 꿩꿩장닭꿩 하고 꿩들이 둥지를 틀고 살았으며, 오물오물 다람쥐가 알밤도 줍고, 깡충깡충 산토끼들이 재미나게 살던 곳이었습니다.

그런데 2년 전부터 푸른 나무들을 베어내고 산을 깎고 터를 닦아 새 길을 내고 아파트를 지었습니다. 그래서 숲은 오간데 없고 새 아파트들로 빼곡히 차게 되었습니다.

희철이 아버지께서도 결혼한 지 십오 년 만에 남의 집 셋방살이를 면하게 되었다고 하시며 무척 기뻐하셨습니다. 그래서인지 이사를 하신 후로는 일찍 퇴근도 하시고 집안살림살이를 정돈도 해주시고 예쁜 화분도 사오셔서 베란다에 가꾸시기도 하셨습니다.

누구보다 좋아한 것은 희철이었습니다. 동생과 장난도 쳐보고, 화장실도 들락거려 보고, 욕실도 가보고, 뛰기도 했지만 누가 뭐라고 간섭하는 사람은 아무도 없었습니다.

자고 일어나 아침 창문을 열면 금싸라기 같은 아침햇살이 방안으로 가득 들어옵니다. 상큼한 아침공기도 함께 따라 들어옵니다.

새 아파트에서 희철의 하루는 상쾌하게 시작됩니다.

그러던 어느 날 아침이었습니다. 희철이가 창문을 여는 순간 갑자기 방안으로 산비둘기 한 마리가 퍼드득 날아들었습니다.

"웬 비둘기? 그렇구나. 작년 이곳 숲속에 둥지 틀고 살던 비둘기로구나, 옛날 집이 그리워 찾아왔나 보구나. 그렇지?"

비둘기는 좁은 방안을 이리저리 날다가 책상 위에 앉아서 쉬기도 하고 다시 날아 천정을 빙빙 돌기도 하였습니다.

"이거 어떡하지. 내 잘 못 찾아왔나 보구나."

비둘기는 책꽂이 위에 내려앉아 수수알 같은 까만 눈망울을 꿈벅거리며 콩닥거리는 가슴으로 고개를 갸웃거리며 희철이를 바라보았습니다.

"미안해서 어쩌나, 난 새 집을 얻어 주인집 아주머니의 성화도 없어 이렇게도 좋은데 넌 그리운 네 둥지를 잃고 어디메서 셋방살이를 하다가 고향집이 그리워 찾아왔구나. 그런데 널 맞이할 둥지가 없으니 어떡하면 좋으니? 정말 미안해."

희철이가 이런 저런 생각으로 놀란 비둘기를 보며 말하고 있을 때 아버지께서 희철이 방으로 들어오셨습니다. 문소리에 놀란 비둘기는 다시 퍼드득 천정으로 날아 올랐습니다.

"웬 비둘기냐 ? 어서 창문을 닫아라."

아버지는 창문을 드르륵 닫고 비둘기를 덮쳤습니다. 놀란 비둘기는 필사적으로 방안을 퍼드덕거리며 날았습니다. 그럴수록 아버지는 비둘기를 잡으려고 이리저리 뛰며 비둘기를 따라 다녔습니다. 비둘기는 유리창에 머리를 부딪쳐 방바닥에 떨어져 정신을 잃고 멍하게 있다가도 아버지가 다가가 덮치려는 순간엔 다시 퍼드득 날아올라 천정에도 부딪쳐 또 떨어지고 떨어졌다가 또 다시 날았습니다.

비둘기는 필사적으로 날아 보았지만 공간이 너무 좁아 정신을 차릴 수가 없었습니다.

"아버지, 잡으면 안돼요. 옛 살던 둥지를 찾아 왔는데 살집을 빼앗고 그도 모자라 통채로 잡으려고 해요? 안 된다니까요."

희철이는 아버지 허리띠를 붙잡고 늘어지기도 하고 비둘기를 잡지 못하게 방해를 하며 닫힌 문을 활짝활짝 열었습니다.

"비둘기야, 어서 도망쳐 이쪽으로 어서 날아가."

"이놈아, 어서 문 닫아. 산비둘기는 몸에 좋은 약이 된단 말이야 문 닫어."

아버지는 비둘기를 쫓다말고 창문을 닫았습니다.

"안 된다니까요."

희철이는 다시 창문을 활짝 열었습니다.

"저 녀석, 어서 닫지 못해 어서."

아버지는 문닫으랴 비둘기를 잡으랴 정신없이 쫓아 다녔습니다. 희철이는 닫힌 문을 열어 주면서 비둘기를 보내려고 애를 썼습니다.

아버지도 비둘기를 잡으려고 두 손을 쫙 펴고 빗자루까지 들고 쫓아다녔습니다. 희철이와 아버지는 창문을 닫고 여는 싸움이 좀처럼 끝나지 않는 것은 비둘기가 창문을 빠져나가지 못하기 때문이었습니다.

창문에 부딪쳐 방바닥에 딩굴기도 하고 천정에 부딪쳐 정신을 잃기도 하였지만 아버지가 덮치려는 순간만은 필사적으로 날개를 치며 날아 올라 온 방안을 빙빙 돌았습니다.

"비둘기야, 어서 도망쳐. 어서! 살던 둥지를 잃고 고향을 찾아 왔다가 이게 무슨 꼴이야, 이거 큰일났네."

희철이가 다시 창문을 여는 순간 비둘기는 잽싸게 밖으로 날아갔습니다.

"휴 이제 살았다. 비둘기야, 잘 가. 셋방살이 어려워 옛집을 찾아 왔다가 하마터면 큰 일 날 뻔했다. 비둘기야 미안해 어디 다친 곳은 없니? 난 새 집을 얻어 이렇게도 좋은데, 넌 반대로 둥지를 잃었으니 어떡하면 좋아."

희철이는 파란 하늘로 퍼드득퍼드득 날아가는 산비둘기를 향해 한없이 손을 흔들어 주었습니다.

할머니의 고향

양지쪽 잔디밭에 따사로운 햇살이 큐피터의 화살처럼 꽂힙니다. 맨살이 드러난 언덕에도, 벌거벗은 화학산 상수리나무 숲속에도 수없이 쏟아져 내립니다.

혜미가 방산리 햇살 고운 밭언덕에 앉아 할머니가 올라오시기를 기다리고 있을 때 스치는 바람끝이 싫지가 않았습니다. '이제는 완연한 봄인가보다' 라고 생각할 때 갑자기 발밑이 들썩거렸습니다. 가만히 오른발을 들고 잔디 속을 들여다보니 파란 쑥잎이 고개를 들고 나오고 있었습니다.

'머잖아 화학산 계곡마다 쑥국새 찾아와 한가롭게 노래하며 방산리 들녘에 봄소식 전하겠지 그러면 할머니는 열심히 밭으로 나와 호박을 가꾸시고 산나물도 캐시고 지루한 겨울 내내 안방에 앉아 화롯불 다독이시며 잃어버린 고향 찾아 외로워하시는 지루함도 잊으시겠지?'

'그런데 할머니는 왜 아직도 올라오시지 않으시는 걸까? 산자락 밭둑에 호박구덩이를 파신다고 먼저 올라가라 해놓고…….'

흰머리 다 날려 보내고 엉성한 머리만 곧추세우고 쓰러질 그날만을 기다리는 억새풀들이 스산한 이른 봄바람에 부스럭부스럭 몸부림을 치고 있었습니다. 갑자기 으스스 어깨가 움츠러들었습니다.

'귀신, 아니 산도깨비……, 아니 21세기엔 그런 거 다 없어.' 혜미는 크게 숨을 한 번 쉬고 마을 쪽을 내려다보았습니다.

할머니는 삽을 들고 올라오시다가 누군가를 만나 이야기를 나누고 계신 듯하였다.

"할머니-이."

큰소리로 할머니를 불렀습니다. 저 아래쪽에서 들릴 듯 말듯 가느다랗게 '오냐 올라간다.' 답 하는 소리가 들렸습니다.

혜미네 할머니는 호박엿을 잘 만드십니다. 입에도 엉겨 붙지 않고 쫀득쫀득 달고 맛있는 호박엿은 명절 때마다 빠지지 않은 할머니의 단골메뉴였습니다.

할머니는 호박엿을 입에 넣고 오물거리면 고향집이 보인다고 하십니다. 아름다운 계곡물, 아름드리 금강송, 초라하지만 옹기종기 모여 있는 금천리 마을…….

한참 후에 할머니께서 올라오셨습니다.

"누구랑 그렇게 오랫동안 이야기 하셨어?" 혜미는 할머니의 얼굴을 빤히 바라보며 여쭈었습니다.

"글쎄다, 할미가 누구랑 말할 사람이나 있겠니?" 할머니의 음성에는 아쉽고, 서글픈 마음이 숨어 있었습니다. 혜미는 왠지 더 알고 싶지 않았습니다.

할머니는 산기슭 밭언덕에 호박구덩이를 파기 시작했습니다. 밭가로 호박을 많이 심어야 가을에 늙은 호박을 따서 호박엿을 만들어 먹으며 고향을 볼 것입니다.

'고향이 따로 있나 정이 들면 고향이라 하였제, 강원도 고성 땅 삼일포만은 못해도 넓은 나주호가 펼쳐있고, 금강산만은 못해도 화학산 깊은 계곡이 내 살던 금천리처럼 아담한 계곡이 그리워 이곳에 왔제, 잃어버린 고향 찾아갈 수 없는 우리 형편 잘 아닝께 호박구덩이라도 파야 할 것이어, 쭉쭉 뻗어간 호박덩굴에 주렁주렁 호박이 열려야 고향맛이라도 보제, 누굴 탓하고 누굴 원망이나 할 것이어?'

들릴 듯 말듯 혼자 중얼거리는 할머니는 삽자루를 놓고 북녘 하늘을 잠시 바라보셨습니다.

멀리 광주 무등산 위로 하얀 면화구름이 동동 떠 흘러갑니다. 그 너머로는 아무 것도 보이지 않고 그저 텅 빈 하늘에 하얀 구름만 한가롭습니다.

할머니의 고향은 금강산 남쪽 기슭, 강원도 남동쪽 해안이면서도 금강산 끝자락에 위치하여 바다와 산이 잘 어우러진 아름다운 고장이었다고 합니다. 6.25가 발발하자 젊은 새색시로 오직 아들 하나만을 등에 업고 나서 무작정 남쪽으로 내려오다 우연히 이곳에 정착하게 되었다고 말씀하셨습니다.

처음 다도면 방산리에 정착하면서 아무것도 없는 맨손이라 남의 집 일손도 거들어주고, 산비탈을 일궈 밭을 만들고, 지석강변에 축대를 쌓아올려 작은 논다랑치도 만들어 농사를 짓고 살다보니 어느새 팔순을 훨씬 넘게 되었습니다.

며칠이 지나 봄꽃이 활짝 핀 화학산 계곡은, 온통 분홍빛 진달래꽃으로 화려했습니다. 마을 사람들이 갑자기 분주해졌습니다.

집집마다. 시장에 나가 새 옷을 사고, 커다란 가방도 사고, 음식을 준비하였습니다. 봄맞이 여행을 하시려는 것이었습니다. 그러나 다른 때의 여행과는 사뭇 달랐습니다. 교육도 몇 차례 받고, 딸라 돈으로 환

전도 하였습니다. 마을 전체가 축제분위기였습니다.

그러나 혜미네 만은 이번 여행을 포기할 수밖에 없었습니다.

"여보 우리는 못가도 어머니만이라도 다녀오시도록 합시다."

"안 된다고 했잖소. 다른 사람은 여행이라 할지 모르지만 우리는 고향을 가는 길인데 어머니만 어찌 보내겠오, 어머니의 고향이라지만 나도 태어난 곳이니 꼭 한 번은 가보고 싶은 곳인데 어머니만 보낼 수 있겠오, 비록 태어난 집은 다녀오지 못할망정 우리 마을 금천리가 바로 건너다 보인다고 하니 내년에 우리 식구 모두가 함께 가보도록 합시다."

"하지만 어머니께서 저토록 서운해 하시니 한 말이오."

"어머니께는 제가 말씀 잘 드릴테니 너무 걱정하지 말아요, 어머니만 보내기로 한다면 못 보내드리겠오 만은 우리 식구가 모두 가려면 그 경비가 만만찮으니 금년 밭농사 잘 지어 경비를 마련하면 내년에는 꼭 갈 수 있을 것이오."

마침내 관광버스가 마을 앞 회관에 도착하였습니다. 미선이네 할아버지와 할머니께서도 버스에 올랐습니다. 여행을 가지 않은 가족들도 모두 나와 잘 다녀오시라고 인사를 나누었습니다. 관광버스가 마을 어귀를 돌아가 꼬리가 보이지 않을 때까지 혜미네 할머니는 손을 흔들며 바라만 보셨습니다.

"잘 다녀 오랑께, 뭐신가 온정각에서 바라다 보이는 앞마을이 우리 고향잉께 잘 보고 오드라고잉, 암 그리여."

할머니께서는 함께 따라갈 수 없는 아쉬움이 관광버스 꽁무니를 놓지 못 했나 봅니다.

"어머니 너무 서운해 하지 마시오, 내년에도 기회는 있응께. 어머니 고향 다녀오도록 꼭 할 것잉께 말이여."

"오냐 뭐가 서운할 것 있겄냐? 너희들 건강헝께 행복허제."

말씀은 그렇게 하셔도 운주사 모퉁이를 돌아 사라져버린 버스 뒤꽁무니에 자꾸 손을 흔드시는 것을 보면 몹시도 서운하신 모양이셨습니다.

할머니께서 지난 이른 봄 호박구덩이를 파실 때부터 침울하셨던 것은 미선이 할아버지와 자주 만나 금강산관광에 대하여 이야기도 하시고 함께 가자고 권고를 받기도 하셨나 봅니다만, 만만찮은 관광비용 때문에 함께 따라가겠다는 승낙을 못 하신 할머니의 안타까운 마음 때문이었나 봅니다.

몇 년 전까지 만해도 통일이 되기 전에는 오갈 수 없는 북한 땅 인줄만 알았는데 현대그룹회장이 소 떼를 몰고 북한을 다녀오더니만 대통령이 바뀌면서 북한과 서로 손잡고 6.15공동선언문도 발표하고 금강산 관광특구가 지정되면서부터 동해안쪽으로는 도로가 연결되고 서쪽으로 철길연결 사업이 시작되면서부터 북한에 관광객들이, 하루가 멀다 하고 금강산, 삼일포, 해금강과 내금강 등을 드나들었습니다.

그러는가 하면 개성에 공단을 세우고 경의선 철도를 연결하게 되고 대통령이 걸어서 판문점을 넘어 북한을 들어갔으니 통일도 눈앞에 다가 온 듯하였습니다.

이런 일들을 제일 반기는 사람은 혜미네 할머니였습니다.

'암, 그날이 빨리 와야 해. 그래야 우리 같은 사람들도 한 번 가볼 수 있을 것이어.'

지금도 마음대로 북한을 다녀올 수는 없지만 돈만 있으면 개성이나 금강산은 다녀올 수도 있으니 절반은 통일이 되나 다름없었습니다.

'나 죽기 전에는 통일이 될 겨, 그때나 되면 갈 수 있겠지.'

할머니는 스스로를 위로 하시며 무럭무럭 자라는 호박을 바라보셨습니다.

얼마나 서운하셨을까? 할머니의 마음을 다 헤아릴 수 없어 안타까웠던 혜미는 할머니를 위로하였습니다.

"할머니 우리도 내년에는 고추농사를 많이 지어서 그걸 팔면 할머니 고향 갈 수 있어. 내가 어머니랑 아버지께 말씀 드려 고추농사를 하자고 할겨, 올해도 고추가 비쌌잖아."

혜미는 지난 날 아버지 어머니께서 하신 말씀이 생각나 할머니를 위로하려고 애를 썼습니다.

할머니도 빈말인 듯한 혜미의 말에 웃음을 띠며 반겼습니다.

"아버지 어머니께서도 내년에는 꼭 할머니 모시고 금강산 구경 하시자고 약속도 하셨어, 이번에 못가셨어도 내년에는 꼭 가실 수 있다니까."

혜미는 자꾸 괜찮다고 하시는 할머니를 위로하였습니다.

방산리 부락 주민들이 여행하고 난 그 이듬해에는 꼭 할머니의 고향을 다녀오겠다고 약속을 했지만 여건이 맞지 않아 그로부터 오년이 훌쩍 흘렀습니다. 어디 사람 사는 세상이 맘대로 되는 게 쉽지는 않나봅니다.

"어머니 내년 봄 따뜻해지면 꼭 어머니의 고향에 모시고 가겠습니다. 돈도 넉넉하고요. 혜미도 중학생이 되었잖아요? 어려움 없이 다 잘 풀립니다."

"그래, 고생했다. 내년이면 네 아버지의 고향, 아니 네가 갓난아이였을 때 떠났으니 네 고향도 되는구나. 우리 고향에 가서 먼빛으로라도 금천리 마을 골목을 찾아보면 네 아버지 그림자만이라도 보이지 않겠니." 하시며 즐거워 하셨습니다.

그로부터 몇 개월이 지났습니다. 들녘에 익은 벼들의 추수도 끝나고 마지막 김장들도 마쳤습니다.

혜미는 할머니와 작은방에 나란히 앉아 텔레비전의 전원을 켰습니다. 긴급뉴스 속보가 방영되고 있었습니다.

"금강산 관광객이 북한군이 쏜 총에 맞아 현장에서 사망했습니다. 사망한 여인은 혼자 외금강 바닷가를 걷는 중 ……."

"웬일이다냐? 혜미야 저 뭔 소리냐?" 할머니의 걱정은 남과 사뭇 달랐습니다. 내년 봄 따뜻해지면 온가족이 금강산 구경을 한다고 했는데 혹시나 저런 일이 생기면 무서워서 갈 수도 없을 것 같았습니다.

그로부터 몇 날 며칠을 금강산 관광객사망 사건으로 북한 당국과 연락을 끊고 서로의 잘못을 떠넘기며 싸우던 것이 마침내 금강산 관광길이 막히고 말았습니다.

"이걸 안타까워 어떡하나? 왜 하필이면 이쯤에서?"

누구보다도 할머니의 걱정스런 마음을 잘 알 수 있었습니다.

평화통일이 다 된 것처럼 철로를 연결한다. 도로를 연결한다 하더니 남북의 대화가 끊기고 금강산여행길이 막히고 개성공단길에 제한이 따르고 …….

그날로 할머니는 자리에 눕고 말았습니다.

"할머니 힘내세요. 저러다 또 곧 북한 길이 열릴거예요."

"아니다 이제 내 생전은 틀린 것 같다. 나 죽은 후에 너희들이라도 가보면 좋으련만. 그런 세상이 또 올까 모르겄다."

할머니의 목소리는 떨리고 약해서 귀를 세우지 않으면 들리지도 않을 만큼 작았습니다.

아버지께서도 며칠을 밖에 나가시지 못하시고 할머니의 병간호에 정성을 다했지만 차도는 없었습니다.

혹시나 북한길이 열린다는 소식이 들리면 할머니의 병환이 나을 것 같았지만 금강산 길이 열린다는 소식은 전해지지 않았습니다.

검은머리 물떼새

구사리는 드들강 상류에 있는 조그마한 마을입니다. 언제나 맑은 물이 흐르는 강 언덕에 하얀 모래밭이 바닷가 해수욕장처럼 펼쳐졌습니다. 그 넓은 모래밭으로 거북이들이 엉금엉금 걸어 나와 모래밭에 알을 낳기도 하였습니다. 지금은 미곡리라 부르지만, 거북이와 깨끗한 모래가 많은 곳이라 해서 예전부터 구사리라 부르고 있습니다.

넓은 모래밭 가장자리로는 그만그만한 조약돌들이 널따랗게 펼쳐져 있습니다. 그 자갈밭 군데군데 굵직한 돌멩이들이 하나둘 모여 있습니다. 그 돌 밑에는 종달새나 물떼새들이 둥지 틀기에 더없이 좋은 곳입니다.

그래서 가을 겨울에 보이지 않던 물떼새들이 따뜻한 봄이 되면 여기저기서 모여듭니다. 장다리물떼새, 흰목물떼새, 댕기물떼새, 꼬마물떼새, 검은머리 물떼새들이 자갈밭을 종종걸음으로 걷기도 하고 꽁지를 깝죽거리며 둥지를 만들어 물떼새들의 마을을 이루고 살아갑니다.

장다리물떼새는 벌써 집을 다 지었나 봅니다. 아직도 터를 잡지 못한 꽁지머리물떼새가 긴 꽁지머리를 빗질하여 곱게 단장 하다말고 부러운 듯 쳐다보며 말합니다.

"거기 날씬한 숙녀는 어찌 그리 한가해. 벌써 둥지는 다 짓고 귀여운 알을 낳으려는 거요?"

"예, 조금 전에 도착해 보니 애 아빠가 먼저 도착해서 아늑하고 멋진 집을 지어 놓고 산란을 기다리고 있잖아요."

장다리물떼새는 분홍빛 긴 다리로 물가를 뾩 뾩 걸으며 검은 부리로 물고기를 낚아냅니다. 그는 다리가 너무 길어 모래밭에 서 있노라면 미풍에도 쓰러질 듯 흔들거리지만 위험이 다가올 때면 산짐승처럼 켹 켹 무서운 소리를 내어 외적을 물리치는 재주가 있기 때문에 그의 모습은 언제나 신사처럼 우아하고 귀여워 여러 물떼새들이 좋아합니다.

그가 물고기를 잘 낚아 올린 것도 특별한 재주가 있어서라기보다 물고기를 유인하는 가늘고 긴 다리의 덕분입니다. 분홍빛 긴 다리가 물결에 흔들흔들 흐느적거리는 모습이 마치 실지렁이가 꿈틀거리는 모습과 똑 같아 물고기들이 지렁이로 착각하고 모여들기 때문입니다. 잡아 올린 물고기는 혼자만 먹는 것이 아닙니다. 제 새끼는 물론이려니와 흰목물떼새의 새끼에게까지 나누어 주는 정이 깊은 새라서 존경과 사랑을 받아가며 어느 마을에서나 환영받고 살아갑니다.

또 어느 새 보다 인정이 많고 자식을 사랑하는 새는 흰목물떼새입니다. 흰목물떼새는 언제나 하얀 목도리를 하고 머리에는 검은 머리띠로 예쁘게 단장을 하고 나들이 합니다. 자갈밭 길에서 꼬마물떼새를 만났습니다.

“꼬마물떼새 잘 살았어? 지난 겨울은 어찌나 추웠던지 다시는 이렇게 따뜻한 봄을 맞이할 수 없을 줄 알았네.”

“어, 언니도 잘 있었어?”

꼬마물떼새도 노란 안경을 치밀어 올리며 인사를 합니다. 꼬마물떼새들은 노란뿔테 안경을 쓰기 때문에 어디서나 잘 알아볼 수 있습니다. 그들은 무리를 지어 자갈밭을 날아오르기도 하고 걷기도 하며 잘도 조잘거립니다. 또 그들은 따뜻한 날씨가 계속되는 날을 골라 돌밭사이에 알을 낳고 새끼를 치기도 합니다. 그들은 간혹 둥지를 잃어버리고 새둥지를 만들기도 합니다.

“여보, 어디다 알을 낳았는지 찾을 수가 없어요, 어느 돌 아래 둥지를 만들었지요?”

“그걸 내게 물으면 어떡해. 당신이 알을 품고 있었잖아?”

“그래요, 알을 품고 있는데 구사리 사는 애들이 몰려나와 자갈밭을 뒤지며 돌팔매질을 해서 엉겁결에 도망쳐 나오느라 기억할 수가 없어요.”

“아이고 내 새끼들을 보지도 못하고 둥지를 잃어버리다니 세상에 이렇게 칠칠맞은 어머니가 또 있을까?”

“나만 그런가요? 다른 물떼새들도 가끔은 그렇잖아요.”

“남이 그런다고 당신도 그려, 하지만 어쩔 수 없는 일이잖소, 둥지를 다시 만들고 귀여운 알을 낳아요, 그리고 동리 아이들이 다가온다 하더라도 머리를 돌 틈에 들이밀고 꽁지만 감추면 장난꾸러기 애들은 건성이라서 못 보고 지나갈 테니까 내가 돌아오지 않으면 절대로 둥지를 떠나지 말아요.”

이토록 꼬마물떼새들은 흔히 자기가 만든 둥지를 잊어버리기도 한답니다. 허나 그들은 걱정하지 않는 것은 곧 다시 알을 낳을 수 있기 때문이라 합니다.

마을 애들은 따뜻한 봄이 되면 냇가로 나와 돌밭 사이를 뒤지고 물새알을 찾아내어 나뭇가지를 주어다가 불을 피우고 구워먹기도 했습니다. 꼬마물떼새 알은 너무 작아 먹을 게 없지만 운이 좋은 날은 검은머리물떼새 알을 발견하고 횡제나 한 것처럼 기뻐하며 주워가 버리기 때문에 물떼새들은 안전한 것만도 아니었습니다.

고만고만한 돌들과 똑같은 모래밭인지라 꼬마물떼새들은 둥지를 잘 기억하지 못합니다. 부부간에 소리를 알아듣고 찾아오고, 알을 품을 때도 서로 교대하며 품고 먹이를 날아다 주기 때문에 함께 둥지를 비우면 품었던 알을 잃어버릴 때가 종종 있기도 했습니다.

아빠 꼬마물떼새는 앞가슴의 검은 띠가 땀에 젖을 때까지 새둥지를 만들었습니다.

한편 흰목물떼새는 긴 다리로 자갈밭을 뽕뽕 거리며 잘도 뛰어다닙니다. 그러다가도 위험이 닥치면 돌 틈으로 파고들어 감쪽같이 숨거나 삐삐삐 소리를 지르며 하늘높이 솟구치기도 합니다. 가끔은 잃어버린 꼬마물떼새의 알을 발견하기도 합니다.

"아, 이건 꼬마물떼새의 알이 아냐? 참새머리 깜박 정신 또 둥지를 잃어버린 거로군."

흰목물떼새는 꼬마물떼새들을 찾아가 알려 주었지만 어미물떼새는 나타나지 않았습니다. 흰목물떼새는 다시 돌아와 알을 만져보았습니다. 아직 따뜻한 것으로 보아 죽지는 않았나 봅니다. 흰목물떼새는 잠깐 생각해 보았지만 어미 물떼새를 찾을 수 없었습니다.

'어쩔 수 없지 내가 품어 부화시켜 주어야지.'

인정 많은 흰목무늬물떼새는 자기 알도 아닌데 품기 시작했습니다. 먹지도 못하고 20일을 고생한 끝에 꼬마물떼새들이 태어났습니다. 흰목무늬 물떼새는 가슴 뿌듯 자랑스러웠습니다. 다른 물떼새들도 칭찬해 주었습니다.

"요즘 같은 세상에 제 자식 낳아서 기르기도 힘든데 남의 자식까지 품어 기르다니 정말 훌륭해요."

참으로 흰목물떼새들은 꼬마물떼새의 알을 자기가 낳은 알로 알고 끝까지 품어 부화시키고 길러 준다고 합니다.

드들강변 물떼새들은 가끔 무서운 적을 만나기도 하지만 동리 애들의 장난만 아니면 언제나 평온하고 한가롭게 보낼 수 있었습니다.

검은머리물떼새는 물떼새들 중에 가장 크고 아름답습니다. 황금색 긴 부리와 금테안경만으로도 그 모습이 빼어났습니다. 윤기 나는 검은 깃에 눈이 부실만큼 하얀 마고자를 입고 우아하게 걷는 모습이 여느 물떼새와 비길 수가 없어 저마다 왕으로 부릅니다.

모래밭과 자갈밭을 가르는 그 사이는 작은 조약돌과 왕모래가 섞여 혼잡하게 보입니다. 그곳에 아담한 개버들나무가 자라고 그 밑엔 쇠뜨기 풀이 무성하게 자라 작은 언덕을 이루었습니다. 검은머리물떼새는 며칠 전부터 이곳에 둥지를 만들고 여섯 개의 알을 낳았습니다. 먹지도 못하고 며칠씩 굶어가며 부화를 위한 고통으로 알을 품고 굴리며 귀여운 새끼물떼새가 태어나기를 기다렸습니다.

비가 개고 난 아침동산에 솟아오른 햇살이 검은머리물떼새의 둥지를 비췄습니다. 드디어 알에서 새끼물떼새가 태어나기 시작했습니다. 한 마리 두 마리 알이 갈라지고 귀여운 부리로 쪼아 알껍데기를 뚫고 새끼들이 밖으로 나왔습니다.

"호호 귀여운 것들 삐유 삐우 쀼."

어미물떼새는 새끼들에게 고운 목소리로 환영해 주었습니다. 행복은 하늘에 닿을 만큼 기뻤습니다. 새끼는 모두 여섯 마리 하나도 상하지 않고 오롯하게 부화되었습니다. 새끼들은 아직 깃털이 생기지 않고 눈도 뜨지 못했지만 어미 목소리를 정확하게 기억하였습니다. 어미물떼새는 새벽부터 부지런히 먹이를 물고와 새끼를 먹여야 했습니다.

먹이를 물고 둥지로 오던 어미물떼새가 무엇을 보았는지 깜짝 놀라 물고오던 먹이까지 떨어뜨리고 황급히 둥지 위를 낮게 날았습니다.

“크 큰 일 났어요, 누가 날 도와줘요. 삐유삐유 쀼.”

그러나 누가 나서서 검은 머리 물떼새의 위험을 막아 주려는 새들이 없었습니다. 새끼 물떼새들은 위험도 모르고 어미 목소리만 알아듣고 고개를 들고 먹이를 받아먹으려 삐삐비 거리며 자기를 달라고 긴 목을 더 치켜세우며 소리 쳤습니다.

“안 돼. 고개를 숙여, 고개를 숙여. 고개를 들면 더 위험하단 말이야.”

아직 기지도 날지도 못한 새끼 물떼새에게 화급한 위험이 다가오고 있었습니다. 구사리 동리 어린이들보다 무서운 위험을 막을 수가 없습니다. 아이들은 구워 먹을 수 있는 알을 훔쳐가는 일은 종종 있지만 어린 새끼들을 해치는 일은 없었습니다. 그러나 저놈은 알이 건 새끼건 보이는 대로 먹어치우는 포악한 놈이라 피할 수 없는 상황이었습니다.

“이를 어떡하지, 이를 어찌해 아이고 내 새끼들 다 죽겠네.”

새끼들이 고개를 내밀고 삐삐거리는 둥지 앞으로 커다란 물뱀 한 마리가 두 갈래로 갈라진 징그러운 혀를 날름거리며 코브라처럼 머리를 치켜들고 둥지를 향해 미끄러지듯 다가오고 있습니다.

검은머리물떼새의 몸부림은 차마 볼 수 없었습니다. 다리를 쩔뚝거리며 날개를 퍼덕이며 커다란 뱀 앞으로 다가갔습니다.

“날 잡아 먹어, 제발 우리 새끼들은 안 돼. 어서 날 잡아먹어.”

검은머리 물떼새는 날개를 퍼덕이며 다리를 질질 끌며 커다란 물뱀 앞으로 자꾸 다가갔습니다.

“어, 배가 고픈데 잘 됐다. 새끼들 여섯 마리보다 어미새 한 마리가 훨씬 낫겠지. 그래 널 잡아먹어야겠구나.”

물뱀은 갈라진 혀를 날름거리며 치켜세웠던 머리를 잽싸게 튕겨 검은머리물떼새를 낚아챘습니다. 검은머리물떼새는 순간 앞으로 폴짝 뛰었습니다. 다행이 꽁지깃만 하나만 빠졌습니다.

"요게 누굴 놀려, 다리가 부러지고 날개가 부러진 주제에 나를 놀려. 조금만 거기 있어."

물뱀은 스르르 미끄러지듯 비늘을 세워 검은머리물떼새 앞으로 다가갔습니다. 검은머리물떼새는 상처가 심해서 날지도 못하고 걷지도 못 한 척 지친 상태를 나타내 보이면서도 재빠르게 뛸 준비를 하고 뱀이 가까이 오기를 기다렸습니다. 뱀은 검은머리물떼새 가까이 다가가 검은머리물떼새를 덮쳤습니다. 순간 새는 폴짝 뛰어 날아 조금 앞에 나동그라져 한쪽 날개를 퍼덕거리며 죽는 시늉을 했습니다. 이번에도 날개깃이 하나 빠져 나갔습니다. 물뱀 또한 다시 다가와 놓치지 않으려 애를 썼습니다. 검은머리물떼새는 풀밭에 뒹굴기도 하고 절뚝거리기도 하며 자꾸 뱀을 멀리 유인해 갔습니다.

"어 저걸 잡아먹으려 했는데 어찌된 걸까? 새끼가 있던 둥지도 이제 찾을 수 없게 되었잖아, 이러다가 새끼도 어미도 다 놓친 것 아냐?"

저만큼에서 검은머리물떼새는 온갖 몸짓으로 물뱀을 꾀었습니다. 뱀은 검은머리물떼새를 놓치지 않으려고 또 쫓아갔습니다.

이렇게 몇 차례를 반복하여 둥지에서 멀리 떨어진 물 가장자리까지 뱀을 유인한 검은머리물떼새는 성긴 깃털을 힘차게 펄럭이며 하늘 높이 날아올랐습니다. 검은머리물떼새를 쫓던 물뱀이 어이없다는 듯 하늘만 쳐다보았습니다. 언제 날아 왔는지 물잠자리 한 마리가 만족한 웃음을 지으며 맴돌았습니다.

지혜로운 검은머리 물떼새는 위험한 순간을 모면할 수 있었습니다.

개미들의 병정

도랑물 흐르는 언덕위에 초라하게 서 있는 집이 광준이네 집입니다.

높은 산, 깊은 골에 사시사철 도랑물이 마르지 않고 졸졸 노래하며 흐르는 아름다운 곳에, 마치 산수화처럼 쓰러질 듯 옆으로 비스듬히 서 있는 집, 방 한 칸 부엌 한 칸이 광준이 안식처였습니다.

이 집은 누가 보아도 금방 도깨비가 나타날 듯 합니다. 시커멓

게 그을린 벽을 타고 슬레트가 금방이라도 흘러내릴 듯 하고, 언덕에서 자란 울창한 대숲이 지붕을 반쯤 덮고 있어 사람이 사는 집이라기보다는 밤마다 도깨비들이 나타날 듯 음산한 곳입니다.

광준이는 어릴 적엔 이 마을에서도 가장 크고, 아름다운 집에서 살았습니다.

뜰이 학교 운동장만큼이나 넓고 정원에는 홍단풍과 옥향나무, 은행나무가 서 있고, 철마다 꽃들이 아름답게 피어나는 화단이 있는 오래 된 큰 집이었는데, 아버지가 돌아가신 뒤 광준이 어머니는 어려운 살림을 해결하고자 도랑가 오두막집과 바꿔 살게 되었습니다.

광준이가 난폭한 개구쟁이가 된 이유 중의 하나는 아버지의 죽음 때문이었습니다.

광준이 아버지는 6 · 25동란이 거의 끝나갈 무렵, 청 · 장년들이 군대에 가거나 민주경찰이나 의용경찰에 자원하여 공산군과 싸우는 때라, 광준이 아버지도 민주경찰에 자원하였습니다.

경찰들의 덕분에 광준이가 살고 있는 곳은 큰 피해가 없었습니다. 그러나 이웃 마을에 공산군 잔당이 남아 있어, 낮이면 화학산 깊은 골짜기에 숨어 있다가 밤이면 양민을 학살하고 재산을 빼앗아 가는 무법천지가 되었습니다.

광준이 아버지는 이웃 마을을 다시 찾고자 화학산 전투에 참여하였다가 공산군에 붙잡혀 무참히 찔리고, 다리가 부러지고 목이 잘려 전사를 당했습니다.

도랑가 오두막집으로 이사를 온 어머니는 남의 집 일을 도와 몇 푼 씩 받은 품삯으로 겨우 생 활을 이어가게 되었습니다.

여름철이면 날마다 밭에 나가 삯품을 들고 농사철이면 모내기 벼 베기를 가릴 것 없이 집집마다 광준이 어머니의 손끝이 닿았습니다.

그때마다 광준이는 어머니가 삯품 든 집에 따라가 아이들과 놀았습니다.

어떤 때는 얻어맞기도 하고 어떤 때는 쫓겨나기도 하고 심지어는 거지라고 놀림을 받아가면서도, 어머니와 함께 점심과 저녁밥을 얻어먹고 나서야 어머니의 손을 잡고 도랑가 오두막집을 찾아 오곤 하였습니다.

서럽게 자란 광준이가 제법 철이 들어갈 무렵 재, 너머 백암굴 마을에 버섯공장이 들어섰습니다.

광준이 어머니는 버섯공장에 일터를 얻게 되어 매일 아침 일찍 나갔습니다. 그때부터 광준이는 혼자 집에 남게 되었습니다.

오늘도 어머니 아침 일찍 도시락을 사들고 괴바우 모퉁이를 돌아 백암굴 공장으로 발길을 옮겼습니다.

광준이는 혼자 집을 보다가 심심할 때면 도랑가에서 송사리도 잡고, 뒷동산에 올라가 풍뎅이도 날리며 시간을 보냈습니다.

너무 외로운 광준이에게 다행히도 다정한 친구가 생겼습니다. 친구는 웃마을에 사는 미정이였습니다.

미정이네도 넉넉지 못한 터라 미정이 어머니와 광준이 어머니가 함께 버섯공장에 다니기 시작하면서부터 둘은 누구보다도 다정한 친구가 된 것입니다.

오늘도 미정이네 어머니는 아침 일찍 미정이를 광준이 집에 남겨두고 광준이 어머니와 함께 일터로 갔습니다.

광준이와 미정이는 숨바꼭질도 하고 엄마가 되고 아빠가 되어 소꿉장난을 하면서 즐겁게 놀았습니다. 그래도 지루하고 심심하면 뒷산에 올라가 커다란 차나무 고목에서 풍뎅이를 잡았습니다.

운 좋은 날엔 사슴벌레와 장수하늘소를 잡을 수가 있었으나 오늘은 풍뎅이 몇 마리만 잡아 집에 돌아왔습니다.

광준이는 풍뎅이 발가락 여섯 개를 모두 비틀어 부러뜨립니다.

"우리 아버지도 공산군들이, 풍뎅이처럼 다리를 모두 부러뜨려 죽였대!"

미정이는 광준이 곁에 쪼그리고 앉아 광준이가 하는 모양을 바라보고만 있습니다.

광준이는 신이 나서 풍뎅이 모가지를 두어바퀴 비틀어 놓았습니다.

"공산군은 우리 아버지 목도 부러뜨려 죽였대!"

풍뎅이는 기어갈 수도 날아갈 수도 없습니다.

광준이와 미정이는 마주보고 앉아 버둥거리는 풍뎅이를 마당에 뒤집어 놓고 소리 맞춰 노래를 부릅니다.

"풍뎅아 풍뎅아, 토방마당 쓸어라.

큰머슴 작은 머슴 풀 베어 대문간에 당도했다. 토방마당 쓸어라."

그러면 풍뎅이는 뒤집힌 채 하늘을 향해 날개를 활짝 펴고 빙글빙글 돕니다.

광준이와 미정이는 더욱 신이 나서, 손바닥으로 마당을 도닥거리며 노래를 부릅니다. 풍뎅이가 맴도는 자리는 먼지 하나 없이 깨끗이 쓸어집니다.

한 마리, 두 마리 잡아온 풍뎅이는 몽땅 다리가 부러지고 모가지가 비뚤어져 윙-윙-위 돌면서 마당을 씁니다.

힘차게 돌던 풍뎅이가 힘이 빠져 지친 몸뚱이를 이기지 못하고 하늘을 향해 허우적 거리며 뱅글뱅글 돌다가 마침내 죽어갑니다.

"우리 아버지는 이렇게 돌아가셨단다!"

손바닥에 묻은 먼지를 털면서 일어나는 광준이의 말입니다. 미정이도 따라 일어나며 물었습니다.

"너희 아버지는 언제 돌아가셨니?"

"난 알지 못해, 내가 아주 어렸을 때라더라."

"그런데 넌 아버지의 죽음에 대하여 잘도 아는구나?"

"잘 알지는 못하지만 어른들에게서 다 들었지 뭐."

광준이와 미정이는 구멍난 어레미를 가지고 개울가로 나갑니다.

광준이와 미정이는 어레미를 두 손으로 움켜잡고 물줄기를 따라 거슬러 올라가면서 훑어댑니다.

요행히도 잡힌 송사리가 비늘을 세우고 번득이며 어레미 안에서 뛰어오릅니다. 미정이와 광준이가 서로 잡으려는 순간 뚫어진 어레미 사이로 빠져 달아납니다.

또 다시 미정이와 광준이는 어레미를 치켜세우고 물을 거슬러 올라가며 훑어댑니다. 그러자 이번에는 제법 큰 피라미가 은빛 비늘을 번득이며 퍼뜩입니다.

광준이는 고무신짝을 얼른 벗어 물을 넣고 피라미를 잡아넣습니다. 그러나 피라미는 꼬리를 바들바들 떨면서 하얀 배를 드러내고 죽어갑니다.

광준이는 죽은 피라미를 들고

"죽어라 죽어라, 벌벌 떨고 죽어라!"

광준이는 죽은 물고기를 다시 길바닥에 내동댕이칩니다.

"우리 아버지도 공산당의 손에 죽어 길바닥에 버려놓았대!"

광준이는 풍뎅이며 피라미 그리고 여치와 잠자리 등등 손에 잡히는 대로 죽여 내팽겨 치며 6 · 25때 돌아가신 아버지에 대하여 아는 대로 중얼거립니다.

광준이는 석양 노을이 맑은 강물에 비추어 파랗던 강물이 하늘과 함께 붉게 물들어 갈 무렵 어느 때처럼 어머니를 마중하러 갑니다.

광준이 집에서 도랑을 타고 얼마쯤 걸어가면 지석천이 흐릅니다. 지석천을 감돌아 백암골로 내려가는 길목에 큰 괴바위와 작은 괴바위가 나란히 앉아 발끝을 지석천에 담그고 있습니다.

바위 모양이 고양이를 닮았다하여 부르는 이름인데 큰 괴바위와 작은 괴바위 사이에는 문씨네 선산이 있어 잔디가 매우 좋습니다.

이 마을 아이들은 여름 한철 맑은 지석천에서 미역을 감고 이곳 잔디에 둘러앉아 씨름을 합니다. 그러다가 더워지면 훌훌 옷을 벗어던지고 냇물에 퐁당 퐁당 뛰어 들어 몸을 식히기도 합니다.

광준이는 괴바위에 앉아 어머니를 기다리다가 오지 않으면 잔디에 누워 뒹굴고, 팔벼개를 하고 누워 하늘에 떠가는 조각구름을 쳐다봅니다. 맑은 하늘에 송이송이 피어나는 뭉게구름이 맑은 지석천에 떠서 흐릅니다.

"앗! 따가와."

먹이를 찾던 개미들이 광준이 허벅지를 먹이로 잘못 알고 물어뜯어 봅니다.

'심심하던 차에 잘 되었구나. 이놈의 개미들아, 너희 모두 잡아 죽여야지, 어머니가 오실때까지 몇 마리나 죽일까?'

광준이는 잡히는대로 개미들을 잡아 다리를 뜯어내고, 더듬이를 뜯어내고, 진주알처럼 까만 머리통을 뜯어냅니다.

"우리 아버지도 나쁜 공산당들이 이렇게 죽였단다. 너희들도 어디 맛좀 봐라!"

광준이는 혼자 중얼거리며 개미를 잡아 죽입니다.

죽여도 죽여도 개미들은 금방 기어듭니다.

"아이! 귀찮아, 오늘은 무슨 개미가 이렇게 많지."

광준이는 서너걸음 걸어나가 문씨네 선산 대리석 상석에 올라가 벌렁 누웠습니다.

시원한 바람이 기분을 상쾌하게 해 줍니다. 서쪽 산에 오르락거리는 짙은 황혼이 점점 잿빛으로 변해 갑니다.

어느 새 초승달이 희미하게 서산마루 소나무에 걸렸습니다. 그

때 광준이 앞에 불쑥 나타난 병정이 있었습니다.

깜짝 놀란 광준이가 자세히 보니 그 병정은, 머리엔 어울리지 않게 커다란 모자를 쓰고, 등에는 두 개의 무선 안테나를 메고, 허리엔 가느다란 칼을 차고, 눈을 부라리며 달라 드는데 다리는 여섯이요, 진주알처럼 반짝거리는 몸뚱이는 머리와 가슴, 배가 있는 개미 병정이었습니다.

광준이는 큰일 났구나 싶어 도망을 치려고 일어났습니다. 다만 수없이 많은 개미 군병들이 수십 겹으로 둘러싸고는 한 발자국도 가지 못하게 하였습니다. 갑자기 벌어진 사태에 도망을 칠 수도 없는 광준이는 벌벌 떨면서 온 몸을 고양이마냥 웅크리고 용서를 빌었습니다.

"개미 병정님, 잘못했습니다. 용서해 주세요."

"흥, 용서! 어림도 없지."

광준이는 꼼짝없이 날카로운 개미들의 이빨에 물려 죽게 되었습니다. 얼굴이 하얗게 질린 광준이는 영문도 모르고 개미들에게 끌려가야 했습니다.

"개미 병정님, 왜 나를 끌고 가려 하세요, 무엇 때문이에요?"

광준이가 이렇게 말할 때였습니다. 비행접시만큼이나 큰 풍뎅이를 타고 나타난 개미병정 대장이 광준이 앞에 나타났습니다. 풍뎅이는 번쩍거리는 날개를 치며 광준이 머리 위를 빙빙 돌면서 꼼짝달싹 못하게 위협하였습니다.

개미병정 대장은 모든 병정들을 향해,

"자, 여러분 우리의 원수 광준이를 끌고 갑시다!"

라고 큰 소리를 외치자 번쩍이는 더듬이를 하늘 높이 쳐들며 날카로운 이빨을 하마처럼 벌리고 소리를 모았습니다.

"영차! 영차! 광준이를 잡아라! 영차! 영차! 광준이를 죽여라!"

우렁찬 함성이 하늘을 찌르고 괴바우가 무너질 듯 쩌렁쩌렁 울려 강물 속으로 빠져듭니다.

광준이는 눈앞이 캄캄하고 가슴은 콩알만큼 작아지며 새가슴처럼 두근거렸습니다.

엉엉 울며 어머니를 불러봐도 소용이 없었습니다. 사태가 이쯤 되니 죽을 때까지 용서를 빌어야 했습니다.

"대장님, 용서해 주세요, 잘못했습니다. 용서해 주세요."

광준이는 손발이 닳도록 싹싹 빌었으나 소용없었습니다. 그리고 왜 개미들이 자신을 죽이려 하는지를 깨닫지 못했습니다.

개미 대장은 광준이 마음을 뚫어 보기라도 하는 듯 광준이에게 물었습니다.

"아직도 네 잘못을 모른단 말이냐."

"예, 사실 저는 왜 이렇게 당해야 하는지 모르겠어요."

그때 여섯 다리가 모두 잘린 개미, 목이 부러진 개미들이 수없이 광준이 앞으로 몰려왔습니다.

그 뒤를 이어 목 부러진 풍뎅이와 다리 잘린 풍뎅이들이 몰려와,

"아이고 풍뎅이 좀 살려요, 풍뎅이 죽어요 어서 좀 살려줘요."

앓는 소리를 차마 들을 수가 없었습니다.

언제 왔는지 커다란 피라미들이 파닥거리며 비늘을 세우고 꼬미를 떨며,

"저 원수, 광준이를 어서 죽여야 해요!"

하고 외치는 피라미는 도랑가에서 잡아 죽인 놈이 틀림없었습니다.

광준이 눈앞에 나타나 아우성치는 개미, 풍뎅이, 피라미, 잠자리들의 외침은 지옥과 같았습니다. 그때서야 개미병정 대장 앞에 무릎을 꿇고 잘못을 빌었습니다.

"개미병정 대장님, 이제 알았습니다. 한 번만 용서해 주세요,

앞으론 절대로 작은 곤충이나 물고기들을 죽이지 않겠습니다. 용서해 주세요."

"안 된다, 네가 장난삼아 죽인 개미와 풍뎅이가 이렇게 많으니 용서할 수 없다. 너도 다리와 목을 내놓아라."

광준이가 울면서 용서를 빌었으나 용서해 주지 않을 것 같았습니다. 그도 그럴 것이 광준이 손에 죽어간 개미와 풍뎅이가 많아 그들의 원성이 너무 컸습니다.

개미병정 대장은 병정들을 향해 외쳤습니다.

"여봐라! 어서 광준이를 굴로 끌고 가서, 다리를 자르고 팔을 자르도록 하여라."

대장의 말이 떨어지자마자 개미 병정들은

"영차! 영차야!"

함성을 지르면서 광준이에게 달려들어 머리를 물고 귀와 코를 물고, 팔과 다리도 물며 개미굴을 향해 끌고 가기 시작하였습니다.

너무 많은 개미들이라 몸부림을 치고, 사정을 해도 듣지 않았습니다.

"안돼요, 안돼! 어머니 살려줘요!"

광준이는 큰 소리로 울면서 어머니를 부릅니다.

"오냐 오냐 광준아, 어머니다, 어머니여."

공장에서 돌아오던 어머니가, 상석에 엎드려 누워있는 광준이를 안고 일으켰습니다.

광준이는 흐느끼는 음성으로 부르르 떨면서 어머니를 꼭 안고 매달렸습니다.

지석천 물위에는 언제 내려왔는지 하늘의 별들이 또록또록한 눈빛을 한 채 물속에서 조용히 목욕을 하고 있었습니다.

한참이나 흐느끼던 광준이는 멀리 마을에서 불빛이 하나 둘 반짝이고 있을 무렵에야 어머니 손을 잡고 오두막집에 도착하였습니다.

"어머니, 공산당들은 벌을 받게 되겠지요?"

광준이의 갑작스러운 질문에 영문을 모르고 한참이나 아들의 얼굴을 빤히 들여다 보던 어머니는 정신을 차리고

"그럼, 벌을 받고 말고, 공산군이 죄 없는 국군과 양민을 얼마나 많이 죽였니?"

"우리 아버지도 죽였으니까요."

"그렇단다, 너희 아버지를 죽였던 공산군도 다시 찾아온 우리 국군 때문에 도망가지 못하고 숨어 있다가 자살해 죽었으니까 벌을 받은 셈이지."

어머니의 눈에는 눈물이 이슬처럼 맺혔습니다.

광준이는 개미병정에게 당했던 일이 생생하게 되살아났습니다.

"어머니, 나는 이제부터 착한 사람이 될 거에요."

"그럼, 우리 광준이는 아빠보다도 더 훌륭하고 착한 사람이 되어야지."

어머니는 광준이의 손을 꼬옥 쥐었습니다.

제 2 부

구름 한 점 동동 (시)

병실에서

별도 달도 볼 수 없는 병실에서
방울방울 떨어지는 수액방울마다
주마등처럼 지나가는 얼굴

검은머리 곱게 빗질하시던
어머니 얼굴
머리수건 질끈 매고 나뭇짐 지고
대문으로 들어서신 아버지 얼굴

나 어쩌면 태어나
조부모님 떠나가신 그 지점에
부모님 떠나가신 그 지점에
미련도 버릴만한데
인연의 끈 붙잡고자 놓지 못할까

고향길

나 지금
노을 짙은 들길을 지나
종괘산 기슭 하얀 연기 피어오르는
고향길을 간다

울타리 가에 하얀 박꽃이
날 반겨주던 곳
뜨거운 여름날 검게 탄 얼굴로
하얀 이 드러내며 맞아주던 곳

나 지금 서산머리 붉은 노을 바라보며
박꽃도 사라지고
검게 탄 얼굴도 떠나버린
타향 같은 고향길을 간다.

좁다란 고샅길 아스팔트 깔리고
나지막한 돌담길은 높다란 벽돌담
졸졸 흐르던 도랑물 복개가 되어
물소리 들을 수 없는
정겨운 초가집 어디로 가고
교만한 2층집 쮸빗쮸빗
타향 같은 고향길을 간다

시골집에서

소리 없이 봄비 내리는 날
시골집 방안에 앉아
넓은 창 너머로 밖을 바라보노라면
내 마음은 꽃이 된다

가랑가랑 내리는 빗소리에 귀가 열리고
살며시 다가오는 바람 한 점 입술이 흔들리고
쏘옥 돋아나는 파란 싹에 가슴이 떨리는
내 마음은 꽃이 된다

시간아 멈추어다오
나 이제는
파랑새를 잡으러 떠나지 않고
봄비 속에 피어나는 꽃이 되련다

할미꽃

백두옹
누가 할미꽃이라 했나
호호백발 할미꽃이라고
속마음 헤아리지 못하고
겉만 보는 속 얕은
인간들이 명명 했겠지

보라 가슴속 깊이 타오르는
저 붉은 정열
붉다 못해 피멍이 든 가슴을 보라
청춘이라 저토록 붉을 소냐?

세상꼴 인간의 야릇한 마음 탓하지 못해
하늘이 부끄러워 차라리 가슴을 접고
땅속 밑으로만 내려가는
속 깊은 군자의 마음인 것을

나는 해바라기

너는 해님
나는 해바라기

칠팔월 뜨거운 볕에
제 가슴 까맣게 타는 줄도 모르고
마냥 해님이 좋아
해님만 바라보며
살아가는
나는 해바라기

빈집

신덕리 율치길 한고샅 잿등 밑에
우두커니 서있는 빈집 한 채

한때는 4대가 모여
장작불 뜨겁게 타오르더니
불 꺼진 잿더미 비바람에 흔적 없고
부엌문 떨어지고 광문도 열리고
이제는 안방문 마저 열어버린
늙은 할머니의 빈 가슴

굴뚝엔 족제비가 둥지를 틀고
안방엔 암코양이 살림을 꾸리고
처마 끝엔 거미가 날줄씨줄 베를 짜고
뜰 가득 가마중 까만 열매 송글송글 열렸다

평생을 살아오며 헌신하신
연약하면서도 강인한
내 할머니의 마지막 자애로움
그루터기로 남아 있는 빈집

화순문화 예찬

무등에 푸른 기상 만연으로 타고 내려
널따란 화순벌 가슴에 품고
동헌에 뿌리내려
소박하고 순후한 문화의 꽃 피웠다
향기로운 꽃향기 가득 실은
지석천 깊은 물 굽이 돌아 영산에 이르고
동복천 맑은 물 계곡 따라 섬진에 이르니
남도땅 멀리멀리 밝혀주는 등불이어라

가진 것 나눠주고 없는 것 얻었으니
복주골 명성대로 복된 삶 차고 넘쳐
타향살이 향우에겐 향수가 되고
이 땅 지켜가는 우리에겐 자긍이 되어
지루한 장마 끝 산뜻한 하늘빛으로
가뭄 속 애타는 농부의 단비가 되어
우리들 가슴속 환히 밝히는 등불이어라.

가뭄비

부슬부슬 비가 내린다
불볕에 달군 땅 식히려고
한두 시간 버티더니
하늘 문이 열리고
오줌줄기 같은 물줄기 대지에 꽂힌다

암 그래야지 그래야지
아버지는 고무신 벗어들고
미끄러운 논둑길 걸으며
가슴팍에 꽂히는 빗줄기를 안고
덩실덩실 춤을 춘다

어머니는 손에 쥔 호미를 들고
하늘을 후벼 파며
돌돌말린 옥수숫잎
활짝 펴지는 밭귀퉁이에 서서
덩실덩실 춤을 춘다

빼빼마른 씨앗들 푸른 꿈에 부풀고
말랐던 물꼬마다 넘치는 인심
드러누운 콩잎도 다시 일어나
푸른 손 높이 들어 덩실덩실 춤을 추는
가뭄 끝 생명의 단비가 내린다

들꽃

호숫가 한적한 산길
이름 없는 한 떨기 꽃으로 피어
찾아오신 그대 외론 발부리에서
반겨 맞으렵니다.

행여 알아보지 못하시고
스쳐가는 당신의 바람결에
가녀린 꽃잎 하나 나풀나풀
다시 찾아오실 그날 기다리며
오늘은 꽃잎을 곱게 접으렵니다.

2008년의 겨울

금년 겨울은 첫눈부터 폭설이다
된서리에 시든 잎이야
청청푸른 대나무도 긴 허리 숙인 채
눈 속에 묻혀 숨을 죽이고 있다

지금쯤 어디메서 뭘 하고 있는 걸까
오던 길 오는 걸까 가던 길 가는 걸까
꽁꽁 얼어붙은 대지를 아는지 모르는지

겨울 하늘에 까마귀 운다
내 고기를 주겠다
암울한 이 밤 길을 나섰다
내 고깃덩이 벼룩의 간보다 적구나

초겨울 살얼음판 내닫지 못할 제
저 불빛 타오르는 촛불
하얀 눈길 위에 꺼질듯 다시 빛난다

가을의 끝자락

가을의 끝자락에서
한 점 불어오는 바람은
노오란 은행잎을 굴려
짙은 황혼 속으로 사라진다.

우리 만남은
가을의 끝자락에 묻어난
햇살만큼이나 아쉬운 조각들이지만
낙엽과 함께 날아가 버렸다

추수 끝난 빈 들녘
논 귀퉁이에 혼자 서서
석양하늘에 흩날리는
허수아비 옷자락만큼 외론 마음에
어둠이 짙게 내린다.

겨울바람

간밤 자정이 넘도록
문고리 잡고 칭얼대더니
새벽이 되어서야 잠이 들었나보다

조용한 겨울 아침
창문 열고 밖으로 나가니
간밤에 울던 바람
하얀눈 뜰안 가득 담아놓고
저만큼 물러가 무등산속에 숨었나

이리도 고운 세상 만드느라
밤새워 그토록 칭얼거렸나보다

고향은 지금

아름드리 소나무도
연분홍진달래도
어디론가 귀양가버린 땅

개발의 불도자 지나간 자리
컨트리클럽 잔디밭에
골프채 거머잡은 낯선 신사
하얀 골프공 그녀의 엉덩인 양
가만가만 다독이다가 내리치는 순간
골프공 끝에 공중분해하는 고향 땅

도랑 건너 산전문답
마지막 수확
늙은 할배 할매
보리밭가에
묘 자리마저 빼앗긴 고향땅
찌그러진 손수레만 골목길에
누더기로 남아있는
고향은 쫓겨난 에덴동산
올해도 민들레만 하얗게 시어간다.

그리움

하늘만큼 땅만큼 원한 것도 아니다
다만 좁쌀 한 톨만큼만

석양하늘 가을 단풍 같은
빨간 당신의 손길
해바라기 둥근 얼굴
또록또록 영글어 가도록
기다리는 마음

창문 열고 바라보니
고추잠자리 푸른창공 가득 나는
이 계절에도
텅 빈 가슴 쓸쓸한 해거름
노랗게 물든 은행잎 하나
책장 속에 끼어 넣으며
마음을 접는다

그림자

설악산 울산바위 오르는 길
바람은 솔끝 스쳐 지나가고
물은 바위끝 스쳐 바삐 흐르고
검은 그림자 느린 발걸음 애를 태운다

어쩌다 만난 짧은 인연
팍팍한 세상살이 동반자 되겠다고
백년가약 맹세하고
소 닭 보듯 물 건너 불구경하듯
살아온 인생

부처 같은 당신마음 몰라주는 나를 보고
길가 곱디고운 단풍잎이
속 빈 강정이라 비웃는다

그대 손잡고 철계단을 오른다
한 계단 두 계단 오르다보니
웅장한 울산바위 다가선다
아득한 808계단 난간에 서서
멀리 속초를 내려다보며
다시는 그대 손 놓지 않으리다
꼭 다문 입 벌려 빙그레 웃는다.

금남로에서

서리맞은 늦가을 바람
금남로 길 위로
도둑고양이처럼 몰려갈 때

보르네오 가구점 앞 긴 의자에는
오가다 쉬는 이도 없이
노란 은행잎만 수북이 앉아
뜨거웠던 오월을 이야기 하는가

광주에서 가장 넓은 금남로
미어질 듯 밀려오는 얼룩무늬 특공대
소총 끝에 착검하고
곤봉 휘두르는 깽패들의
어지러운 군화 발자국 소리
환청으로 가물한데

오늘은 미니스커트에 널장만큼 커다란
군화 신은 아가씨들이
긴 의자 끝에 앉아
사랑의 휘파람을 불고 있다.

꽃무릇

평생을 하루 같이 함께 살아도
임은 나를 보지 못하고
나는 임을 보지 못하네

비애의 견우와 직녀도
일 년 한 번쯤은 오작교를 건너는데
애달픈 우리 사랑 평생을 살아도 만날 수 없는
그대 이름 상사화여

긴긴 봄날 하루 같이 기다리다
애간장 다 타는 붉은 가슴 드러내고
이글거린 태양 앞에 쓰러져 흐느껴도

찬서리 내린 이른 아침
행여 당신 발길 찾아 온 산을 헤매여도
눈 속에 푸른 절의 뉘라서 알손가

돌계단 27층 기어올라 금강문 지나고
42계단 오르고 올라 대웅전 앞에 서서
단 한 번만이라도 지상에서
상봉하기 빌고 빌어도
우리 인연 영원히 만날 수 없는
그대 이름 상사화여

나 어쩌란 말이냐

뿌리도 줄기도 없는
한 톨의 씨앗이
통
튕겨져 나왔다

씨앗은
뿌리 내리고 줄기 뻗어
푸른 싹을 꿈꾸었다

따사로운 햇살아래
움트고자 하였으나
씨앗에게는
목축여줄 물 한 모금이 없다
포실한 흙밭에
뿌리 내리고자 하나
씨앗에게는
한 뼘의 땅도 없었다

나 어쩌란 말이냐
나 어쩌란 말이냐

농부

새벽부터 땅을 뒤집고 흙을 파올린다
늦은 해거름 어둠내려 앞이 보이지 않을 때까지

허리 굽고 주린 배 펴지 못하고
사지육신 늘어져도
그들은 씨를 심고
벼포기 하나에도 콩포기 하나에도
땀을 쏟으며 사랑을 노래한다

너희들을 위해 노래한다
너희들의 배를 살찌우기 위해
내게 돌아오는 건 떨어진 운동화 한 짝
닳고 녹슨 호미하나 삽 한 자루

대학 보낸 아들 며느리도 돌아오지 않는 땅
시집 보낸 딸 사위도 돌아오지 않는 땅
농부는 오늘도 손이 시리도록
탄저병에 말라죽은 고춧대 뽑아내고 있다

일하기 싫거든 먹지도 말라
그리스도는 가르쳐 주었지만
일하지 않는 그들은 잘도 받아먹고 살찐다
그들이 주인이다

언제나 상전은 칼 쥔 놈이 다
태초부터 마지막 심판의 그날까지

빈대딱지처럼 말라붙은 두지 상관없이
농부는 보리 익는 냄새가 좋아
농부는 벼이삭 사각거리는 가을이 좋아
오늘도 농부는 주인을 위해 일한다

담양 온천탕에서

목욕탕 안은 바깥세상과는 사뭇 다르다
빈부의 차도 귀천의 격도 없다
권력의 채찍을 휘두르는 사람도 없는
참된 민주 공화국이다

나는 육체의 때를 밀어내고 있다
살결은 곱고 한결 부드럽지만
가슴속 차곡차곡 쌓인
오욕을 씻어 내지 못했다.

온탕 냉탕 고온탕 녹차탕 대나무진액탕
나는 세심탕을 찾았다
깊은 산골 목탁소리
십자가의 뾰족한 궁전
거기에는 포효하는 표범의
날카로운 소리가 비수로 다가올 뿐
내가 찾는 세심탕은 어디에도 없었다

바가지

오장육부 모두 비우고
하나 남은 생명마저 주었지만
속 빈 강정이라 가벼이 본다.

아내는 속도 없는 날 긁어대고
어쩌다 잘못 들어서면
동냥은커녕 몸통까지 깨지는
수모을 겪으며 살아가는 바가지

나 누구를 위해 단 한 번이라도
욕심과 아집으로 꽉 찬
내 가슴속 비웠던가?

오늘도 바가지는
쌀 한 움큼 빈 가슴에 담아
주린 자에게
물 한 모금 빈 가슴에 담아
목마른 자에게 전해준다

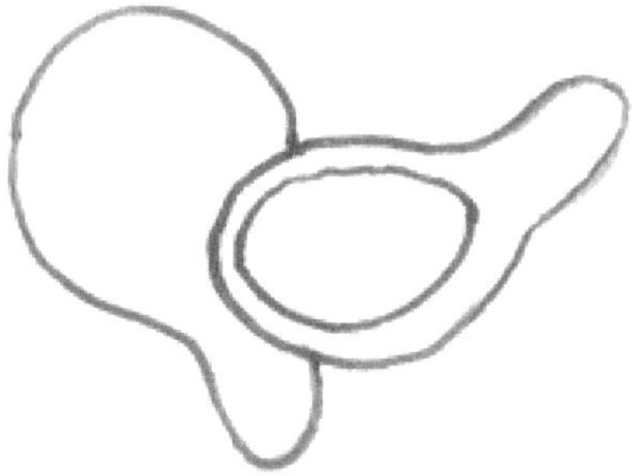

백목련

두 뺨엔 보송보송 애띤 그 얼굴
서슬 퍼런 시어머니
시집살이 속에
소박맞은 여인의 외론 모습으로
가슴 가득 피어나는 슬픔이어라

병원에는

산기슭 작은 언덕 위에
커다란 느티나무 한 그루가
가쁜 숨을 쉬고 있다

느티나무 아래
가파른 일상을 벗어나
많은 사람들이 몰려와 숨을 죽이고
지루함을 달래고 있다

그곳엔
기쁨이 있고 좌절과 슬픔이 있다
행복의 환호가 있고 절망한 절규도 있다
자비가 숨을 쉬고 비정한 인색함도 있다

의인도 죄인도
돌이켜 신에게 구걸한다

봉영기와 하룻밤

어머니 젖내음 묻어나는
옛터 찻집
통나무 다상(茶床) 앞에 마주 앉아
향기로운 솔잎차향 코끝에 묻어날 때
오가는 정담 속에 가슴이 열리면
마주보는 눈가에 은하가 삼경으로 기운다

오죽처럼 곧은 절의
정하처럼 맑은 성품
너와 내 앞에 벽을 허물고
가슴을 드러내는 오늘밤
세월이 흐른다 어찌 놓으랴만
보내고 맞이하는 찻집 같은
이 밤을 누가 막으랴

선창에서

별빛이 고요히 수면 위로 내릴 때
잠들지 못한 파도
스크럼을 짜고 몰려왔다 물러가는
남해 바닷가
반 남아 기운 달이
선창횟집 창문에 걸터앉아
일그러진 내 얼굴을 바라본다

자정 지나 새벽으로 가는 달빛 아래
멀리서 들려오는 발동선 소리
낮으막한 용머리 산 위에서
반딧불처럼 깜박거리며
한밤을 지샌 등대의 눈빛이 게스츠름 할 때
은하수 강물도 흐르다 멎고
새벽빛에 희미한 모습으로 잠이 든다

섣달그믐

똑
똑
독

호롱불 밝혀 놓고
흰떡을 썰어

따뜻한 아랫목
팔남매 꿈을 키울 때

어머니의 손 끝에선
세월이 썰린다

세상사람 잘만 사는데

젠장 망할놈의 세상
태양은 변해서 달이 되고
달은 변해 태양이 되니
없는 놈들 추워서 살 수가 있나
우리 것 지키자는 농민들 매국노 되고
외국상품 사들인 얄팍한 장사꾼 애국자 되고
그래도 시궁창 거머리는 잘만 사는데

젠장 육시랄 세상
의는 죽어 불의가 되고
불의는 살아 의가 되니
순박한 村老 헷갈려 살 수가 있나
친절 베풀다 봉변당하고
의로운 일 꾀하려다 몰매 맞고
그래도 동굴 속 박쥐는 잘만 사는데

수만리 가는 길

수만리 십 리 길
울창한 송림 헤쳐 오르니
얼굴을 가리운 채 돌아앉은 무등
곱게 쪽진머리 비녀끝만
석양빛에 반짝인다

가뭄에도 끊지 않는 계곡물 따라
층층이 쌓아올린 다랭이 논에
황금물결 논둑 넘쳐 일렁이고
안양산 기슭
푸른 초원 널따란 목장
까만 염소 떼 무리지어 내릴 때
만수동 밥 짓는 흰연기
저녁노을 부른다

쌍기의 결혼

그대들의 그림은 슬픔이었다
그대들의 그림은 기쁨이었다
헌신짝처럼 버려진 광야에서도
잡초보다 더 질긴 삶으로
일궈낸 희망이었다

생의 절반을 비난자의 조소가운데
무너지는 담벼락에 기대어
반짝이는 눈빛 하나로 버텨온 나날
오늘의 모습은 눈부시고 아름다웠다

아다다의 꿈
기쁨 보다 슬픔의 눈물이
가슴속 깊이깊이 파고든다

우리 어머니는

언제 보아도 동녘하늘 보름달처럼
곱기만 하던 어머니의 얼굴이
이제는 골지고 일그러진 그믐달이 되었습니다

봄이면 마른 밭에 씨뿌리고
여름이면 목화밭 후벼 파시며
여우사리 딸자식 이불솜 걱정
무논에 모내면서도
이 농사 지어봤자 팔남매 배부를까?
이 걱정 저 걱정에 흰머리 되고
얼굴엔 주름이 졌나봅니다.

겨울이면 무명베로 여름이면 삼베길쌈
세월 삼아 엮어내신 어머니
저녁 무렵 한 필 짜고
행여 늦을라 호롱불 밝혀놓고
짤그락짤그락 자정 넘도록

시부모 칭찬 한마디 고된 것도 잊으시고
부부의 고운 정도 북통에 사려담고
끈끈한 인연들 날줄로 삼아
긴긴밤을 무명베로 긴긴날을 삼베로 엮어
도투마리 넘겼다 다시 세우고

눈썹대 당겼다가 치올려 밀며
동짓달 긴 밤이 너무 짧다고
오뉴월 긴긴날이 너무 짧다고
짤그락 짤그락 세월만 엮어내신 어머니

새벽 닭 홰쳐 울 때 옹기물동이 머리에 이고
깔끄막 고샅길 서너 번 오르내리면
두다리 후들거려 뱃가죽 올라매도
확독에 보리쌀 들들 갈아 밥 안쳐 놓고
짤그락 짤그락 세월 만 엮어내신
우리들의 어머니.

이 비가 개고나면

이 비가 개면 텃밭에 옥수수를 심자
옥수숫잎 너울너울 배가 차 오르면
싸리나무 울타리가 평상에 누워
또록또록 영근 옥수수를 갉으며
밤하늘에 반짝이는 별을 헤자

마주보는 두 얼굴 위로
달빛이 흐를 때
매캐한 모깃불 연기 속에
옛날얘기 솔솔 띄워 보내며
여름밤을 지새며 정을 나누자

이 비가 개면 텃밭에 감자를 심자
자줏빛 감자꽃 필 때면
반가운 그 목소리
나를 부르며 찾아오겠지

작은 공간

창밖에 흰 눈 내리고
헤즐넛커피향 가득한 밤
벽난로 참숯불 이글거리는
흔들거리는 의자에 마주 앉았다

야옹야옹 고양이 우는 밤
창밖에 스며드는
눈망울 같은
수많은 별빛을 헤며

멧비둘기 포드득 날아오르는
이른 아침
동산 위로 불끈 솟아오르는
햇빛에 눈이 머는

그런 작은 공간
하나 있었으면

잃어버린 나

나는
잃어버린 나를 찾아
오늘도 헤매고 있다

나는
어머니의 탯줄에서 떨어지는 순간
나를 잃어버렸다.

어머니의 젖꼭지를 물고
잃어버린 나를 찾았다고
초롱초롱한 눈망울을 굴리기도 했고
아버지께서 전해주는 족보를 들고
잃어버린 나를 찾았다고
흥얼흥얼 노래도 불렀다

장미꽃 한아름 받아들고
잃어버린 나를 찾았다고
행복한 미소를 짓기도 했고
홍조훈장 가슴에 달고
잃어버린 나를 찾았다고
거들먹 거리기도 했다

오늘도

이순을 지나 고희로 가는 어둠속에서
잃어버린 나를 찾아
미륵의 발꿈치를 더듬어 간다

조롱박

사람의 인연 중에
너만한 이 또 있을까
雁床에 木雁을 잡아두고
奠雁禮를 드린다

초래청에 禮卓차려 놓고
대숲 헤쳐 동백향 짙을 때
청실홍실 목에 걸고 交拜床 넘나들며
주반에 청수 담아 너 한 모금 나 한 모금
염의(袡衣)에 면관(綿冠) 쓰고 합근예(合巹禮)로
백년가약 맺어주는 조롱박 깊은 인연

부부지정 도타우니
이보다 더한 인연 세상천지 또 있으랴

청산도 아침

쉰 넘어 자취생활
학창 시절 그립구나
남쪽바다 외딴섬
청산도 아침
밀려오는 파도가
처마 끝에 칭얼댄다

김치찌개 보글보글
시큼한 내음 김이 오를 때
향수는 가마솥 열기처럼
달아오르고
밀려오는 파도가
뱃길을 막아선다

한 발짝 내 닫으면 그리운 얼굴
파도 끝에 거품으로
들려오는 어머니 말씀
큰아그야 밥은 꼭 챙겨 먹어라

풍란

벼랑 끝에 곧추서서
아침이슬 목축이고
간드러진 꽃자루에
가녀린 화관 달고
살랑 부는 바람결에
도래질 하며
혀 끝에 감도는
달콤한 향내음
뿜어내는 샘가에
물안개만 피어오른다

하회마을 헛제사밥

안동하회마을 겨울날씨 썰렁하다
허기진 배 채우고자 안동민속음식점에 들어섰다
메뉴판 쳐다보니 헛제사밥이라

헛제사밥 한 그릇 먹겠다했더니
육적 어적 소적 개란전 한 접시에 담고
커다란 놋그릇에 콩나물 고사리 시금치 도라지 섞어 담고
헛제사 밥이라기에
주성주성 비벼먹고 나오며
헛돈을 주렸더니 참돈을 달라기에
헛밥 먹고 참돈을 달라고요?

식사하던 손님들 물끄러미 바라보며
헛밥 먹고 헛소리 깨나하네.

물동이

새벽닭 홰쳐 울 때
배고픈 우리 어머니
확독에 보리쌀 한 줌 불려
들들들 폿돌질 하여 아침밥 앉혀 놓고
숨 한 번 고를 틈 없이
동구밖 우물로 나가
물동이에 넘실넘실 맑은 물 받쳐 이고
깔끄막 고샅길 단숨에 올라
부엌에 들며 몰아쉬는 한숨소리
아궁이 속으로 빨려든다

어머니의 손때 묻은 물동이는
장독가에 다소곳이 엎드려
옛날이야기 전해준다

빈 가슴

반쯤열린 창문 틈으로
매화송이 같은 하얀 눈이
아파트 앞뜰 가득 채운다

분위기 좋은 찻집에서
사랑했던 여인과 마주 앉아
따뜻한 차나 한 잔 하면
텅 빈 가슴 채워질까
어느새 흰 눈 속을 비집고
두 손이 따뜻한 사람을 찾아 나선다

동구밖 고샅길 향나무 우물가
지금도 머리에 물동이 이고
시린 손 오지랖에 넣고
물 길어 오시는 어머니의 두 손
꼭 잡아보면 텅 빈 가슴 채워질까

홍련암

쪽빛 동해물 철썩이는
바위 끝에 둥지 틀고
천년 바다 지켜온 나날

홍련암 법당에 들어 옷깃 여미고
하심으로 무릎 꿇고
관음굴 가까이 머리 조아리니

아련한 하늘 끝 극락세계
흰 거품으로 일렁이고
오가는 세월 속에 무심만 가득하다

혼자 보는 달님

이제면 어떻고 저제면 어떠랴
이경 지나 둥근 보름달
가슴가득 행복으로 다가와 좋고

초사흘 초승달
서산머리 아쉬운 이내 마음
희망의 여운으로 남아 좋고

사경 지나 그믐달
보는 이 없어 외로운 네 마음
너와 내가 한마음 다정해 좋고

여린 잎 여린 가지 행여 다칠세라
큰 가지 새로만 넘어가는
저 달님 사랑하는 내 달님

호두

내 첫사랑
처음 만나던 날
네 얼굴은 너무 창백하게 질려있었다.
나에 대한 거부감이 큰 것이었을까
골골이 파이고 주름진 못생긴
네 모습이 부끄러워서 이었을까

날이 가고 달이 가고
우리는 깊은 정에 빠져들었건만
네 얼굴은 점점 불그스레 새악시 볼이 되었다
살면 살수록 첫 만남이 부끄러워서 일까?
둥근 듯 모 나고 부드러운 듯 거친
네 속마음이 드러나서일까

너는 여러 사람들 의식하지 않고
아무데서나 제갈제갈 사랑을 속삭여 왔다.
난 오히려 부끄러워
가만가만 어루만지며 남몰래 달래주었다

호젓한 산길을 혼자 걸을 때
빈방에 들어와 하루를 회상할 때
너의 제갈제갈 사랑의 속삭임은
폭포처럼 빈 가슴 파고들었다

내 손길이 너를 어루만지면 만질수록
제가락제가락 사랑의 노래를 부르며
네 얼굴은 소녀처럼 빛이나
내 손을 떠날 줄 몰랐다.

화순 고인돌

누가 뭐래 해도 나는 당신의 후예요
당신은 나의 조상이외다

나 어떤 인연으로
당신이 치마 끝에 매달려
해망산 기슭에 태어나
당신의 가슴팍 파고들며 살았습니다

한때는 당신의 위대한 뜻 잊은 채
무심코 세월만 보냈습니다만
당신은 침묵으로 눈보라 벗삼아
억겁의 긴 세월
비탈진 해망산 기슭 엎드려 누운 채
도곡평야 끝자락 지켜 왔습니다

삼백 톤 무거운 돌 가슴팍에 올려
기름을 짜내듯 마지막 한 방울 피까지
이 땅에 쏟아 내고자
짓눌리고 부서진 당신의 뼈와 살이
온화하고 후덕한 화순고을 이루었습니다

이제는 세계고인돌메카로 우뚝 선 당신 모습
까만 세월 흐른 뒤에도

당신은 한반도 남쪽 끝자락에서
청동기 시대를 말할 것입니다

대인동 시장 골목

무등은 아직 하얀 눈 머리에 이고
봄을 기다리고 있는데
무등로 아스팔트 위로 금빛 햇살 한 줌

대인시장 입구 풋풋한 봄나물 사이로
할머니 웃음 배어나고
오가는 아주머니들의 손에
따사로운 봄기운 한 움큼 쥐어준다

이런 따뜻한 광주시민들의
훈훈한 인정으로
무등산의 눈은 녹아내린다

가을비

추적추적 가을비 내리는 날엔
모락모락 김이 나는 커피향이 그립다
빗물이 창을 타고 흘러내리는
베네치아 커피숍 창가에 마주앉아
오가는 대화속에 사랑은 몸으로 배었다

속리산 문장대 오르던 날
빛바랜 떡갈나뭇잎
가을비와 함께 흩날리던 산길
이제는 그림자마저 떠나 가버린

낙엽을 떨쳐내는 짙은 서러움이
커피향 사이로 고개를 내미는 것은
연민의 정

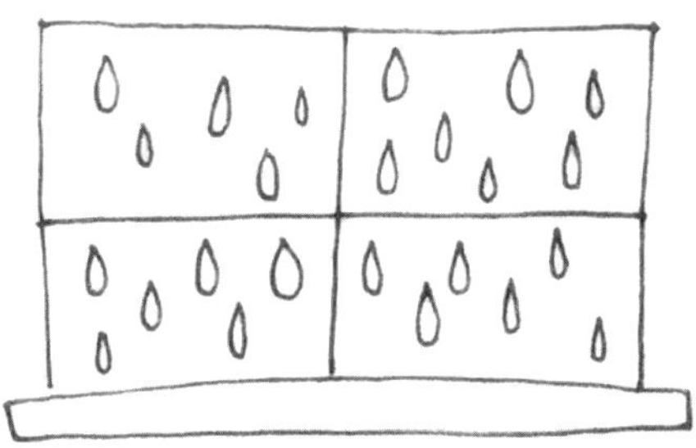

섬

잔잔한 파도위에
점점이 떠 흐르는
산
산
산

그곳에 태를 묻고
대대로 살아 왔던
우리네 조상들
섬
섬
섬

이제는
파래를 건져올릴 아낙네도
강성돔 낚아올릴 남정네도
마산으로 구미로 떠나가 버리고
늙디 늙은 할배 할매만 남아있는
섬 하나가
수평선 너머로
잠길 듯 잠길 듯
파도속에 가물거린다

송산리 미륵불

억겁의 세월 속에
오직 의지 하나로 버티어온 나날
검버섯 돋아난들 어떠랴
몸뚱이 두 동강으로 갈라
애간장 다 던지고 연좌 위에 우뚝 서서
한반도 지켜온 장엄한 그 모습

조는 듯 지그시 내려뜬 눈
비애에 젖은 입술 말은 없어도
나라 잃은 태자의 비통함 어찌 다 토하랴
가련한 덕주공주 잊지 못하고
덕주사 암벽에 새긴 누이의 모습
오늘도 하염없이 바라봅니다

나 어쩌면
한 올 거미줄 같은 서동의 인연으로
황산벌 남쪽 끝 화순 고을에 태어나
당신의 굳은 절의 지켜보면서
다시는 임의 허리 가르지 않으리라
동강난 허리춤 만져 봅니다.

자화상

사근사근 육질 좋은 배가 아니라도
뭣비둘기 포드득 날아오른 산기슭
소박하게 피었다 지는 하얀 돌배꽃
올망졸망 매달리는 돌배라도 좋다
까막까치 날아와 쪼아 먹겠지

구수하고 달콤한 알밤이 아니라도
산토끼 깡충깡충 뛰어노는 깊은 살골
앙그발작 넓은 잎 반짝이는 도토리나무
졸랑졸랑 매달리는 도토리라도 좋다
갈색줄무늬 다람쥐 찾아와 오물오물 먹겠지

나는 높은 산 고갯길 가시덤불 속
맹감나무 열매다
보는 이 없고 찾는 이 없는 호젓한 가을밤
애야, 네 오는 길에는 맹감나무도 없더냐?
노모의 말씀에 빙그레 웃는다

풍선

꿈이 부풀어 오른다.
가슴속 새록새록
한 숨 두 숨 호흡을 거듭할수록

짚신 끌고
고개 넘어 다랭이 논
보릿짚 등에 지고 넘어 오는 길
쉬어가자 하시던 아버지 말씀
풍선 속에서 들린다

커진다 부푼다
얼마나 더 커질까
파아란 하늘이
풍선 속으로 들어온다

멈출까 더 불까
계란껍데기 깨어지고
새 생명이 태어난다
허물 벗고 깨져야 살아나는
나의 꿈
뻥!
허공 속에 모두 날리고
땅바닥에 뒹구는 빈 껍데기

유월

온산은 짙은 녹색
미루나무 풍성한 잎이
초여름 바람에 반짝인다

멀리 뵈는 무논에는
모내기가 한창이요
잘 익은 막걸리 향기로움이
다가와 섰다

무논갈이 황소는
쟁기를 찬 채 꾸벅꾸벅 졸고
논둑에 둘러앉은
풍성한 농부들 웃음소리
이제는 전설 속 옛 이야기

널따란 논바닥 가르며
타달타달 이앙기만
흙탕물 튀기며 오고간다

유마사

꽁무니 따라 이어지는
거미줄처럼 얽힌 인연
가위들어 싹둑 잘라내고
모후산 기슭 유마사를 찾는다

초여름 햇살에 하얀 살 드러난 석벽난간
주황빛 원추리꽃 곱게 피고
사각사각 댓잎 끝에
미륵소리 서글프다

이기 낀 돌담 재월천가에
부전스님 뜨거운 욕망
달그림자에 야위어가고
보운보살 중생구제 설법
샘물로 흐른다

덕태산

진안군 백운면 백운동 계곡
얼음장 밑으로 물소리 잦아들고
잎새 떨어진 굴참나무 숲속에
바스락 바스락 낙엽이 일어선다

덕태산 1115고지
바라만 봐도 아찔한 봉우리에
아슬아슬 코바우가 떨어질듯 위태롭다

산죽잎에 소복소복 쌓인 눈
스치는 바람 코끝을 파고들고
건너다 뵈는 삼각산 능선마다
희끗희끗 쌓인 눈
봄을 기다리다 지쳐
가물가물 낙엽 속에 졸고 있다

한질 넘은 산죽 헤집고
좁은 길 내려서니
갈참나무 낙엽 떨어져 수북하게 쌓인 양지쪽
길 가던 산노루 한 쌍 쉬고 갔는지
까만 노루똥 꼬들꼬들 뭉쳐있는
덕태산에 봄이 찾아오고 있다

그리미 별장에서

별빛도 수면위에 고요히 내려 잠이 들고
불빛도 별이 되어 하늘 위에 반짝이는
제주도 북제주군 애월읍 유수암리

기슭마다 황금빛 귤 익어 향기롭고
하얀 눈 반쯤 덮은 한라산이
졸리는 눈으로 내려다보는 유수암 언덕

수평선 너머 새록새록 일렁이는
향수도 잊게 하는 어머니 앙가슴
실낱같은 초승달 서쪽에 진다.

늦가을 날에

늦가을 하늬바람
사각사각 대숲으로 모여들 때
창 너머 쏟아지는 가을 햇살
함지박에 가득 담아
임 계신데 보내고자

둥지 떠난 새끼제비
기다리는 어미마음
이제는 당신 한 몸 가눌 수 없어
가느다란 지팡이에 몸을 기댄 채
양지쪽 대문밖 서성이다가
지는 해 아쉬워 돌아서는 발길 위에
한 줌 한 줌 뿌려 드리고자

갈 길은 아직도 먼먼 길인데
짧은 해가 아쉬워
파란하늘 흰구름도
발길 재촉합니다

제 3 부

솜사탕 (동시)

원두막 할아버지

통
통
토옹
익었냐 안 익었냐
뚝 따신
수박
빨갛게 빨갛게 잘도 익었다

원두막 할아버지
진찰도 잘 하시는
수박의사 선생님

해님은 밤마다

해님은 밤마다 뭘 하고 계실까
하루종일 밝은 빛 쏟아 주시고
너무 힘들어 새근새근 주무실 거야

해님은 밤마다 뭘 하고 계실까
큰 눈 부릅뜨고 숨김없이 보아온
장난꾸러기 철이 모습 하도 우스워
온밤을 껄껄껄 웃고 계실 거야

해님은 밤마다 뭘 하고 계실까
에덴유치원 어린이
삐약삐약 소풍가는 날
먹구름 너무 짙어
끙끙 온밤을 하얗게 지새울 거야

겨울아침

하얀 눈 소복소복
장독대 덮어 주던 날
외양간 두루마리 거적문
둘둘 말아 올려 걸고리에 걸어두고
쇠죽솥에 불 지펴
장작불 피워 놓고
쓱쓱 싹싹
하얀 눈 쓸고 있을 때
쇠죽솥엔 푸글푸글 김이 오르고
신명나는 엄마소
서마지기 논배미 같은
커다란 눈 끔벅끔벅
군침 도는 아침상 쇠죽솥 바라보며
입맛을 다신다

고기잡이

파도는 철얼썩
갈매기는 끼룩끼룩
새벽안개 자욱한데
투박한 아버지의
발걸음 위에
새벽이 열린다

통
통
통
고깃배 타고
바다에 나가시는
아버지의 얼굴에
가자미 떼 강성돔
만선에 기쁨
웃음이 활짝 열린다

기러기 형제

노을 짙은 가을하늘 깊어만 갈 때
기러기 형제
서산머리 저문길 재촉 합니다

서러워 서러워 막내동생 뒤돌아보며
북녘땅 두고 온 어머니 얼굴
달님도 말 못하고 흐느낍니다.

꿈

까만 밤(夜)속에는
하얀 꿈이 살아 있다

소곤소곤 도란도란
소꿉놀이

천사의 날개 달고
하늘도 날고

육군대장 전쟁놀이
신명나는 하얀 꿈

까만 밤(夜)속에는
하얀 꿈이 살아 있다

가을 밤

똑똑똑
문 열어주세요
누구세요
귀뚜라미 창문밖에 찾아와
귀또르귀또르 노래합니다

똑똑똑
문 열어주세요
누구세요
노오란 은행잎 창문밖에 찾아와
바스락바스락 책을 읽습니다

똑똑똑
문 열어주세요
누구세요
둥그런 보름달 창문밖에 찾아와
활짝 웃으며 반겨 줍니다

흙속에는

흙속에는 누가 살고 있는 걸까?
빠알간꽃 노오란꽃들이
꽃대궐에 오순도순 모여 살 거야
봄이 되어 개나리 민들레 장미꽃 피는 걸보면

흙속에는 누가 살고 있는 걸까?
상큼달콤 과일들이
커다란 나무에 올망졸망 매달려 살거야
가을 되어 감 사과 배들이 주렁주렁 열리는 걸 보면

흙속에는 누가 살고 있는 걸까?
또록또록 영근 곡식들이
곳간 가득 모여 살 거야
철따라 벼 보리 옥수수가 익어가는 걸 보면

하나님도
높고 아름다운 하늘나라 사는 게 아니라
낮고 천한 흙속에 살고 있나봐

청산도

저녁놀 짙게 내린
겨울 바닷가
작은 어선 한 척
황혼 따라 통통통
돌머리 포구를 찾을 때
물결은 금빛
가물가물 저녁이 내린다

어둠이 곱게 내린 겨울 바닷가
가도가도 끝없는 파도 속에서
가쁜 숨 몰아쉬며 통통통
등대를 찾을 때
잿빛 물결 위로
흰갈매기 날개를 접는다

외가 가는 길

추수 끝난 빈 들녘
풀을 뜯는 황소는 한가롭고
제비 떠난 전깃줄에 참새들만 모여앉아
솔도래미 솔도래미 미솔라시도

오누이 손잡고 외가에 가는 길
피었다 져버린 코스모스 꽃대궁
하늘 향해 도래도래 도래질 할 때
억새수풀 사이로 불어오는 갈바람은
허수아비 옷소매 붙잡고
함께 가자 보챈다.

노을 비낀 산마을에 어스름이 내리면
산기슭 구절초꽃은 더욱 희고
화학산 골짜기 낡은 초가
뒷담벽 굴뚝엔
미미솔솔 도솔도솔
흰연기가 피어 오른다

코스모스

가을하늘 너무 높아
모가지 길게 뽑고
여덟 이파리 활짝 펴
하늘을 부른다

잡힐 듯 고운 향기
푸른하늘 날고픈 마음
천 마리 만 마리
나비 떼 되어
파란하늘을 난다

아침이슬 함초롬히
자줏빛 고운빛깔
황금물결 일렁이는 들길 따라
곱게곱게 수를 놓는다

할아버지

창호지 한 장 바른 창살문 안
까물거린 호롱불 사이로
큰손자 큰손녀 둘째 손자
화롯가에 옹기종기 모여 앉아
할아버지 옛날 얘기 듣는다

수염 한 번 쓰다듬고 호랑이 이야기
또 한 번 쓰다듬고 도깨비 이야기
새하얀 할아버지 수염 끝에는
옛날 얘기가 주렁주렁

할아버지 한 자리만 더
에끼 이놈
겨울밤 이야기는 석자리 반이야
반짝이는 눈빛이
어느새 사르르르
할아버지 무릎위에 고개를 떨군다

햇살은

햇살은 살랑살랑
바람 타고 내려온다

상수리 나뭇잎에
팔랑팔랑 내려와
방글방글 반짝이고

소나무 바늘잎에
조심조심 내려와
앗 따가와 깜짝 놀란다

햇살은 흘러가는 물 위에도
가만가만 내려와
반짝반짝 빛난다

봄바람 스쳐간 자리

빈 하늘 빈 들녘
봄바람 스쳐간 자리
맑은 물 흐르는 계곡마다
버들가지 보송보송
아이는 쪼그리고 앉아
봄 햇살 한 줌 줍는다

빈 하늘 빈 들녘
봄바람 스쳐간 자리
누우런 잔디 속에
보랏빛 제비꽃 한 송이 토옥
아이는 봄 마중 나와
봄 햇살 한 줌 줍는다

빈 하늘 빈 들녘
봄바람 스쳐간 자리
양지쪽 밭둑아래
노오란 양지꽃 한 송이 방긋
아이는 삐약삐약 병아리 소리 들으며
봄 햇살 한 줌 줍는다

옹달샘

산마루 바위틈에 새어 나온
시원한 샘물
진달래가 마시면 연분홍 꽃잎이 되고
소나무가 마시면 솔잎이 된다

산마루 바위틈에 새어 나온
시원한 샘물
산새가 마시면 호로롱 노래가 되고
나뭇꾼이 마시면 힘이 되어 솟는다

산마루 바위틈에 새어 나온
시원한 샘물
어쩌면 이 쬐그마한 샘물에
만생명의 씨앗이 담겨 있을까

봄비가 내린다

봄비가 내린다
가만가만 조심조심
누나의 고운머릿결
빗질을 하듯

봄비가 내린다
가만가만 살금살금
얼룩무늬 암코양이
먹이를 찾듯

봄비가 내린다
엄마품에 햇병아리
놀랠까봐
가만가만 조심조심

봄비가 내린다
가만가만 스리슬적
개굴개굴 무논에서 노래하는 밤
철이는 누굴 찾아 헤적헤적
우산 들고 나가는 걸까

봄날

보리밭 이랑 사이
바람스쳐 지나가고
산기슭 장끼가 다복솔 밑
솔솔 길 때
보리밭 이랑 사이 살금살금 기어
꿩알 줍는 아이들

흐르는 시냇물 위로
바람 스쳐 지나가고
종종걸음 댕기머리물때새
긴 다리 뽕뽕뽕
살금살금 뒷따라가
자갈돌 사이에 헤적이며
댕기머리 물떼새 알도 줍고

동백꽃

남쪽바다 외딴섬
진산리 바닷가

또로롱 또로롱
굴러 떨어지는 이슬방울 소리로
피어나는 등대들

넓은 바다 거친 파도
고기잡이 나가신 우리아빠
만선에 기쁨안고 돌아오실
칠흑 같이 어둔 밤
반짝반짝 뱃길을 밝히려고
파도치는 바닷가 난간 위에서
반짝반짝 불을 밝히는 등대들

가을바람

엄마엄마
가을바람은 어디서 오는 걸까
국화꽃 향기타고 오겠지
아니아니
떨어지는 낙엽타고 살랑살랑 불어 오나봐

할머니 할머니
가을바람은 어디서 오는 걸까
하얀 억새꽃 머리따라 나오겠지
아니아니
기러기 날개타고 훨훨 불어 올거야

누나야 누나야
가을바람은 어디서 오는 걸까
갸우뚱 고개들어 파란하늘 쳐다보렴
흰구름 지나간 자리
빨알간 고추잠자리 날개타고 온단다

눈 내리는 날은

면화송이 같은 하얀 눈이 내리는 날이면
방울이 마루 위에 웅크리고 앉아 오들오들
포미는 흰눈 밟고 고샅으로 쫄랑쫄랑
탱자나무 울타리 참새 떼 옹솔옹솔
화롯불 피시피시 고구마 익어간다

행랑채 뒷켠 싹싹 쓸어 눈 치우고
왕겨에 싸라기 섞어 살살 뿌려 놓고
그 위에 평상 뒤집어 부지깽이 세워 괴고
부지깽이 밑동 새끼로 묶어
길게 늘여 부엌 문틈에 매어두고
창구멍에 눈 박아 새들의 모습 지켜보다
한 마리 두 마리 먹이 찾아 모여들면
후다닥 새끼줄 낚아채고 뛰어나가
평상 밑에 깔린 참새 잡는 날이다

새 집으로 이사 가던 날

2016년도의 여름
어느 해보다 장마는 짧고 햇볕은 강했다
나는 새 집을 짓느라 뜨거운 햇볕에
빨치산 분대장이 되어버렸다

날이 가고 달이 가고
앙상한 뼈대 위에 살이 붙고 핏줄이 이어지고
오장육부가 생겨나 숨을 쉬게 되었다.

이사 들어갈 날을 잡아 놓고
마지막 청소를 하려는데 이를 어쩌나
집주인이 이사 들기도 전에
거미가 제 집 인양 출입문 앞에
집을 짓고 당당하게 가로 막는다

국산분교장에서

체육시간에
운동장 잔디밭에서
물구나무서기 수업을 하였다.

6교시 수업이 끝난 방과 후
운동장 화단가
동백나무 곁에 앉았다.

수업 끝난 애들이 잔디밭에서
재잘재잘 물구나무서기 연습을 하다가
훌쩍 떠나간 빈 자리
고추잠자리만 뱅글뱅글 맴을 돈다.

해는 아직 서산머리 앉았는데
벌써부터 등교시간이 기다려지는
외론 섬 국산분교장
교문밖으로 사라지는 뒷모습이
빈 하늘처럼 하얗다.

돌고래

물속에서 쏘오옥
제비처럼 솟아올라
뱅그르르 재주넘고
물속으로 쏘옥 들며
꼬리쳐 인사한다.

풍덩 물속으로 뛰어들어
안아주고 싶은
재롱둥이 귀여운 내동생

꽃들이 핍니다

꽃들이 핍니다
뻥그르 뻥그르 보랏빛 도라지꽃
줄기마다 꽃등을 달고
호젓한 산길 외로움을 달래줍니다

꽃들이 핍니다
토옥 토오옥 연분홍 연꽃
긴 꽃대 위에 연등을 달고
어둔 세상을 환히 밝혀 줍니다

꽃들이 핍니다
잎새 뒤에 올망졸망 은방울꽃
가느다란 줄기 끝에 은방울 달고
새 하늘 열어주는 새벽종소리

꽃들이 핍니다
졸졸 흐르는 계곡물 따라
삥그르 삥그르 피어나는 꽃그늘 아래
애들의 웃음소리 함께 피어납니다

제 4 부

화순의 옛이야기

용남산 용과 오성산 지네

용남산은 백용리 용생마을과 언도리 오도미 마을 뒤로 이어지는 산으로 이 산기슭 오도미마을 아래쪽에 용남산굴이 있다. 이굴은 입구는 좁지만 안으로 들어가면 십여 명이 놀 수 있을 만큼 큰 굴이라고 한다. 옛 할아버지들은 이 굴을 용굴이라고도 불렀다. 용굴에 대한 이야기는 다음과 같다.

아주 먼 옛날 화순현이라 불리기 훨씬 이전 여미현으로 불리던 시대의 이야기다.

여미현에는 어질고 착한 진무(振武)가 남매를 낳아 불면 꺼질세라 만지면 깨질세라 애지중지 키우며 단란하고 행복한 생활을 하고 살았다. 허나 호사다마라 했던가? 하루는 진무가 관무를 마치고 집으로 돌아오는데 집 앞에 마을 사람들이 모여 웅성거리며 애석해 하고 있었다. 진무는 무슨 일인가 황급히 다가갔다. 집안에서 어린 남매의 울음소리와 어머니를 부르는 애절한 절규가 하늘을 찌르고 있었다.

"아이고 어디 갔다 이제 오시오, 젊은 부인이……." 말이 끝나기도 전에 진무가 방안으로 들어서자 그토록 사랑스러웠던 아내가 싸늘한 주검으로 쓰러져 있는 게 아닌가?

“세상에 이런 변이 이런 일이.”

진무가 아내의 주검을 안고 불러보았지만 한번 간 아내는 대답이 없었습니다. 진무는 땅이 꺼지고 하늘이 무너지는 것 같아 가슴을 후벼 파고 머리를 쥐어뜯으며 죽은 아내를 불러보았지만 어쩔 도리가 없었다.

이 마을에서는 잊을 만하면 횡사가 일어나고 또 몇 년 잊을 만하면 사람이 죽어나가는 일이 이어지고 있었다. 전하는 바로는 오성산에 사는 지네와 용남산에 사는 황룡이 싸울 때 지네가 품어내는 독을 마시면 사람이 하루를 넘기지 못하고 죽는다고 한다.

지네와 황룡이 싸우는 것을 본 사람은 없었지만, 이들이 싸울 때는 사방으로 희뿌연 안개가 가득하여 한치 앞도 분간 못하는 이른 새벽이라고 하는데, 돌연사는 꼭 짙은 안개가 낀 날에 일어났다고 하니 우연의 일치라고 할 수는 없는 일이었던 것이다.

진무가 아내를 잃은 뒤 관청 일에도 전심전력을 다하지 아니하고 가정사에도 정신을 쓰지 않고 술과 벗 삼아 허송세월을 보내고 있었으니 행복했던 가정은 점점 몰락하고 애들은 초라하게 변하여 주위 사람들도 도와주는 사람이 없었다.

한 달 두 달 세월이 가면서 차차 정신을 차리고 관청에 나아가 모든 잡념을 버리고 일하는 것으로 낙을 삼고 목숨을 부지하고 있었다.

어느 추운 겨울날이었다. 관무는 새벽 일찍 통문을 들고 멀리 흥양관청까지 다녀오게 되었다. 사백 리 길을 하루에 다녀오기 위해서 부지런히 걷고 뛰었다. 그러나 오는 길에는 지치고 힘들어 뛰기는커녕 걷기초차 힘들이 들었다. 밤은 어둡고 자정이 가까워올 무렵 흑토재에 도착하였으나 이 고개를 넘을 적엔 눈이 쌓여 미끄러져 넘어지고 몇 바퀴씩 구르다보니 그만 정신이 혼미해 지면서 서 있는 곳이 어디쯤인지 길을 잃고 눈길을 헤매게 되었다.

'이제는 죽었구나, 길도 잃고 이 눈 속에 어찌 살아 애들 곁으로 갈고.' 절망에 빠진 진무가 기진맥진하여 비틀거리고 있을 때 멀리서 희미한 불빛이 눈에 들어왔다.

진무는 꿈인가 생신가 자기 고개를 흔들어 정신을 차리고 자세히 불빛 쪽을 바라보았다. 불빛은 그리 멀지 않은 곳에서 빛나고 있었다. 진무는 두 다리에 힘을 주어 들길을 지나고 작은 개울을 건너 불빛을 따라 얼마쯤 걷다보니 불빛이 새어 나는 집 앞에 도착하게 되었다.

사방천지 하얀 눈으로 쌓인 산기슭에 그리 크지 않는 집 한 채가 눈에 들어 왔다. 가까이 다가가 사립문으로 집안을 들여다보니 집안은 고요하고 적막한데 가운데 방에서 불빛만 창밖으로 비쳤다.

"이보시오, 이보시오, 거기 아무도 없소." 몇 번 소리를 쳐 불러 보았으나 안에서는 인기척이 없었다. 그도 그럴 것이 지치고 혼미한 상태에서 소리를 질렀으니 그 소리가 너무 작아서 들리지 않았던 것이다. 진무는 다시 한 번 큰소리로 외쳤다.

"이보시오, 거기 아무도 없소. 사람 좀 살려 주시오, 길을 잃었소."

그때서야 안에서 문을 열고 사람이 나오는데 아릿따운 여인이었다.

"뉘신데, 이 밤중에 찾아오시는지요. 사립은 잠기지 않았으니 밀고 들어오십시오."

진무가 닫힌 사립문을 밀고 안으로 들어섰다. 마루에 섰던 여인은 댓돌 위로 내려서며 진무를 맞았다.

"연유야 어찌 되었건 추우신데 어서 안으로 드시지요."

"감사합니다. 댁이 아니었더라면 영락없이 죽을 것인데 살려줘서 고맙습니다." 인사를 거푸 하고 안으로 들어섰다. 아니 이게 어찌된 일인가! 눈앞에 서 있는 여인은 어찌 그리 죽은 아내의 모습을 닮았단 말인가!

여인은 따뜻한 아랫목에 금침을 깔아주며

"추우신데 우선 몸을 좀 녹이십시오. 시장하실 터이니 저는 요깃거리를 준비해 올리겠습니다." 하고 부엌으로 나갔다.

마치 진무가 올 것을 예감하고 준비해 놓은 듯 여인은 늦은 저녁상을 금방 들고 들어섰다.

"어서 식사를 하십시오. 자정이 넘었으니 오죽 시장하시겠습니까?" 목소리가 고왔다. 얼핏 어디서 많이 들어본 듯한 목소리였다.

진무는 밥상 앞에 앉아 수저를 들었다. 이게 어찌된 일인가! 밥반찬까지도 죽은 아내의 솜씨를 꼭 닮았지 않는가? 죽은 아내가 환생이라도 했단 말인가. 보면 볼수록 자태도 닮았거니와 하는 행동까지도 흡사하니 의심스럽지 않을 수 없었다.

저녁상을 물리고 나니 얼었던 몸이 녹아 나른한 게 몸을 가누기가 여간 힘들지 않았다. 한참 후에 여인은 물러나며 편히 쉬기를 권했다.

피곤에 지친 진무는 곧 바로 잠이 들었다. 얼마쯤 잠을 잤을까 답답하여 눈을 떠보니 여인이 바로 곁에 누워 잠들어 있지 않는가! 진무는 죽은 아내 생각에 끓어오르는 욕정을 참지 못하고 새근새근 잠들어 있는 여인을 끌어안았다. 여인도 이런 시간을 기다리기라도 한 듯 몸을 밀착시켰다. 진무 또한 죽은 아내가 살아온 듯 반갑고 행복했다.

겨울날이라 다시 눈을 뜨고 나니 해가 중천에 걸려 있었다. 진무는 아침인지 점심인지 그저 여인이 차려주는 대로 식사를 하고 집을 나서려 하였으나 여인의 향취를 뒤로하고 떠날 수 없어 망설이는데

"벌써 가실 거예요? 며칠만 저와 함께 하시고 가시면 아니 되겠나요."

"내 이제 말 하건데 여인은 죽은 제 아내와 어찌 그리 같은지요? 그 얼굴과 자태, 더구나 음식솜씨까지 같단 말입니까? 그러니 저 또한 발길이 내키지 않는구려."

이리하여 진무는 자식들도 잊은 채 아름다운 여인과 며칠을 살게 되었다. 보름 가까이 되던 어느 날 진무가 자식들 걱정에 집을 다녀오겠다고 집을 나섰다. 여인이 진무에게 자식들을 데리고 이곳으로 들어

와 함께 살기를 권하니 진무 또한 싫지 않는지라 쾌히 승낙하고 집을 나섰다.

집에 돌아온 진무는 며칠이 지나 집을 정리하고 그 여인의 집으로 가려던 마지막 날밤에 죽은 아버지가 꿈에 나타나 역력히 일러주셨다.

"애야, 가지 말거라. 그 여인은 천년 묵은 이무기로 사람을 아홉 명 잡아먹으면 용이 되어 하늘로 오르게 된단다. 그래 지금까지 여덟 명을 잡아먹고 너를 꾀어 잡아먹으면 아홉이 되어 용이 될 수 있기에 너를 꾄 것이니 부디 가지 말거라."

"아버지 그 여인은 죽은 제 아내가 환생한 것이라고요, 그럴 리가 없어요." 하고 완강히 부인했다.

"정 그렇다면 이번에 가거든 밥을 차려주면 그 밥을 삼키지 말고 먹는 척 오물오물 침을 잘 섞어 그 여자 얼굴에 뱉어 보거라 그러면 그 여자는 뱀이 되어 네 앞에 죽을 것이다. 그렇지 않으면 네가 죽게 될 것이다."

깜짝 놀라 잠에서 깨어난 진무는 반신반의 하는 마음으로 여인의 집을 찾았다. 앗! 사립을 열고 들어서는 순간 커다란 뱀의 꼬리가 방으로 스르르 들어가는 것을 보았다. 이에 깜짝 놀란 진무가 태연하게 방으로 들어갔다. 여인은 반겨 맞으며 밥상을 들고 들어왔다.

여인과 마주 앉아 밥을 크게 한 수저 떠서 입에 넣고 오물거리며 한참을 생각하다가 그냥 꿀꺽하고 삼켜버렸다. 그러자 여인이 정색을 하고 무릎을 꿇고 앉아 하는 말이

"어찌하여 나를 죽이지 않았소. 내가 뱀인 줄 알면서…… . 그 밥을 뱉어냈으면 내가 죽었을 것이요."

"사랑스런 아내를 두 번 죽일 수는 없소, 한 번 잃은 아내도 서러울진데 어찌 두 번 죽이겠소. 차라리 내가 죽으려 합니다."

"고맙소. 나를 살려 주셔서 참으로 고맙소. 그 은혜로 이 비단보자기를 드릴 터이니 돌아가시거든 쌀독에 덮어 두시오. 그러면 평생 쌀

이 줄지 않을 것입니다. 어젯밤 꿈에 나타난 아버지는 오성산에 사는 지네인데 백년을 살면서 내가 용이 되는 것을 방해해 왔소. 이제 며칠이 지나면 백년이 되어 나는 하늘로 오를 수 있습니다. 부디 제 곁을 떠나 새 부인을 만나 행복하게 사세요. 이왕 오늘은 오셨으니 하룻밤만 저와 함께 계셨으면 이승에서 원이 없겠습니다."

진무는 하루를 묵게 되었다.

한편 오성산에 사는 지네는 용남산 황룡과 맞대결로는 승리할 수 없다는 것을 알고 오성산에서 용남산까지 땅굴을 파고 들어와 황룡이 사는 집에 몰래 독기를 뿜어내서 승리하겠다는 일념으로 굴을 파들어 오고 있었다.

'휴, 이제 다 팠다. 삼일이면 너는 내 손에 죽는다. 아무리 나보다 세다고 하나 나의 잔꾀는 못 당할 거야' 수십 년을 거쳐 파고 또 파던 지네도 용남산 황룡이 사는 굴 밑까지 파들어 왔다.

다음날 아침이었다. 진무가 차마 떨어지지 않는 발길을 돌려 사립을 나섰다.

"조심히 가셔요. 삼일 후면 저는 이승에 있지 않고 서방님의 도움으로 용이 되어 하늘에 있을 것입니다." 진무는 여인과 아쉬운 작별을 하고 돌아왔다.

그 후 삼일이 되던 날 새벽닭이 울 무렵 용남산 굴에 살던 황룡은 굴을 떠나 하늘로 승천하려는 순간 땅 밑으로 굴을 파고 들어온 지네가 독을 쏘아 황룡의 꼬리를 물고 흔들었다. 용남산 굴을 떠나 하늘을 향해 나르던 황룡은 몸을 흔들고 꼬리를 쳐 지네를 떨쳐내려 하였으나 강한 지내의 독이 온몸에 퍼져 얼마 못가서 앞 냇가의 소에 떨어져 죽고 말았다.

그 후 사람들은 용이 떨어져 죽은 냇가의 소를 용소라 하고 용이 살다 나왔다는 산이라 해서 용용자와 나왔다는 뜻에 따라 남자를 써서 용남산이라 전하고 있다. 언도리 사시는 할아버지들의 말에 의하면 용남산굴에서 불을 피우면 삼일 후에 오성산에서 연기가 나오는데 지네가 파놓은 굴이 있어서 연기가 난다고 한다. 또한 용남산 기슭으로 마을이 형성되었는데 마을 이름을 용이 나왔다 하여 龍자와 生자를 써서 용생이라고 명명하게 되었다고 전한다.

필자의 소견으로는, 오성산은 처음엔 지네가 살았던 산이라는 뜻에서 蜈字를 썼을 것으로 추정해 본다. 그러다가 1914년 일제하에서 우리 지명을 모두 한자표기하면서 우리 곁에 가까이 있는 烏字를 써서 오성산이라고 하였을 것으로 추정해 본다. 화순읍에 사시는 노인들이 오성산쪽 산을 지네산이라고 얘기하는 것에서 그 유래를 짐작해 볼 수 있다.

상좌스님과 호랑이

청궁마을은 무등산의 주령인 안양산에서 별산으로 이어지는 고갯마루에 둔병재가 있는데 이곳에 장군대지지가 있다. 장군의 칼두에는 보검장갑이 있다고 전한다. 청궁의 지명은 칼두로부터 뻗어 내린 건기봉과 성주봉의 능선이 마치 활의 모양처럼 휘어져 청궁마을과 새터마을 사이로 용절이 내려와 마을을 감싸고 있는데 마치 그 능선이 활의 형국을 이루었다하여 붙여진 이름이다.

다른 설에 의하면 이곳에 청시누대가 많이 자라고 있어 정유재란 당시 이곳에서 시누대를 베어 활과 화살을 만들었기에 청궁이라 명명했다고도 전하지만 우리나라 모든 지명이 풍수지리설에 의해 명명되었음을 감안할 때 앞에 주장이 옳을 듯싶다.

청궁마을 서쪽 깊은 골짜기를 '탑골이'라 하는데 이 골짜기를 지나동면 굴동으로 넘어가는 고개를 '탑고개'라 한다. '탑고개'라 함은 조선조 말에 이르기까지 삼층 석탑이 있었는데 일제강점기에 이르러 삼층석탑은 행적을 감추어 어느 곳으로 갔는지 알 수 없으나 이곳 탑골에는 지금까지도 애달픈 사연이 전해지고 있다.

아주 오랜 옛날 김승상의 조부께서 이곳에 입향하시었다. 김승상의 조부께서는 주역과 사서에 능통하시고 풍수지리에 밝아 사람들은 김

처사라 부르기도 하였다. 김승상은 훤칠한 키에, 양반수염이 한 자쯤 길게 자랐으며 코는 높고 이마는 넓어 도량이 넓고 인자하셔서 어디를 가나 후한 대접을 받으셨다. 그는 언제나 의관을 갖추고 흰 도포를 걸치고 산천을 경계하여 두루 살피시다가 이곳에 이르러 좌우 산세를 자세히 보시고 무릎을 치며 하는 말이

"그렇지 이만하면 마을을 이룰만 하지 천석궁은 할 만한 곳이야. 어디 하나 빼 버리고 채울 것 없이 좋은 터로구나." 그날로 탑골에 마을 터를 잡고자 머물게 되었다.

하루는 김승상이 별산(鼈)에 올라 자세히 터를 살펴보고 감탄해 마지않았다.

"이곳은 가히 부처님이 계실 곳이로다. 어찌 범부들이 이곳에 살 수 있으리오."

김승상은 별산에서 내려와 그날부터 터를 닦고 절을 짓기 시작하였다. 반면 마을은 계곡을 지나 동편 성주봉 기슭에 터를 잡아 마을을 이루니 날로 발전하여 번창하였다.

김승상은 아홉 칸 맞배지붕에 앞뒤 계보를 달아 대궐 같은 대웅전을 짓고 당대 제일가는 석공을 불러 탑을 건축하였다. 승상이 산 위에 올라 바라보니 일 탑 일 전의 가람이 보기에도 좋았다.

승상은 곳 물길을 따라 승주 송광사를 찾아 새로 지은 청궁사에 주거하실만한 큰스님을 청하였다.

승(僧)이라 함은 비구와 비구니를 총칭하는 말이다. 또한 중(衆)이라 함은 많은 무리라 하여 붙여진 이름으로 선원에서 참선만 하는 스님, 염불당의 염불승을 수좌라 칭하고 십계를 받고 구족계를 받기 위하여 수행하고 있는 남승을 사미승, 계급이 높아 윗자리에 있는 상좌승, 절간 일을 보며 불을 지피는 화두타 그리고 공양주 등을 말하는데 송광사에는 많은 스님들이 주석하고 있었다. 승지는 승방으로 들어 상좌승과 대면하고 자초지종 이야기를 다하여 청궁사 주지스님 곧 상방

을 청하였다.

오래전에 출가하였으나 지금까지 수행에 정진하고 있는 사미승을 천거하였다.

사미승은 무릎을 꿇고 상좌승께 아뢰었다.

"저는 전생에 과오가 많아 아직도 깨닫지 못하고 수행 중에 있사온데 어찌 주지가 되어 무리를 이끌겠습니까?" 사양하였다. 큰스님은

"사양치 말고 곧 떠나거라. 능히 감당하리로다." 명하니 곧 승지를 따라 청궁사로 옮기게 되었다.

송광사 사미승이 청궁사로 들어옴에 많은 사람이 계를 받고 출가하니 청궁사가 날로 번창하였다. 그러므로 이웃 곡성 보성 무진과 나주에서 많은 중생들이 모여 한때는 호남 제일 가람으로 명성을 날렸다. 허나 사미승이 앞일을 살펴볼 때 걱정이 설악산 울산바위보다 무거워 엄히 계를 지켜 나아갈 것을 당부하였다.

한편 성주봉 기슭에 마을 터를 잡은 김승상은, 이곳으로 입향한 동민을 의롭게 대하고 덕으로 다스림에 그 명망 또한 청궁사와 함께 널리 퍼져 나갔다. 김승상은 만석이 넘는 부를 이룸은 부처님의 은혜라 생각하시어 언제나 수확한 벼 오천 석을 청궁사에 부치니 여러 스님들은 탁발할 수고를 덜고 염송에 매진하였다.

무상한 세월이 흘러 김승상도 세상을 떠나시매 면학골 안부에 장사지낸 봐 이곳 명당은, 지금은 학이 잠을 자고 있는 혈이지만 눈 부위에 묘를 썼으므로 삼백년 이후에 학이 잠에서 깨어나면 학처럼 고운 왕후가 태어날 명당이었다.

한편 주지승이 늙어 자리함에 많은 스님들의 걱정이 태산 같았다.

"이제 내가 성불하여 극락세계로 들 것이로다. 유언컨대 만에 하나 청궁사에서 파계승이 나타난다면 이 절이 보존키 어려우리라. 이 말 명심하여 청궁사를 보존케 하여라." 말씀하시고 입적하시매 오일 후 다비식을 하는 날 어디선가 커다란 호랑이 한 마리가 나타나 눈물을

흘리며 지켜보고 있었다. 다비식이 끝나고 부도탑을 세워 일을 마침에 호랑이도 크게 한 번 울고 깊은 산속으로 사라졌다.

무상한 세월은 흘러 청궁사를 창건한 지 삼백 년에 이르렀다. 허나 태초 주지스님의 유언을 기억하는 스님은 아무도 없었다.

오월 단오 날 첫닭이 우는 인시를 맞아 청궁마을 김씨 가문에 한 여식이 태어났으니 그의 첫울음소리는 황진이의 시조창과 같았고, 그가 차차 자라매 그의 걸음걸이가 마치 학춤을 보듯 고왔으며 그의 마음씨는 오죽헌의 사임당이라, 빼어난 모습이 양귀비를 닮았기에 그 소문이 조선팔도에 이르렀다. 허나 그 집 담장이 구척이요 구중궁궐 같았음으로 좀체로 볼 수가 없었다. 허나 사월 초파일 석가 탄신일과 칠월 백중일, 일 년 두 차례는 어김없이 청궁사를 찾아 법회에 나가 참불하였다. 모친과 함께 청궁사를 찾아 집을 나설 때면 마을 총각들만이 아니고 멀리 이웃 마을에서까지 김낭자를 보려고 길가에 줄을 서게 되었다. 그러나 모녀의 시선은 정숙하여 옆길을 보는 바 없었으므로 어느 누구 한 사람도 감히 말을 붙이는 자가 없었다. 모녀는 청궁사를 찾아 참배하고 탑돌이가 끝나면 서로 손을 잡고 집으로 향하는 것이었다.

이를 본 청궁사 상좌스님이 흠모하여 뒤를 따랐으나 돌아보지 않았으니 김낭자를 다시 보려면 또 한 해를 꼬박 기다려야 했던 것이다.

이때 조선11대 중종의 장경왕후 아들이 세자로 책봉되어 성인이 됨에 왕후를 간택한다는 방이 여러 고을에 나붙었다. 일찍이 김낭자 숙부는 참판벼슬에 있던 차에 조카를 천거코자 단자를 보냈다. 왕실에서는 김참판의 단자를 받고 춘삼월 만화방창 화창한 봄날에 궁궐에서 선을 보시고 쾌히 간택하셨던 것이다.

이 소문은 이곳 청궁은 말할 것도 없고 전국 팔도에 퍼졌다. 김낭자 어머니는 부처님의 공덕이라 칭찬하시며 그날부터 하루도 걸음 없이 청궁사를 찾아 참배하였다. 김낭자 역시 궁중 예절과 법도를 익히기에 여념이 없었다.

청궁사 상좌승이 오매불망 그리던 석가탄신일이 다가왔다. 상좌승이 이날을 기다린 것은 법회를 위함이 아니요 오직 김낭자를 만나기 위함이었으니 벼르고 벼르던 날이었다. 이 날을 놓치면 다시는 만날 수 없게 될 것을 뻔히 알고 있는 터라 초저녁부터 김낭자의 거동 하나 하나에 눈길을 끊지 못하고 예의 주시하였다.

마침내 기회가 왔다. 상좌 스님이 침을 꿀꺽 삼키며 낭자 뒤에 이르렀다.

"김낭자 긴히 드릴 말씀이 있사오니 잠시만 저를 따라 오십시오."

처음은 움찔 놀랐지만 상좌스님임을 알고 눈을 들지 못하고 고개를 끄덕였다. 스님은 낭자 앞에 걸어 법당 안으로 들어섰다. 낭자가 법당 앞에 잠깐 멈추었다. 스님은 낭자를 불러 들였다. 처음 망설였지만 석존이 계시는 법당인지라 서슴없이 들어섰다. 스님은 덥석 낭자의 손을 잡으며 무릎을 꿇고 앉아 말을 이었다.

"낭자 참으로 무정하오, 낭자를 사모한 지 삼 년이라오. 저의 청을 거절 마시고 받아주시오."

"석가의 계율에 따라 청궁사를 이끌어 가시는 큰스님께서 중생만도 못한 짓을 한단 말이오."

"더구나 소녀는 세자빈으로 간택되어 금년 가을이면 궁중으로 들어가는 마당에 어찌 무모한 일을 따르겠소? 부처님의 가르침대로 처신함이 옳은 줄로 알겠소."

"부처님의 가르침 이전에 만물가운데 한 인간으로 태어나 남자와 여자를 두어 자손을 내림이 자연의 법도가 아니리오. 저는 석가의 계율 먼저 자연의 법도를 따르려 합니다. 부디 저를 믿고 평생을 행복하게 지내도록 합시다."

"스님의 뜻이 그러하시다 하면 다른 처자를 마땅히 구하심이 옳은

줄로 아뢰옵니다. 저는 이미 세자빈으로 간택된 몸인지라 이 일이 알려지면 우리 가정 두루 평탄치 못할 것이오니 손을 놓으시오."

"궁중생활이란 답답하고 어려운 생활이라오. 더구나 사화가 빈번하니 궁중에 거한 사람의 목숨은 제대로 살지 못 하오. 언제 내 목이 달아날지 모르는 곳으로 어찌 드신단 말이오."

스님이 낭자를 덥석 안고 연좌 뒤로 숨어들었다.

낭자는 위험을 인지하고 악을 쓰려 했으나 스님의 커다란 손이 입을 틀어막고 한 팔이 낭자의 허리를 감싸 안았다. 낭자는 불현듯 스치는 생각이 들어 스스로 가슴을 헤치며 스님을 안심시켰다.

"스님, 잠시만 돌아앉으십시오. 부끄러워 몸 둘 바를 모르겠습니다. 옷고름이나 제가 풀까 하옵니다."

스님이 적이 안심하며 돌아앉은 순간 낭자는 품속에 간직한 장도를 꺼내어 정확하게 자기의 심장에 꽂았다.

스님이 뒤돌아보니 낭자는 반듯이 누워 어서 올라오라는 듯 기다리고 있는 게 아닌가, 스님이 일어나 바지춤을 내리며 자세히 내려다보니 가슴에서 붉은 피가 분수에서 물이 솟구치듯 솟아오르고 있는 것이었다.

깜짝 놀란 스님이 문을 박차고 나가 한참이나 생각하다가 다시 들어와 죽은 시신을 하얀 천으로 꽁꽁 묶어 밤중을 기다렸다가 아무도 몰래 뒷산에 매장해 버렸다.

무사히 법회가 끝나고 며칠이 지났다. 감쪽같이 낭자가 사라진 집에서는 사단이 났다. 더러는 궁중으로 들어가는 것이 두려워 도망을 갔다고 하는 사람도 있고, 더러는 그동안 사귄 외간남자와 도망을 갔다는 소문도 있었다.

낭자 어머니는 의심이 갈만한 사람이 떠올랐으나 그분의 불심공덕으로 보나 평소 행동으로 보나 의심한 자신이 벌을 받을까 봐 말할 수 없었다.

그해 겨울 어느 날이었다. 해가 저물어 어둠이 짙게 내리고 앞산에 여우 우는 소리와 늑대의 처량한 외침은 시간이 다가옴을 알리고 뒷산의 호랑이는 앞발로 자갈을 흩뿌리며 으르렁거리며 시간이 촉박하였음을 알렸다.

상좌스님이 염불을 마치고 대웅전 옆문을 나섰다. 그때였다. 상여틀만큼이나 커다란 호랑이가 상좌승 목덜미를 물고 바람을 가르며 쏜살같이 내달았다.

이를 본 사미승, 탁발승, 화주승들이 놀라 호랑이의 뒤를 쫓아 달려갔으나 따라 잡을 수는 없었다. 날은 더욱 어두워 상좌승을 찾는 것을 미루고 날이 밝아오기를 기다렸다.

다음날 새벽 모든 스님들이 일어나 온 산을 두루 살펴보았으나 상좌승의 시신은 찾을 수 없었다. 일은 여기서 멈추는 것이 아니었다. 열흘 사이를 두고 대웅전 저녁예불을 마치고 나오는 스님들에게 어디선가 바람 같이 나타난 호랑이가 큰스님을 물고 사라진 것이다. 어찌나 순간적으로 일어난 일이라 눈 뻔히 뜨고 보면서도 손쓸 여유가 없었다.

이토록 한 달이 지나고 두 달이 지난 뒤부터 호랑이의 출몰이 밤낮을 가리지 않고 나타나 법당 앞에 버젓이 서 있는 스님도 있는데 대웅전을 나오는 스님만 물고 사라졌으니 참으로 이상한 일이 아닐 수 없었다.

소문은 멀리 송광사에까지 순식간에 알려졌으나 자청해서 이곳으로 들어오는 스님이 한 명도 없었으니 해가 지나면서 청궁사는 그 후 폐사되기에 이른다. 앞뜰의 삼층석탑만 오랜 풍상을 견디며 자리를 지키고 있었으나 그도 일제강점기 때 사라져 버리고 창건 당시 주지스님의 유언을 기억하는 사람은 아무도 없었으며, 청궁사의 큰 절이 있었다는 것까지도 기억하는 사람은 없었고, 오직 탑골이라고만 지금까지 전해지고 있다.

효자샘의 전설

아직 가을 햇살이 따갑던 구월 초닷새 날에 이회장님과 동반하여 묘치마을 효자샘을 찾았다.

묘치마을은 북쪽으로 높은 별산이 우뚝 솟아 이어지는 산맥이 마을 좌우를 감싸고 있어서 동쪽으로 나가려면 주릿재, 쑥굴재를 넘어가야 하고 북쪽으로 나가려도 천륭등이나 묘치재를 넘어야 한다, 서쪽으로 나려해도 코치등을 넘어야 하는 산골 오지마을이었다. 다만 마을 앞 남쪽으로 좁다란 구릉이 형성되어 마치 소쿠리 안속처럼 아늑하고 어머니 품속처럼 평온한 곳이라 일찍부터 마을이 형성되어 한때는 3백여 호가 넘었다고도 한다.

허나 사회가 산업화 되어 하나둘 고향을 떠나고 지금은 10호가 채 못 되는 작은 마을로 변모해 버렸다.

이 마을 뒤로 낮게 형성된 안골 깊은 곳에 효자샘이 있는데 근래까지만 해도 이 효자샘은 물이 맑고 깨끗하여 산밭에 일하는 농부들과 산을 오르내리는 사람들이 목을 축이는 명수로 소문이 나 있었다. 심한 가뭄이 찾아와도 이 샘물만은 마르지 않고 줄지도 넘쳐나지도 않았기에 마을 사람들은 효자샘물을 길러 식수로 사용하였는데 동복댐 수로 공사로 묘치재 밑으로 터널을 뚫은 후 물이 줄어 샘의 구실을 하지 못한다고 한다.

이 효자샘에 다음과 같이 전설이 전하고 있다.

아주 오랜 옛날 이 마을엔 3백여 호가 모여 살고 있었다. 어느 날 뚜경이라는 청년이 늙은 어머니를 지게에 지고 이 마을을 찾았다.

청년은 마을 가운데 다섯 대문이 달린 큰 집을 찾았다.

"여보시오, 주인 어른 계십니까?"하고 첫째 대문 안으로 들어섰다. 금방 안에서 마름이 나와 물었다.

"뉘신데 주인을 찾으시오."

"저는 힘깨나 쓰는 청년인데 혹시 이 댁에서 머슴을 구한다면 제가 살까 하고 여쭙고자 합니다." 마름은 고개를 끄덕이며 "그렇잖아도 힘센 상머슴을 구하려는 판인데 잘 된 듯싶소. 잠깐 기다려 보시오." 하고는 안으로 들어갔다.

한참 후에 마름이 나오며 청년에게 일렀다.

"우리 주인이 들어오시라 하십니다. 어서 안으로 듭시다." 하고 권하였다. 청년은 어머니를 지고 두 대문을 지나 사랑채로 들었다.

사랑채 높다란 대청마루에서 긴 담뱃대를 물고 정자관을 쓴 최대감이 청년을 내려다보며 물었다.

"청년이 우리집 머슴으로 계약을 하자 하셨는가? 그래 일 년 세경은 얼마를 달라 하는가?"

"일 년 세경은 제 소관이 아니고 주인어르신의 뜻에 따르는 것이 도리라 생각합니다."

주인은 청년의 한마디 대답에 호감이 갔다. 주는 대로 받겠다니 적은 세경으로 일 년을 부릴 수 있겠다 싶어 또한 마음에 들었다.

"음, 그런데, 그 지게에 지고 온 사람은 누군데 왜 지게에 지고 다니신가?"

"우리 어머니올시다."

"자당님을 지게에 지고 다니시는 연유가 무엇인가." 최대감은 궁금하였는지 물었다.

아니 그보다 머슴으로 들어와 일하는데 걸림이 되지 않을까 걱정이 되어 물었다.

"나이 드시면서 거동이 불편하시기는 하나 생활하시는 데는 지장은 없으십니다."

"그렇다면 어디서 오는지 모르겠지만, 함께 걸어올 일이지 지게에 지고 오는 특별한 연유가 있는가?"

"예, 특별한 연유는 없사옵고 조금이라도 힘들어 하실까 봐 그리한 것 뿐입니다."

최대감은 지그시 눈을 감고 무엇인가를 생각한 듯하였다. 세경은 준대로 받겠다는 것은 제 욕심 차리지 않겠다는 것이니 맘에 들지만 노모를 함께 들여야 한다는 것이 몹시 걸렸다.

"번거로우시겠지만 빈방 한 칸만 내 주신다면 열심히 보답하겠습니다. 제 모친 밥값은 제 세경에서 제하고 주시는 대로 조금만 받겠습니다."

최대감은 정신을 가다듬고 판단을 하였다.

'그래, 그 마음씨가 부모를 생각하는 효심이 깊겠고 보아하니 힘깨나 쓰겠고, 저 정도면 세경은 여섯 섬은 되겠지?, 그렇다면 두 섬만 주고 나머지는 밥값으로 셈하면 되겠지, 노모가 거동은 할 수 있다니 집안 심부름을 해 준다면 밥값은 능히 될 것이라 그렇담 두 섬에 머슴을 들인 것이나 다름없는 것이렸다.' 여기까지 생각이 미치자

"그렇게 해 주겠네. 방은 저 건너 문간채 제일 끝 방을 쓰시고 세경은 두 섬으로 하세."

"그리 해 주신다면 열심히 일해 보겠습니다."

이렇게 하여 뚜겅이는 최대감집 머슴으로 들게 되었다.

젊은 뚜겅이는 어머니를 모시고 최대감댁에서 열심히 일하며 살았

다. 벌써 몇 개월이 지나 여름 농사철이 되어 오늘도 무논에서 쟁기질을 하고 늦은 시간에 들어왔다. 그때 안채에서 청소를 하고 계시는 어머니를 보았다. 뚜겅이는 화가 치밀어 올랐다.

“대감님, 제 어머님은 일을 시키지 말아 주세요. 어머니께서 잡수시는 밥값은 제 세경에서 제하기로 했으니 이집 머슴은 제 어머니가 아니고 저일 뿐입니다.”

“아 이놈아 사람이 놀고만 먹는다 하더냐?”

“정 그렇다 하시면 제가 이 댁에서 나가겠습니다요.”

“응, 나가겠다?”

최대감은 화가 나서 곧장 쫓아낼 기세였다. 허나 곰곰이 생각해보니 ‘저만한 일꾼을 어디서 구한다. 다른 머슴들보다 일도 잘할 뿐만 아니라 끊고 맺음이 확실하여 두 번 손볼 것 없이 일을 해내지 않는가?’

“그래 알았다. 다음부터는 절대로 일을 시키지 않을 것이니 그리 알거라.”

가을걷이가 끝날 무렵이었다. 감나무골 산밭에 준자리콩을 거두어 산더미만 하게 콩동을 묶어 짊어지고 동구밖에 도착했다. 그때 빨래터에서 빨래를 하고 계시는 어머니를 보았다.

뚜겅이는 콩동을 팽개치고 어머니에게 달려가 빨랫감을 그대로 두고 어머니 손을 잡고 집으로 들어갔다. 그리고 곧장 나와 남은 빨랫감을 깨끗이 씻어 들고 들어갔다.

“대감님, 이런 일을 어머니께 시키시는 사람이 뉘신지요? 다시는 우리 어머니께 일을 시키지 않겠다고 하셨는데 헛말이 되었으니 어디 대감님을 믿고 살 수가 있겠습니까?”

“아니다, 어찌 그런 일까지 내가 시킨단 말이냐? 안 것들이 한 짓이 아니겠느냐?”

“대감님께서 시키지는 아니하셨겠지만 말렸어야 되지 않겠습니까?”

이런 일이 있은 후로 뚜겅이는 강씨집 행랑채를 얻어 이사하고 그곳에 어머니를 모시고 지극정성으로 돌보며, 낮으로는 최대감집 머슴으로 일하고 저녁으로 집에 돌아와 어머니에게 효도를 다 하였다.

머슴들은 겨울철이 돌아와 농사일을 하지 않은 농한기 때는 화창한 날엔 산에 나아가 땔감을 해 오고 궂은날이면 사랑방에 모여 멍석을 짜거나 새끼 꼬는 일과 여름에 신을 미투리를 삼는 일을 하였다.

그해 겨울 어머니께서 깊은 병을 얻어 자리에 눕게 되니 뚜겅이는 낮으로 해야 할 일을 밤 새워가며 멍석을 짜고 새끼 꼬는 일을 다 해 놓고 날이 새자마자 약을 구하기 위해 백방으로 뛰어 멀리는 광주까지 가깝게는 동복까지 발이 부르트도록 뛰어 다녔지만 병세는 호전될 기미를 보이지 않았다.

달포 전에도 어머니께서 병을 얻어 시름시름 앓았을 때, 약을 구하러 동복 약방을 찾아갔더니 약방 노인이 말하기를 잉어를 잡아 고아 드리면 나을 거라해서 그 길로 동복천에 나가 잉어를 잡아 고아 드렸더니 어머니께서 거짓말처럼 나았다. 그래서 이번에도 잉어를 잡으려고 동복천으로 나갔지만 꽁꽁 얼어붙은 냇가에서 어떻게 잉어를 잡는단 말인가.

오늘은 아침 해가 떠올랐다. 뚜겅이는 일찍 지게를 지고 산으로 가서 물거리를 한 짐 해서 지고 내려와 최대감집 뒤뜰에 부려놓고 부리나케 동복천으로 달려갔다. 동복천은 꽁꽁 얼어붙어 있었다. 냇가에 앉아 이궁리 저궁리를 다해 보았지만 뾰족한 수는 생각나지 않았다.

허나 뚜겅이는 아랫도리를 벗어 언덕 위에 놓고, 들고 온 커다란 쇠망치를 쥐고 냇가 얼음판을 깨고 있었다. 어느 정도 깨고 나니 작은 구멍이 생겼다. 몸을 움츠리고 얼음굼으로 뛰어 들었으나 어느 수로 잉어를 잡는단 말인가!

한참을 있으려니 몸이 점점 얼어들기 시작했다. 이대로 있다간 생명을 부지할 수 없을 것 같았다. 허나 잉어를 잡지 못하면 어머니의 병도 낫게 할 수 없다. 뚜겅이는 잉어를 잡지 못하면 이곳에서 나가지 않으리라 단단히 마음을 먹고 잉어를 잡으려 했지만 숨어있는 잉어를 어찌 잡으랴.

짧은 겨울 해가 서산으로 숨어들고 있었다.

그때 지나가는 스님이 그 광경을 보고 스님 역시 기가 막혀 물끄러미 바라보다가 말을 걸었다.

"여보시오, 이 엄동설한에 얼음 속에서 무엇하고 있소. 빨리 나와 옷을 입지 않으면 얼어 죽을 것이오."

"소인은 우리 어머님의 병을 낫게 하기 위해 잉어를 잡으려는 중이오. 잉어를 잡기 전엔 죽어도 나가지 않으렵니다."

"어머니의 병이 위중하다면 더욱 살아서 어머니를 보살펴드리는 게 도리이거늘 당신이 죽으면 병든 어머니는 누가 돌본단 말이오. 내 말대로 하시면 병이 나을 것이오."

그때서야 뚜겅이는 얼음 속에서 나와 옷을 입고 스님 앞에 나가 정중히 인사를 올리고 치료방법을 여쭈었다.

"여기서 몇 고개를 넘고 냇물을 몇 번 건너가면 모후산이라는 큰 산이 눈앞에 나타날 것이오. 그 산엔 고려 때부터 전해오는 인삼이 지금쯤 동삼으로 변해 있을 것이오. 그 동삼이 어머니 병을 치료하는 데 큰 효험이 있을 것입니다. 또한 동삼을 구하는 것이 얼음 속에서 잉어를 잡는 것보다 쉬울 것 아니오."

뚜겅이는 스님의 말을 듣고 집으로 돌아와 밤새워 멍석을 짜 놓고 새벽 일찍 나서려고 창문을 열어보니 밤새 눈이 얼마나 왔는지 산천을 구분할 수가 없었다. 그러나 여기서 포기할 수는 없었다. 작은 괭이를 들고 나갔다. 허나 이 눈 속에서 무슨 수로 동삼을 캘 수 있을 것인가? 이런저런 생각을 하며 고개를 넘고 강을 건너 깊은 산속에 도착하였다.

뚜겅이는 계곡을 따라 동삼을 찾으려 눈 덮인 산속을 헤매었으나 동삼은커녕 도라지 한 뿌리도 찾을 수가 없었다. 온 산을 헤매는 중 추위에 지쳐 바위 밑에 쪼그리고 앉아 쉬고 있었다.

순간 피곤이 몰려와 눈을 감았다.

"뚜겅아, 이 눈 속에 얼어 죽으려는 것이냐 어서 일어나라. 그리고 네가 앉아 있는 자리를 파보아라."

깜짝 놀라 눈을 떠 보았으나 적막한 산속에 아무도 보이지 않았다.

'똑똑히 들었는데 누가 말했을까? 네가 앉은 그 자리를 파보아라.' 뚜겅이는 의심할 여지도 없었다. 벌떡 일어나 눈을 치우고 그 자리를 파기 시작하였다. 한참을 파다보니 무만큼 커다란 동삼이 손에 잡혔다. '하늘이 도운 것이로구나.' 뚜겅이는 기뻐서 추운 줄도 모르고 껑충껑충 뛰어 달려와 어머니께 동삼을 달여드렸다. 어머니는 거짓말처럼 자리에서 일어나셨다.

그 후 뚜겅이는 재물도 모으고 장가도 들어 행복한 가정을 이루었지만 늙은 어머니는 한동안 건강하시다가 노환으로 돌아가시고 말았다.

마을 사람들의 도움으로 안골 산기슭에 장사하고 그날부터 3년 시묘살이를 하기에 이르렀다.

안골은 다른 계곡보다 유독 메마른 곳으로 어디서 물 한 모금 마실 수 없었다. 하지만 뚜겅이는 집으로 내려오는 일은 단 한 번도 없었다.

어느 해 여름 가뭄이 유독 심한 때였다. 시묘살이에 지치고 갈증이 심해 인사불성이 되어 물을 찾았으나 마실 물은 없었다.

이때 어디서 나타났는지 커다란 호랑이가 앞으로 다가오고 있었다.

"산신령님, 잡아먹으려면 마지막 삼년 시묘살이 끝나거든 나를 잡아먹으시오." 빌고 있었다. 호랑이는 뚜겅이 앞에 엎드려 앞발로 따라오라는 시늉을 했다.

"예, 따라오라고요?" 호랑이는 일어나 어스렁어스렁 걸었다. 뚜겅이가 따라가 멈춘 곳은 언덕 아래였다.

이게 어찌 된 일인가? 이곳은 메마른 언덕이었거늘 맑은 샘물이 솟아난단 말인가? 앞서간 호랑이의 앞발에 피가 흐르고 있었다.

'호랑이가 샘을 파준 것이로구나.'

뚜경이는 마음껏 물을 마실 수 있었다. 물을 마시고 나니 호랑이는 고개를 숙이고 인사를 세 번 하고 산속으로 사라졌다.

이 샘물 덕분에 뚜경이는 삼년 시묘살이를 무사히 마쳤으며 마을 사람들은 이 샘을 호랑이가 파준 효자샘이라 부르게 되었다.

뚜경이가 늙어 죽으니 마을 앞 굴등에 장사하였다. 지금도 굴등에 고총이 있는데 그 묘를 사람들은 효자맷등이라 부르고 있다.

본 필자가 풀을 헤치고 찾아갔을 때는 샘은 메워졌고 돌축대 밑으로 적은 물줄기만 산계곡으로 흐르고 있었다.

마방집 앵무기녀

사평리 신평마을은 동쪽으로 국도 15호선을 따라 가다보면 봉정산과 그 아래에 사평폭포가 있다.

서쪽으로 사평교를 건너 면사무소가 있는 장등마을에 이른다. 국도를 기준으로 두 개의 반으로 나누어 있는데 사평장터는 1반, 사평터미널쪽은 2반이다. 마을 서쪽에는 남에서 북으로 흐르는 외남천이 있는데 외남천은 마을 북쪽을 돌아 동으로 흐른다.

마을의 방향은 일정하게 어느 쪽을 향하고 있는 게 아니라 도로를 따라 방향을 달리하고 있다. 동복군 외남면사무소가 개설되었던 곳으로 면행정 중심지이기도 하였으나 면사무소가 장등마을로 이사를 하고 시장기능만 남아있는 곳이다.

1789년 총호구수에 의하면 사평 구교 맞은편 372번지에 마굿간을 갖춘 주막, 마방이 있었다. 이곳 마방은 광주에서 순천으로 나가던 길목에 있어 나랏일을 보러 가는 파발꾼들과 순천이나 흥양으로 지나는 과객들이 많은 곳으로 나라에서 운영하는 원은 아니었지만 원 못지않게 큰 마방이었다.

이곳 마방에 관기보다 더 아름답고 시문에 능한 앵무라는 기녀가 있었다. 앵무의 뛰어난 미모에 이 고을 양반이라 자칭하는 어른들도 이 마방을 곧잘 찾아들었다.

이렇게 떼돈을 벌어들인 주인은 참봉벼슬도 사서 허참봉이라 불렸다. 허참봉은 화순현감이나 동복현감이 새로 부임하게 되면 매번 현감들을 불러 하루를 쉬게 하고 잘 대접하였으니 허참봉의 권세를 능가하는 이가 없었다.

이런 세도가의 마방에서 기녀로 안방주인 노릇을 하는 앵무야 말로 더할 나위없는 꽃방석에 호강을 하며 살았다.

어느 날 동복에서 두 번째라고 하면 서운해 할 이선비가 꽃을 들고 앵무를 찾았다.

"오늘 내 너를 찾아 꽃을 들고 옴은, 너의 가슴에 예쁜 꽃을 안겨주고 하루를 즐겁게 보내고자 찾았으니 이리와 술잔을 채워라."

앵무가, 이선비 곁에 다가와 앉으며 빙그레 웃음을 지었다. 선비는 옳거니 하고 술잔을 들었다.

"선비님 왜 이러시나요? 여기 해어화(解語花) 있사온데 무슨 꽃이 더 필요했던가요? 가지고 집에 가셔서 안방마님에게 드리세요." 하고 술잔에 술을 따르지 않고 그냥 나가려 하였다.

"내 미처 몰랐네, 말하는 꽃이 활짝 피어 있는 것을 말일세. 자자, 노여움을 풀고 어서 앉게나." 이선비는 앵무의 손을 잡고 반강제로 곁에 앉혔다.

"우리 마음을 풀고 한 잔 나누며 회포나 풀어보세."

이선비는 은근 슬쩍 주머니에 돈 자랑을 하며 앵무의 마음을 사려 들었다.

"선비님의 안사람은 마음도 크신가 봐요? 이리 많은 돈을 내주시고 비단 주머니를 보아하니 솜씨도 좋은가 봐요?"

앵무는 이선비의 마음을 떠보려고 넌지시 선비의 아내에 대해 말을 꺼냈다.

"우리 안사람이야 솜씨 좋고 맵시 좋아, 나를 부러워하는 벗들이 많다네, 그뿐이겠는가 부모를 섬기는 효심이 극진하여 시부모 사랑도 많이 받는다네." 선비는 부지불식간에 아내자랑을 하였다.

"이선비님은 그토록 고운 아내엉덩이나 두들일 것이지 천한 기생엉덩이를 만지러 여기까지 오셨나요? 어서 댁으로 가시지요." 한마디를 하고 방문을 나가 버리는 것이었다.

이선비는 그때야 아차 싶었다. 기생들 앞에서는 처첩자랑하지 말고 글자랑 하지 말라는 말을 깜박 잊고 어쩔 수 없이 쓴 웃음을 지으며 마방을 나갔다.

앵무의 언변술에 꼼짝 없이 당하는 선비들이 많았지만 허참봉의 위세에 행패를 부리지도 못하고 울며 겨자 먹기로 사람대접 못 받고, 돈 버리고, 체면망치는 수모를 당하고 돌아간 것이다.

이듬해 동복현감이 새로 부임해 왔다. 허참봉은 어김없이 현감을 마방으로 모시고 앵무를 불러 현감을 잘 모시도록 당부하였다.

현감이 앵무를 보자 황진이 못지않게 아름다운 자태에 마음을 빼앗겼다. 앵무 역시 지금까지 모신 현감들 보다 호걸이요, 늠름하기가 임꺽정을 능가하여 떡 벌어진 가슴에 안기니 모처럼 남자를 만나는 느낌이었다. 이심전심으로 현감과 앵무는 사랑하게 되어 임기 중 자주 앵무를 찾았다.

동복현감은 임기가 끝나 금산으로 옮기게 되었다. 현감은 앵무를 찾아가

"내 본의 아니게 금산으로 옮기게 되었으니 사랑하는 앵무를 두고 어찌 떠날거나. 내 가서도 너를 잊지 않고 조만간 너를 데려갈 것이니 혹여 다른 사람과는 정을 주고받지 말도록 하여라."

"여부 있겠습니까. 일편단심으로 현감님을 그리며 수절하고 현감님 곁으로 따라 갈 것이오니 염려 말고 금산으로 부임하십시오."

"그 말 지킬 수 있겠느냐?"

"무등산이 무너질지라도 약속한 바를 꼭 지키겠습니다. 부디 몸 건강 하시기를 빌 뿐입니다."

현감은 금산에 이르러 오매불망 앵무가 그리웠으나 너무 멀어 오갈 수 없었다. 한 달 두 달 거의 반년이 되어 가던 날 들려오는 소문에 앵무가 다른 양반과 정을 주고받으며 살고 있다는 것이었다.

"아니 그럴 수가 있나, 일 년도 못 된 마당에 그토록 굳게 약속을 하고 다른 놈과 정을 주고받다니? 어허 고얀지고."

현감은 편지를 썼다. 내 너를 두고 오면서 '무등산이 무너질지라도 내 마음은 변치 않겠다.'는 약속 굳게 믿고 있었거늘 일 년도 못되어 네 마음이 변했다니 그래도 되는 거냐? 내 당장 내려가 모난 방망이를 들고 달려가 무등산에 대고 한 약속을 따져 묻겠노라 편지를 전했다.

이 편지를 받아본 앵무가 그 자리에서 답장을 써서 전했다.

현감님과 맹세한 것처럼 무등산이 무너진다면 지금까지 몇 번이나 무너졌을까요? 아마 무등산은 사라지고 그 자리에 커다란 호수가 되었을 것이오. 라고 응답했다고 한다.

광사동 당산할매

광사동 마을은 국사봉과 백호등 아래로 정산매가 있으며 서쪽으로는 남에서 이어지는 깃대봉 능선이 뻗어 내려와 마을길은 북쪽으로 외부와 연결되어 있는 구릉평지에 있는 아담한 마을이 예로부터 형성되어 능주고을에서는 어느마을 보다 부를 이루고 살았다.

이 마을 앞에는 오백년이 넘은 당산나무가 있다. 당산나무 아래에 작은 오두막집을 짓고 당산할매가 살았는데 비록 여자였지만 주역에 밝아 상례편이나 혼례편에도 밝았으며 애를 낳은 여인들에게는 산파로, 병든 사람에게는 의사로 모르는 것이 없었다.

할매의 신통력이 어찌나 영험한지 능주고을 뿐만 아니라 이웃 화순과 보성에서까지 할머니를 찾아와 점을 보고, 악귀를 쫓는 큰 굿을 하여 많은 사람들의 가정을 지켜주었다. 그러는가 하면 할매는 살아생전 남의 집 큰일이 있을 때마다 그 집에 들어가 일을 보살펴 주었기에 마을사람들은 결혼 때나 초상 때나 할 것 없이 할매를 불러 도움을 청했다. 할매는 한 번도 거절함이 없이 찾아가 내일처럼 도와주었다. 그래서 마을 사람들은 동정이 날 때도 외출하고 돌아와 병이 났을 때도 할매의 도움으로 동토제비를 하여 귀신을 달래고 모든 일을 잘 해결할 수 있었다.

마을사람들은 당산나무의 혼령을 받아 영험하다고 말하였다. 허나 세월은 무심하게 흘러 할매는 늙고 병들어 오두막집에 눕게 되었다. 마을 사람들은 서로 찾아가 간호를 하였으나 백약이 쓸데없어 병석에 누운 지 한 달여 만에 운명하였다. 마을 사람들은 내 부모인 양 슬퍼하며 예를 갖춰 당산나무 아래 장사하고 해마다 제사를 지내주었다.

당산할매는 그날로부터 지금까지 마을을 지켜주는 당산신이 되어 마을을 지켜주고 있으니 살았을 때나 죽었을 때나 할매는 하나같이 마을 사람들을 위해 마을을 지켜주고 있다.

지금부터 당산할매의 영험한 이야기를 몇 가지 해보고자 한다.

어느 해 가을 추수를 마친 부락민들이 깊이 잠든 사이 힘이 센 도둑이 마을에 들어와 쌀가마를 메고 마을을 빠져나가려고 당산나무 밑을 지나는데 아무리 도망을 쳐봐도 당산나무 밑을 벗어나지 못하고 당산나무만 빙빙 돌고 있었다.

"이거 어찌된 일이냐?, 아무리 달려도 그 자리잖아." 도둑은 그 곳을 벗어나려고 애를 쓰며 달렸다. 하지만 도둑은 당산나무만을 돌고 있을 뿐 밖으로 벗어나지를 못하였다.

"아니, 벌써 날이 밝아오잖아. 이거 어떡하지, 오라 저쪽에 큰 길이 있었구나."

도둑은 마을로 들어오는 큰 길쪽을 보고 달렸지만 당산나무를 벗어나지 못하고 제자리만 뱅글뱅글 돌았다.

어느새 날이 밝아 마을 사람들이 우루루 몰려 나와 도둑을 잡아 관으로 넘기고 쌀가마를 찾았으니 이때부터 마을사람들은 당산할매의 덕택에 도둑을 잡았다고 더욱 극진한 젯상을 차려 제사를 지내게 되었으며 소문이 온 세상에 널리 퍼지게 되어 광사동마을에는 도둑이 들지 않았다고 한다.

당산할매의 영험함은 이것뿐만 아니었다.

조선초기 삼베와 무명베를 파는 보부상이 이 마을 저 마을 돌아다니며 비단을 팔고 다니다가 광사동 마을에 들어와 물건을 팔려고 며칠을 마을을 빙빙 돌았다.

"비단 사시오, 중국에서 들어온 최고의 비단이라 때갈 곱고 이런 비단으로 옷을 해 입으면 어느 좌석 어디를 가더라도 품위가 있어 보인답니다."

"곱긴 고운데 가진 돈이 없어서 그러요, 어느 여인이 이런 비단을 보면 옷 한 벌 해 입고 싶지 않겄오."

"아따 돈만 있어야 된당가, 말만 잘 들어도 그냥 줘버리제."

"워따메 그것이 참말이라우."

며칠이 지나자 마을에서는 보부상과 봉촌댁이 눈이 맞았다고 소문이 났지만 그럴 리 없다고 딱 잡아떼었다.

그러던 어느 여름날 보부상은 당산나무 아래로 봉촌댁을 불러내었다.

초가을 보름달은 괴괴하게 밝아 두 남녀의 욕정을 불러 일으켰으니 그들은 물불을 가리지 않고 당산나무 아래서 사랑을 속삭였다.

그런데 이게 어이된 일인지 앉았던 자리에서 일어나 집으로 가려는데 일어설 수가 없었다. 두 사람은 애를 태우며 몸부림을 쳤지만 자리에 꼭 붙어 일어설 수가 없었다. 그러던 중 날이 밝아 마을 어른들이 이들을 발견하고 혀를 차며 '짐승과 다를 바 없는 놈들이로구나' 한마디씩 했다. 허나 그들을 그대로 둘 수는 없어 마을에서 정성을 다해 제물을 준비하여 당산제를 지내고 나서야 자리에서 일어설 수 있었다. 이는 당산할매의 노여움으로 만천하에 그들의 부정을 폭로하려고 그리하였다고 한다.

당산할매의 영험함과 정의로움은 그뿐만이 아니었다고 한다. 자기에게 해를 입힌 자들에게는 꼭 보복을 하였으니.

가을추수가 끝난 어느 날 엿을 파는 엿장수가 당산나무 밑에 사람들이 많이 모여 있는 것을 보고 찾아와 잠시 쉬며 엿을 팔려고 엿판을 당산제 지낸 제물을 묻는 신령한 돌판인데 여상수는 아무 생각없이 그 돌판 위에 올려놓으려 하였다.

"아 이 사람아, 그곳은 당산할매 머릿돌이여 그곳에 엿판을 올려놓지 말게."

"어쩐다요, 무겁지도 안는 엿판인 걸 엿치기나 한 판씩 하시오."

광사동 마을에서는 당산제를 지내고 나면 당산할매 머릿돌 밑에 제물을 묻어두고 당산할매가 많이 잡수라고 일용수를 하였던 것이다.

마을사람들은 여름에 당산거리에 찾아와 놀더라도 당산할매의 머릿동에는 앉은 법이 없었다. 예전에도 당산할매 머릿돌에 앉았다가 실성들린 아이가 있었기 때문이었다. 신동이라고 소문이 난 노씨집안 소년이 백암마을 전주이씨 진사어른께 글공부를 하러 다니던 중 당산나무 아래 놀러 나와 힘자랑을 하며 당산할매에게 제를 지내고 제물을 묻고 그 위를 덮어 놓은 머릿돌을 들어 올리려 하자 마을 어른들이

"아서라 그 돌은 건들지 말라. 그 돌은 당산할매 머릿돌이라 큰 봉변당한다." 하고 일렀지만

"무슨 소용이 있다요, 죽은 돌멩이가 살아있는 나를 해볼 것이오."

하고 힘을 써서 굴러 넘어 뜨렸다. 그날로 노씨집안의 아이가 실성이 나서 맨발로 남의 선산을 찾아다니며 비석을 넘어뜨리고 부모님들이 붙잡아 와서 밥을 먹으라고 하면 할매가 하얀 쌀밥을 많이 주어서 배가 부르다고 먹지도 않았다.

그 부모님이 애를 태우다가 마을 사람들과 협의하여 정성껏 제물을 마련하여 당산할매에게 잘못했다고 빌며 머릿돌을 다시 제자리에 옮겨 제를 지내고 나서야 정상이 된 것을 보고나서 절대로 당산할매의 머릿돌은 건드리지 않았다.

그런데 아무것도 모르는 엿장수가 찾아와 또 그 돌 위에 엿판을 올려놓으려고 하여 사람들이 그 머릿돌 위에는 올려놓지 못하게 말렸지만 엿장수는 이를 듣지 않고 돌판 위에 엿판을 올려놓았다. 그러자 엿

판과 엿이 딱 달라붙어 엿을 팔수도 없거니와 엿판을 들 수도 없어 어찌할 바를 모르고 발만 동동 구르고 있었다.

"우리가 뭐라 했오. 그 돌 위에는 올려놓지 못하게 하였잖소."

"그럼 이제 어찌하면 된다요?"

엿장수는 마을 사람들에게 애원하듯 물었다.

"엿판을 가져가시려거든 당산할매께 용서를 구하고 절을 백팔 번 올리시오."

엿장수는 마을 사람들이 일러준 대로 백팔 번 절을 하며 용서를 구하였다. 절을 마치자 엿판은 떨어졌으나 엿이 모두 녹아 팔지 못하고 엿장수는 엿판을 메고 도망치듯 자리를 떠났다.

이 마을 사람들은 육백 평의 당산답을 준비하여 여기서 나는 소출로 제물을 마련하고 정성을 다해 제를 치루는데 제주가 된 사람은 대상이란 절벽 아래 샘을 찾아가 목욕재계하고 정월 초하루부터 밖에는 일절 나오지 않고 근신하며 당산에는 금줄을 쳐서 부정한 것을 물리치고 보름을 맞아 제를 지낸다. 절을 스물한 번 하고 할매가 좋아하는 쌀밥과 김을 백지에 싸서 당산나무 아래 당산할매머릿돌 아래에 묻고 무사태평 풍년을 기원한다.

오류리 가마바위

오류리는 다른 마을과 달라 여러 자연부락이 모여 오류리를 이룬다 연동마을 안모실 새터 양촌 용촌 웃모실 월촌마을 조평마을 등 그중 큰마을이 용촌마을과 조평마을 이었다.

용촌마을 황도령과 조평마을 양처자는 어릴 때부터 소꿉놀이 친구였다. 용촌마을이라고는 하지만 황하고 그 동생네집 두서너 채만 있었으니 애들도 없었고 조평마을 역시 양씨네집과 김씨네집 달랑 두 채만 있어 애들도 귀했다. 그러니 조금 떨어진 곳에 위치하고 는 있지만 별로 멀지 않아 양처자와 황총각은 서로 오고가며 소꿉놀이를 하며 놀았다.

황총각은 아빠가 되고 양처자는 엄마가 되어 고운 황토흙가루로 밥을 짓고 쑥잎을 뜯어다가 국을 끓이고 황총각은 밭에 나가 목화를 심고 논에 벼를 심기도 하며 양처자가 해놓은 밥상에 마주앉아 신랑각시 행복하게 식사를 하기도 하였다.

따뜻한 여름철에는 조평마을 앞 둠벙에서 물고기도 잡아 반찬을 만들어 굽기도 하며 어린시절을 보냈다.

해가 거듭 할수록 두 사람은 무럭무럭 자랐다. 냇가에 나가 목욕을 하고 물고기를 잡아도 아무 거리낌이 없었다. 허나 어느 땐가 초평 둠병에서 옷을 벗고 목욕을 하려는데 부끄럽고 어색함으로 낯이 붉어지기 시작했다.

부끄러움을 알게 되고부터 사람의 눈을 피해 만나서 산책도하고 조평듬벙에서 목욕도 하며 사는 동안 어엿한 처녀총각으로 훌쩍 자라게 되었다.

달이 밝은 가을 밤이었다. 황도령과 양처자는 조평듬벙가에 앉아 사랑을 약속했고 그때부터 두 사람은 자주 만나 양처자는 황도령이 아니면 다른 사람과는 결혼을 하지 않겠다고 약속을 하고 황도령은 죽을 때까지 양처자만을 사랑하겠다고 언약을 하였다. 이런 사실을 알게 된 양가에서도 흠 없이 착한 양씨 처자를 며느리로 받아들이겠다는 부모님의 승낙이 있었으며 양씨집에서도 용맹하고 정의로운 황도령을 사위로 받아들이겠다는 양가의 허락도 받아 두 사람의 사랑은 순조롭게 이루어져 결혼 날만을 학수고대하고 있었다.

또 한 해가 지나고 난 초겨울 양가에서는 혼사 날을 택일하여 동짓달 초닷샛날 결혼식을 올리기로 정했다.

한편 나라에서는 북쪽 오랑캐무리들이 국경을 넘어 쳐들어와 전쟁이 일어나게 되었다. 그러니 전국 각지에 청장년들은 모두 징집이 되어 전쟁터로 끌려가게 되었다. 결혼날을 받아놓은 황도령도 예외가 될 수 없었다. 동짓달 초닷샛날 결혼식만이라도 하고 떠나도록 사정을 하였지만 나라의 존망이 촌각에 달렸으니 그럴 시간이 없다며 며칠을 앞두고 끌려가고 말았다.

"양처자, 전쟁만 끝나면 곧 돌아와 결혼하여 행복하게 삽시다."

"도련님, 속히 돌아오세요. 도련님이 돌아오실 날만을 기다리며 열심히 기원하겠어요."

두 사람은 잡았던 손을 놓지 못하고 흐르는 눈물이 옷섶까지 타고 내렸다. 그러나 인정사정없는 포졸들에 의에 전쟁터로 끌려갔던 것이다.

그날부터 양처자는 새벽 일찍 일어나 정화수를 떠다 장독 위에 올려놓고 양도령이 무사히 귀가하기를 빌고 또 빌었다.

무심한 세월은 일 년이 지나고 이년이 지나도 황도령의 소식은 없었다.

옛날이야 오고가는 편지도 없었고 사람이 와야 소식이나 알지 도무지 알 길이 없어 답답한 심정은 말할 수 없었다.

황도령은 군대에 입소하여 제대로 훈련을 받지도 못하고 전쟁터에 나아가 적군과 싸우는가 하면 추위와 배고픔으로 나날을 보내야 했다. 동짓달 초닷새 묘향산 골짜기 병영진에 들어 앞산에 걸린 초승달을 쳐다보았다. 전쟁만 아니었다면 오늘밤이 양처자와 첫날밤의 단꿈을 꾸었을 게 아닌가? 한숨이 절로 나왔다. 양처자 당신도 눈물어린 저 달을 보고 계시나요? 비록 오늘 결혼은 못하였지만 조금만 기다리면 우리 행복한 꿈이 이루어지겠지.

오늘따라 양도령은 잠을 이루지 못하고 뜬눈으로 양처자를 그리며 보냈다.

그날 밤 양처자 역시 초닷새 초승달을 바라보며 정화수 앞에 무릎을 꿇고 앉아 황도령의 무사를 기원하며 날을 새웠다.

한 달 두 달 쉬 끝날 것이라는 전쟁은 끝날 줄 모르고 일년 이년 삼년 해를 거듭하고 전투는 더욱 치열하였다.

조평마을 양처자집에서는 성화가 이만저만이 아니었다.

"황도령은 이미 전쟁터에서 죽은겨, 살았으면 삼년이 지나도록 소식이 없을까? 죽은 황도령만 생각하고 평생 죽을겨."

양처자의 아버지는 다 큰 처자가 혼기를 놓치면 혼인도 못 한다며 결혼을 재촉하였다.

"초방리 큰덕골 김부자 댁에서 매파가 와서 승낙했다. 그리 알거라, 그만한 혼처가 없을 뿐만 아니라 혼사만 이루어지면 매정리 앞들 논도 여나무 마지기 준다지 않여. 그 전답만 가져도 우리는 부자로 살

수 있단 말이다. 이제 더는 기다릴 것 없다. 설사 황도령이 살아 돌아온다 해도 난 그쪽으로는 안 보낼겨."

양처자의 애타는 마음을 아는지 모르는지 오늘도 소식은 없고 또 하루가 지나갔다.

초방리 김부자 댁에서는 자꾸 혼사를 재촉하고 다가왔다.

"금년 해를 넘기지 맙시다. 사둔이 된다면야 우리 자주 만나 술 한 잔씩 나누며 어지러운 세상 배불리 먹고 즐겁게 살 수 있잖겠오."

양처자 부모님도 생각해 보니 내년부터는 폐계년과 삼재가 겹쳐 혼사를 할 수 없었기에 미루지 못하고 결혼을 승낙하고 혼사 날까지 잡았다.

한편, 황도령은 화살이 빗발치는 전황 속에서도 양처자만 생각하며 살아야 겠다는 일념으로 이겨내고, 어떤 때는 부딪치는 칼날이 번쩍이는 싸움터에서도 오직 살아서 고향으로 돌아가야 한다는 생각으로 승리하였으나 홀로 고립되어 풀뿌리 나무뿌리를 캐먹으며 사경을 헤맬 때도 양처자만을 생각하면 다시 일어설 수 있었다.

이렇게 삼년을 넘기고 사년 다가올 무렵 그 지긋지긋한 전쟁이 끝나 고향으로 돌아올 수 있었다. 밤낮을 가리지 않고 걷고 또 달려 발바닥이 부릅트고 터져 피가 났으나 하루라도 빨리 고향으로 가겠다고 쉬지 않고 걸었으나 워낙 거리가 멀어 한 달 만에 겨우 고향땅에 도착했다.

어둠이 짙게 내린 술시경에 도착하여 집으로 들어가 부모님과 상봉하니 죽었다고 생각한 아들이 살아왔으니 얼마나 반갑고 기쁜지 부모님들도 황도령을 붙잡고 흐느껴 울었다.

허나 황도령은 고향에 돌아온 그 시각부터 양처자 생각뿐 아무것도 뵈지 않았다. 급한 나머지 당장 찾아가고 싶었지만 너무 야심한 밤이라 꾹 참고 밤을 새웠다.

이튿날 황도령은 어머니께 여쭈었다.

"양처자는 잘 있지요?"

"진즉 시집가버렸다." 어머니는 짐짓 거짓말로 둘러 댔다.

황도령은 하늘이 무너지는 듯 앞이 보이지 않고 캄캄했다.

황도령은 양처자가 살았던 집이라도 보고 싶어 골목길을 돌아 양처자집 문 앞에 서성거렸다.

이를 본 양처자 부모님들도 갑자기 나타난 양도령을 보고 깜짝 놀라 당황하였다.

"네 이놈, 여기가 어디라고 찾아와 얼쩡대느냐? 어서 떠나거라. 우리 딸은 여기 없다.

양처자 부모님의 불호령 같은 구박에 쫓겨 터덜터덜 집으로 돌아왔다.

'내가 살아온 것은 오직 양처자 덕이었는데 이제 살아 무엇 하겠느냐? 차라리 죽어 괴로움을 잊자' 마음에 각오를 하고 옛날 입었던 깨끗한 옷으로 갈아입고 밖으로 나가 양처자와 함께 했던 언덕과 산길을 돌아보니 눈물만 났다. 앞산도 올라가보고 개울가도 돌아보고 조평마을 앞 둠벙에 다달았다.

둠벙의 잔물결이 달빛을 받아 은물결이 옛날의 추억을 들려주었다. 아니 이럴 수가 연못 가운데서 양처자가 미소를 지으며 양팔을 벌려 황도령을 부르고 있었다.

황도령은 저도 모르게 양처자를 부르며 물속을 뛰어 들었나.

다음날 아침 용촌마을은 시끄러웠다.

"군대 갔다 돌아온 황도령이 죽었데."

"왜 ? 고생하고 돌아와 죽는단 말이여."

"누가 그 속을 아남 양처자 결혼 소식을 듣고 그런 것이겠지."

수군거리는 아낙들의 입소문은 마침내 결혼을 눈앞에 둔 양처자의 귀에까지 들어갔다.

황도령이 전쟁터에서 무사히 살아 돌아왔다는 사실조차 모르던 양처자의 심경은 말로 할 수 없었다.

죽지만 않았어도 혼사를 파기하고 황도령을 따라 멀리 도망이라도 칠터인데 죽었다니, 결혼을 할 수도 안할 수도 없는 상황에서 양처자가 꼬박 삼일 동안 잠을 못 잤으니 얼굴이 몰라보게 수척했다.

그 다음 날이었다. 조평마을에 큰 경사가 있었으니 바로 양처자의 결혼 날이었다.

초례청에서 예를 마치고 다음날 가마에 올랐으나 자기 때문에 죽음을 단행해야 했던 황도령을 생각하면 양처자는 마을을 떠날 수가 없었다. 허나 신랑은 말을 타고 벌써 동구밖을 지나고 있었으니 가마꾼들은 양처자의 마음은 아랑곳 하지 않고 신랑의 뒤를 따랐다. 가마꾼들이 마을길을 지나 조평둠벙을 지날 때였다. 갑자기 눈보라가 가마꾼들을 덮치며 매고 가던 가마가 엎어져 둠벙속으로 굴렀다. 앞서가던 신랑은 뒤돌아보지도 못하고 눈보라 속을 헤쳐 나갈 뿐, 뒤따르던 상객들은 한 발자국도 움직이지 못하고 그 자리에 엎드려 있어야만 했다.

한 식경이나 지나자 언제 그랬느냐는 듯 날이 다시 맑아지며 눈보라가 멈추었다. 꼼짝 없이 엎드려 있던 상객들과 앞서가던 신랑이 둠벙가로 모였다. 그러나 타고 있던 신부는 어디로 사라졌는지 흔적조차 찾지 못한 기이한 일이 벌어지고 말았다.

그 후 마을 사람들은 물에 빠져 죽은 황도령이 신부를 데려갔다고 하고 가마는 그 자리에 붙박혀 움직일 수 없는 바위가 되었다고 한다. 그래서 그 바위를 가마바위라 부르게 되었다고 한다.

지금은 논이 되어 전설조차 찾아보기 어렵게 되었다

가동리 서방바위와 각시바위

가동리는 가동마을과 동막촌 그리고 사동마을 3개의 자연마을로 이루어진 산골 마을이었다. 그중 동막촌은 북쪽으로 천태산에서 뻗어 내린 산줄기가 마을을 감싸안은 듯 둘러 있으며 서남쪽으로 깃대봉줄기가 높다랗게 솟아있는 계곡으로 동서에서 서쪽으로 흐르는 개울을 따라 마을이 형성되었는데 이곳은 청도김씨들이 세조찬탈을 반대하다가 탄압에 못 이겨 낙향하여 이곳에 은거하고 자자일촌 대를 이어 살아가는 마을이었다.

반면 사동마을은 사기를 굽는 마을로 원래 사기점굴이라 하여 여러 성씨들이 들어와 사기 굽는 일을 하며 살았다. 허나 동막촌 김씨들은 사기를 굽는 사동마을 사람들을 상놈들이라고 괄시하고 사람으로 대하여 주지 않았다. 그래서 같은 가동리마을이라 하여도 동막촌마을과 사동사람들은 어울리지 못하고 사사건건 다툼이 잦았다.

당대에는 상공업에 종사하는 사람들을 천민으로 여겼기 때문에 사동 사람들은 억울하였지만 당할 수밖에 없었다. 특히 어린이들이야 이런 저런 사정을 몰라 사동마을 애들과 서로 어울리는 일이 있었지만 어른들이 보는 날이면 야단을 치고 상놈들과는 놀지 못하도록 규제가 심하였다.

청도김씨 시조 김지대는 경순왕의 넷째아들 김은열의 7세손으로 고려 때 시중을 지낸 김여흥의 넷째 아들이다. 김지대는 고려 고종6년 거란족의 침입으로 아버지를 따라 충효쌍수를 맹세하고 출전하여 개선하였다. 그 후 문과에 장원급제하여 전주사록에 나아가 선정을 베풀어 공로를 인정받아 보문각 교감을 거쳐 전라도안찰사, 비서소감, 첨서밀추원에 올라 서북에 진출하여 40여성을 안정케 하여 그 공으로 오산군(지금의 청도)에 책봉되어 청도 김씨의 시조가 되었으니 왕조가문의 양반행세가 보통이 아니었다.

동막골 김씨 종손 집안에 늦도록 아들을 낳지 못하다가 늦둥이로 아들을 얻어 애지중지 귀엽게 길렀다. 종손은 자라면 자랄수록 늠름하고 용모가 단정하여 여러 사람의 칭찬을 받으며 씩씩하게 자랐다. 그는 어려서부터 문치마을 양갑수 훈장님에게로 글을 배우러 다니게 되었다. 천자문을 익히고 사자소학도 익히며 해를 거듭할수록 그의 학문은 날로 높아갔다.

동막골에서 문치마을로 다니는 길은 사동마을 앞을 지나서 냇가를 따라 오르내리는 길이었다. 그러던 어느 날 양반집 도련님의 눈이 번쩍 뜨이는 일이 있었다. 서당에서 공부를 마치고 집으로 돌아오는 길에 냇가 빨래터에서 빨래를 하는 아가씨를 보게 된 것이었다. 아가씨의 뒷모습이 어찌나 고운지 그냥 갈 수 없어 한참을 지켜보고 있었다. 빨래를 다 마친 아가씨가 일어나 집으로 가려하는데 일어서는 그 자태와 얼굴이 선녀처럼 아름다웠다.

양반집 도련님은 말 한마디 건네지 못하고 그냥 지나쳐 오는데 가슴이 뛰고 뉘집 아가씨인지 따라가고 싶었지만 마음뿐이었다. 아가씨도 도련님 앞을 지나갈 때 지그시 내려뜬 눈을 살며시 들어 도련님을 한 번 보는데 순간 눈길이 마주쳤으나 이내 눈길을 내려뜨고 종종걸음으로 마을로 들어가 버렸다.

이후 도련님은 혹시나 그 아가씨가 빨래터에 나오지나 않았을까 마을 앞을 지나갈 때면 빨래터에서 눈을 떼지 못했던 것이다. 혹시 오늘은 나오지 않았을까? 아가씨도 늠름하고 건장한 양반집 도련님을 만난 뒤 또 볼 수 있을까? 은근히 기대하며 아침저녁으로 빨래터를 찾았으니 그들의 마주침은 자연 자주 일 수밖에 없었다.

양반집 도련님과 사동부락 아가씨의 사랑은 날이 갈수록 깊어만 갔다. 서당을 간다고 나와서 서당은 가지 않고 아가씨와 산보를 하는 일이 종종 있었으니 소문은 온 마을에 자자하게 퍼졌다.

이 소식을 들은 도련님 아버지의 성화는 하늘을 찌를 것처럼 솟아올랐다.

"안 된다. 내 하나밖에 없는 자식이라 해도 귀천이 따로 있는 법인데 어디 상것들하고 혼례를 할 수는 없다. 네가 내 말을 거역한다면 내가 아가씨 아버지를 찾아가 혼줄을 내줄 것이니 그리 알아라." 몇 번이고 아버지는 아들에게 당부도 하고 책망도 해 보았지만 그들의 사랑은 날이 갈수록 점점 깊어만 갔다. 도련님 아버지는 마침내 아가씨 아버지를 찾아갔다. 아가씨의 아버지는 생각대로 소작농과 사기굽는 일을 하는 사기장이었다.

"여보게 감히 상놈의 신분으로 양반집을 넘보는 것은 있을 수 없네. 내가 여기 와서 좋게 말해서도 듣지 않을 때는 사단을 내고 말 것이니 딸 단속 잘하게."

"여부 있겠습니까? 소인이 딸자식을 잘 못 가르쳐 염려를 끼쳐 송구스럽습니다."

몇 번이고 고개를 숙이고 허리를 굽실거리며 큰 죄인이라도 된 듯 쩔쩔 맸다. 하지만 두 남녀는 어떤 어려움이 닥쳐도 서방, 각시가 되어 결혼을 하자고 굳게 약속을 했으니 부모님들이 혈육지간을 떼어놓는다 해도 사랑을 갈라놓을 수 없는 형편이었다.

도련님은 도련님대로 부모님께 결혼을 승낙해 줄 것을 청하고 용서를 빌어 보았지만 허사였고, 아가씨도 자기 부모를 설득하여 허락을 받고자 하였지만 어떤 일이 닥칠지 모르니 절대로 결혼할 수 없다고 거절하였으며, 도련님 어머니를 찾아가 좋은 며느리로 효를 다 하겠노라고 사정도 하였지만 낸들 어찌할 도리가 없으니 서로 헤어지라는 말씀만 들었다.

도련님은 하는 수 없이 아가씨를 만나 부모님이 반대하여도 둘이 몰래 혼례만 치루면 된 것이라, 그 길밖에 없으니 자신이 하자는 대로 따라 줄 것을 아가씨와 약속을 하였다.

추수가 끝난 늦은 가을날이었다. 하늘은 한층 맑고 푸르러 가을향기 물씬 풍기는 좋은 날이었다. 도련님과 사동마을 아가씨는 동막골 샘에서 정화수 한 그릇을 고이 떠받들고 밤 대추 세 개씩 싸 들고 천태산 위로 올라갔다.

두 청춘 남녀는 마을 안쪽 천태산으로 오르는 능선에 도착하였다. 마치 초례청을 마련한 듯 둥글넓적한 암반이 대를 이루어 솟아 있었다.

"여기가 우리 두 사람을 위해 마련된 초례상인 듯하오. 이제 여기서 하늘 아래 두 사람 부부의 연을 맺는 예를 올립시다."

두 사람은 정화수 한 그릇과 밤 대추 세 개를 암반 위에 놓고 혼례를 치루려 했다. 그때 마당할아범의 외침이 "도련님 어서 피하세요." 한마디 외침이 있고나서 다시 잠깐 조용한가 싶더니 김씨문중 사람들이 저마다 손에 연장을 들고 산위로 몰려오고 있었다.

"아가씨를 잡아 죽여 버려라, 살려 두어서는 아니 된다. 어서 쫓아가 잡아 물고를 내버려라." 도련님 아버지의 외침이 온 산골에 울려 퍼졌다. 도련님과 아가씨는 미처 식을 끝마치지 못하고 천태산을 향해 도망을 쳤다.

그때 갑자기 맑던 하늘에 검은 구름이 회오리바람처럼 일어나더니 천둥소리와 함께 번갯불이 번쩍거리며 땅이 흔들리고 산이 무너져 내리는 이변이 일어났다. 아가씨를 잡으려고 산 위를 오르던 사람들은 무서워 오던 길을 되돌아 우르르 내려가고 할아범의 뒤를 이어 도련님 아버지만 산 위로 기어오르고 있었다.

아, 어찌된 일인가. 앞서가던 할아범은 보이지 않고 바윗돌만 우뚝 서 있었다. 뿐만 아니라 저만큼 앞서 도망치던 아들과 아가씨도 보이지 않고 그 자리에 역시 바윗돌만 두 개가 우뚝 서 있을 뿐 인기척은 없었다.

아버지는 그제서야 후회하고 우뚝 솟은 바윗돌을 붙잡고 울었다. 사람들은 서방 되고 각시 되자는 두 사람의 언약에 따라 서방바위 각시바위라 부르는데 지금도 할아범 바위와 그 위쪽으로 서방바위 각시바위만 덩그마니 남아 슬픈 옛날 일을 말해 주고 있다.

제 5 부

물 위에 뜨는 달

득과 실

1983년 우리나라에서는 호주산 소를 많이 사들여 왔다.

후에 안 일이었지만 30~40만 원대에 사들여 온 소를 80~90만 원에 농민들에게 팔아 넘겼다니 정부의 부패성이 짐작가지만 그 때 당시 한우 송아지 한 마리 값이 백만 원이 넘었으니 80~90만 원대에 판매한 것도 무리는 아니었으리라.

88년도 올림픽을 앞두고 한참이나 소 값이 올라간 것은 올림픽 때 외국 손님들이 우리나라에 오면 쇠고기를 많이 먹게 되는데 그 때까지는 소 값이 내려가지 않으리라는 항간의 소문이 소 값을 올리는데 부추김이 되었던 것이다.

그 해 난 고향 모교에 근무를 하고 있었던 때였다. 그래서 고향집에서 출퇴근을 하기 때문에 여가 시간이 많았다.

슬그머니 돈에 대한 욕심도 나고 해서 소를 한 마리 사서 길러 보고 싶었다.

예로부터 우리 집에서 돼지는 잘 자라지 않았지만 소는 잘 된다고 할아버지께서 쇠고삐를 놓지 않고 길렀다. 덕분에 어린 나는 소꼴도 퍽이나 베어 날랐다.

조부님이 돌아가시고 얼마 되지 않아 부친마저 돌아가신 뒤로 쇠고삐를 놓은 지 오래 되던 터였다.

소식을 전해들은 마을 사람들은 한 등에 두 지게를 질 수 없는 일이라고 소 키우는 것을 말렸지만 난 꼭 길러 보고 싶었다.

큰 소 한 마리면 3백만 원을 호가하였으니 욕심이 생길만도 했다.

'열 마리만 키워도 광주에 집 한 채는 살 수 있겠지.'

지금부터 (83년) 두 마리만 사서 키우면 88년도 서울 올림픽 때쯤에는 열 마리가 될 것이라는 욕심이 나를 그대로 두지 않았다.

마을 사람들은 이구동성으로 말렸다.

"못 키울 것이네. 농사 돌보며 학교 근무하는 일도 벅찰텐데. 소 한 마리에 사람도 한 명씩 따르는 법이라네. 그런데 어떻게 자네가."

더러는

"돈 독이 올랐어도 크게 올랐구만." 핀잔을 주는 사람도 있었다.

그 때마다 나는 변명 아닌 변명을 늘어놓았다.

"한 번 시험 삼아 해 보려는 것이지요. 진웅이 엄마도 있고 해서요. 우리 선친 때부터 소가 잘 된 집이고 또 막상 학교 그만 두면 무엇하겠어요. 소라도 길러 보면서 농촌에서 살아야지요."

마침내 83년 2월 10일 영산포 장에서 250만 원을 주고 암수 송아지 두 마리를 사왔다.

송아지가 어찌나 반질반질 예쁘던지 같이 놀고 싶을 정도였다.

사다 놓고 나서 열흘도 못 되었는데 삼백만 원을 쥐어줄 테니 팔라는 사람도 있었다.

나는 몹시 즐거웠다.

'이제는 됐구나.'

금방 천금이라도 얻은 기분이었다.

학교근무를 마치는 대로 집에 돌아와 진웅이 엄마와 함께 손수레를 끌고 꼴을 베어 소를 먹였다.

소 우리를 아직 짓지 못하여 헛간에 두 마리 소를 넣고 찬바람이 들어가지 못하도록 비닐로 단단히 막아두고 소를 먹였다. 그런데 한 달도 못 가서 소가 잘 먹지를 않았다.

큰일 났구나 싶어 능주 동물병원을 찾아가 송아지 약을 사다 먹였다. 약값이 많이 들었지만 아깝지 않았다.

송아지가 죽기라도 하면 어찌 될 것인지 돈은 고사하고 다행이라고만 생각되었다.

어머님께서는 몸이 허약하셔서 두통이 난다고 하실 때가 잦았다.

그때마다 난 약국을 찾아가 약을 사다 드리는 일은 드물었다. 그것은 곧 나으시리라는 안일한 생각과 귀찮다는 이유도 있겠지만 또 하나 약값에 드는 돈이 아깝다는 이유도 있었을 것이다.

그런데 백오십만 원 짜리 소가 아픈데 드는 돈은 아깝지 않는 것은 어떤 뜻일까?

덕분에 소는 무럭무럭 자랐다.

소 우리도 현대식으로 잘 지었다. 수도하며 구유까지도 잘 마련되었다. 나는 출근길에 꼭 마구간을 들여다보고 출근을 하였고 퇴근 즉시 마구간으로 먼저 갔다.

등긁기로 소 등짝을 잘 긁어 주고 등뼈와 갈비뼈 사이 가죽을 잡아 당겨 문질러 맛사지를 해 주었다.

등껍데기가 붙으면 소가 잘 자라지 않기 때문에 문지르고 긁어 주고 껍질을 잡아 당겨 주어야 한다고 들었기 때문이었다.

마흔 일곱 아버지를 여의고 혼자 주무시는 어머님의 잠자리를 몇 번이나 돌아보았을까? 누기찬 방에 들어가 이불 한 번 개었는가. 삼백만 원짜리 소 등거리는 잘도 긁으면서 가려워 옥수숫대로 등짝을 긁으시는 어머님의 등거리는 몇 번이나 긁어드렸을까?

조석 출퇴근길에 소 마구간에 들어가 문안드리면서 어머님께 꼬박꼬박 아침 문안드렸던가?

소는 먹는 것도 재미있고 맛있게 먹는다. 움썩움썩 씹는 소리를 듣노라면 시간가는 줄도 모른다.

마구간 청소는 매일 한 번씩 물청소를 해 주었다. 소 엉덩이에 똥이 묻지 않도록 해야 잘 크기 때문이었다.

한 해가 거의 다 되었다. 소는 어미소가 다 되어 갔다. 우리 부부는 온 정성을 다해서 열심히 소를 키웠다.

겨울을 지난 이듬해 봄이 오던 날 소를 밖에 매놓고 자세히 관찰해 보니 피부병이 번져 있었다.

난 또 광주 백제 동물병원까지 찾아가 약을 사와서 아침 저녁으로 발라주고 문질러 주었다.

피부병도 한 달이 못되어 곧 나았다.

허기진 배를 움켜쥐고 쓰러질 듯 비틀걸음으로 밭에서 돌아오신 어머니, 순간 나는 하늘을 우러러 부끄러움을 느꼈나. 홀로 계신 어머님 외로운 나날을 보내시며 오죽이나 서운하고 서글펐을 것인가? 헤아려 드리지 못함이 송구스러울 뿐이었다.

삼백만 원짜리 소가 아프다는 데는 온밤을 지키면서까지 약을 발라주고 약을 먹이고 주사를 놓아주면서 어머님의 건강을 위해서 약 한 첩을 정성들여 사 보았는가?

송아지가 자라서 삼백만 원짜리 돈이 된다고 해서 조석문안 드리며 소등거리 긁으면서 차디차고 엉성하게 뼈만 남은 어머님의 등거리 한 번이나 긁어 드렸는가?

내 못된 심보를 알기라도 한 듯 그해 가을부터 소 값은 하락하기 시작했다.

3년을 키워 85년에는 큰 소가 3마리 작은 송아지 한 마리 모두 네 마리가 되었지만 겨우 팔아넘길 때는 이백팔십만 원.

3년 동안 우리 부부 고생한 것은 버려두고라도 사료 값을 따지자면 잃은 것이 얼마겠는가? 하지만 난 처음 말한 대로 많은 것을 배워 깨닫고 경험을 했다. 그러므로 물질의 손실은 크나 정신적 득 또한 만만치 않았으니 득과 실을 따지자면 반반이 아니겠는가.

일본기문

일본에 대한 나의 선입견은 매우 부정적이었다.

그것은 임진란과 정유란, 양대 전란과 더불어 36년간의 나라 잃은 설움을 역사 교과서를 통해 배웠고, 어른들로 하여금, 노략질을 서슴치 않고 저질렀던 왜구들에 대하여 익히 들어왔던 터였기 때문이었다. 아니, 지난날의 수치스런 역사는 접어 두고라도 그들은 지금까지도 진정한 사과는커녕 한일합방에 대한 합법화를 위한 발언이나, 독도를 약탈하고자 하는 망언, 그 뿐만 아니라 애토다가미 총무청 장관의 "식민지 통치시대에 일본은 한국에 좋은 일도 했다."는 망언 등, 작년 이후 7차에 걸친 망언과, 그때마다 개인의 사견이었다느니, 외부에 발표하지 않을 사담이었다는 등 애매보호한 변명으로 일관한 그들의 야누스적 두 얼굴에 대하여 대한민국 국민이라면 결코 우호적 관계로 받아들일 수는 없을 것이다. 이토록 나는 많은 마음에 부담을 안고 일본 연수 명단을 받게 되었다.

이번 일본 연수는 외국 나들이의 처음이자 마지막 기회일지도 모른다.

그러나 연수단에 선발되었으니 친구 따라 강남 간다는 속담처럼 따라갔다 그냥 지나쳐 온다면 무엇이 유익하리요. 차라리 가지 않은 것이 그만큼 경제적으로도 손해나 보지 않을 것 아니겠는가? 하는 생각이 지배적이었다. 그래서 이번 기회를 놓칠 수 없다는 욕심으로 나름대로 한두 가지 목적을 세웠다.

첫째가 일본에 대해서 더 배워오자는 것이었다.

"적을 알고 나를 알 때 백전백승 한다."고 하지 않았던가? 흔히들 2천년 대는 우리가 일본을 능가한다고들 말한다. 어떤 분야에 무엇을 앞지르겠다는 것인지 일본을 보고 알았을 때, 수긍할 수 있지 않겠는가.

일본은 1945년 패전 이후 철저한 공업발전으로 경제성장을 꾀하였다. 이제는 미국과 동반자 격으로 정치외교 측면에서 한국전쟁, 만주사변, 중일전쟁, 태평양전쟁으로 야기되는 전후 질서를 총 결산하고 아시아 지역에서 영향력을 발휘하여 미국 중심의 동북아 안보체제를 일본 중심으로 전환하고 있는 경제대국이자, 이제는 군사대국으로 자위대 24만6천 명, 전차 1,230대, 함정 170척, 전투기 450대 등 신예무기를 갖고 있는 일본은 이제 강압과 외세의 힘에 의해서가 아니라 달콤한 미소로 부드럽고 다정하게, 외설 비디오와 가라오케, 파친코, 외설잡지와 만화, 고도리, 생산제 기계와 함께 기술자들을 앞세우고 한국의 요청에 의해 우리들에게 다가오고 있는 저의가 무엇이며, 어디에서 그런 저력이 생겨나는지를 알아야 하지 않겠는가?

둘째, 일본의 땅에 한국의 흙을 심고 오자는 것이었다.

아들을 따라 이민을 간 할아버지 한 분이 오지항아리에 한국의 흙을 담아가지고 가서 고국이 그리울 때면 오지항아리에 손을 넣어 흙을 만져보면서 향수를 달랬다고 한다. 그래서 난 이번에 일본의 땅에 한국의 흙을 심어 놓고 오기로 한 것이다. 그리하여 난 내 고향 뒷산에 곱고 빨간 황토 흙을 10봉지에 나누어 한 줌씩 담아가지고 떠났다.

일본은 구들장을 사용하지 못하였다. 다다미, 그것은 문화의 차이도 있었겠지만 일본의 흙은 우리나라 진흙처럼 끈덕진 흙이 아니고 사토로 부슬부슬하기 때문에 구들을 놓을 수 없었던 때문이라 했다.

또한 일본의 야누스적 기질은 부드러운 듯한 흙 속에 거친 모래의 속성 때문이라 생각된다. 그러므로 그들의 거친 흙속에 우리의 끈덕진 황토를 심었을 때 우리의 황토는 일본 땅에서 새싹을 돋아 한 줌의 흙이 60배 100배의 결실을 맺게 된다면 순박하고 후덕한 터전 위에 태어난 일본인들은 한국 사람의 성정을 닮아 먼 훗날에는 오늘의 일본이 있도록 문화를 전달해 준 우리 국민에게 고마움을 갖는 외국인이 될 것이라 생각한 것이다. 너무 허무맹랑한 동화 같은 이야기라고 생각할지 모르겠지만 Rosenthal과 Jacobson이 주장한 자아 충족 예언설에 의한다면 결코 허무맹랑한 이야기만은 아닐 것이라 기대하면서…….

1. 우리나라의 情과 일본의 親切

오까야마 공항을 빠져나와 우리를 기다리고 있는 버스를 탔다.

기사님은 화물칸을 열어 놓고 우리 일행을 맞았다. 기사님은 "오하이오 고자이마스." 허리를 굽혀 인사를 잊지 않았으며, 우리들의 짐을 하나하나 받아 챙겨주었다.

일본 기사님들은 친절에 대하여 익히 들어 알았지만 실제 대하고 보니 듣는 것보다 몇 배 강도 높게 몸에 다가왔다.

특히, 히로시마 프린스호텔에서 택시 기사님의 친절은 가히 감격적이었다고나 할까? 손선생님과 쇼핑차 시내를 나가려고 8시 30분경 현관 앞에 대기 중인 택시를 타러 나갔다. 택시기사는 재빠른 동작으로 밖으로 나와 인사를 하더니 차 문을 열어주고 운전석으로 돌아갔다. 나는 황제가 된 기분이었다. 기사님은 시동을 걸고 뒤를 돌아보며 말을 하였다. 알아들을 수는 없었지만 어디로 갈 것인지 목적지를 묻는 것 같았다.

그래서 난 할 줄도 모르는 영어와 일본어를 구사하고 한자로 써서 쇼핑할만한 장소로 갈 것을 말했지만 이해하지 못하고, 기사는 택시에서 내리더니 로비로 가서 데스크맨을 데리고 왔다. 그는 우리에게 영어를 할 수 있느냐고 물었다. 잘은 할 수 없다고 전하고, 손짓, 발짓, 영어, 일어 등을 총동원하여 뜻을 알렸다. 데스크맨은 기사와 이야기를 나누더니 쇼핑시간이 지나서 갈 수 없다며 우리에게 내리라고 하며 죄송하다고 몇 번이고 머리숙여 인사를 하였다.

우리나라에서 이런 일이 있었더라면 욕설 세례를 받기에 딱 알맞은 일이었을 텐데, 오히려 기사님이 모시지 못해 죄송하다니 가히 천사적 친절이라 해도 과찬이 아닐 것이다.

이틀째 되던 날, 버스 안내양의 마지막 인사말을 잊을 수 없다. 그날 우리를 태운 버스가 길을 잘 못 들어 오던 길을 다시 가게 되었고 이로 인해 예정시간보다 30~40분 늦게 목적지에 도착했다. 안내양은 "죄송합니다. 죄송합니다. 길을 잘 몰라 죄송하게 되었습니다. 그렇지만 우리 돗도리를 잊지 말아 주셨으면 합니다." 라고 말하는 그녀의 눈에서는 눈물이 흐르고 있었다. 입으로 하는 친절일망정 가슴에 와 닿았다.

일본인의 친절은 기사님뿐만 아니었다. 식당에 들어설 때마다 전 종업원이 줄을 서서 "안녕하십니까."라고 하는 친절, 식사 중 아주머니를 찾으면 곧 "하이."하고 말 떨어지기가 무섭게 다가오는 친절.

히로시마 교육원장에게 들은 바, 일본인들은 전차 안에서 발을 밟혀도 밟힌 자가 먼저 죄송하다는 인사를 하고, 슈퍼에 가서도 손님이 찾는 물건이 없을 때는 미리 준비하지 못함을 죄송합니다 하고 인사를 한다니 나로서는 감격적일 수밖에 없었다.

허나 그들의 친절은 만남과, 일과의 인연 때문에 이루어진 극히 사무적인 친절로써 그 친절 속에 정이 있는 것은 아니라 한다. 미국의 작가 루터벤의 『국화와 칼』이라는 작품에서도 그들의 이중적 친절을 잘 말해주고 있다.

몇 년 전 일본인 학생이 우리나라 충청도 부여를 여행하던 중 허름한 가게 앞에서 비를 만나 처마에 몸을 기대고 서 있는 것을 본 가게 집주인이 일본인을 들어오도록 하여 막걸리와 안주를 따뜻하게 대접해 주었으며, 비가 그친 후 돌아갈 때에는 먹다 남은 안주와 술까지 싸주었다고 한다. 그것을 인연으로 그 학생은 일본에 돌아가서도 한국인의 정을 잊을 수가 없다고 말했다니 역시 한국인의 구수한 인정은 일본의 친절을 능가할 수 있는 세계적인 것이라 할 것이다.

2. 60년이나 뒤진 治山治水事業

우리나라도 첨단과학분야, 광통신 통신분야 등 일부에서는 일본의 기술을 앞지르고 있다고 한다. 하지만 전체적인 면에서 보면 아직도 60년이 뒤졌다고 생각된다.

고속전철면에서 본다면 일본의 신간선이 63년 개통을 본 이래 아직 사고 한 번 없었다고 한다. 우리나라 고속전철사업은 이제 계획단계에 있으니 이 분야에서만은 적어도 32년 뒤진 셈이다. 실로 고속전철은 우리나라 국토가 좁고 작아서 고속도로 만으로도 전국이 일일생활권이 되기 때문에 하지 않았을 뿐이라고 자위해 보지만 치산치수 사업면에서는 그렇게 생각할 겨를 없이 60년이 뒤졌다고 보아야 할 것이다. 돗도리, 오까야마, 히로시마현의 일부를 보았기 때문에 전부는 아니라고 할 지 모르겠으나 그들의 산은 온통 아름드리 삼나무와 스기나무로 꽉 차있었다.

어느 한 치의 땅도 비어있지 않은 산과 들, 지나가는 하천마다 수질표시가 되어 (1급수, 2급수)있어 그들의 깨끗한 자연을 말해주고 있었다.

일 년이면 차량이 한 번이나 들어갈까 말까 하는 깊은 산골짜기까지 도로가 포장되어 있었으며, 산골짜기 막장엔 예외 없이 차를 마음대로 돌릴 수 있도록 길을 잘 닦아놓은 것은 훗날 벌목할 때를 대비해 놓았음을 알 수 있었다.

산골마다 계곡 골짜기는 양 옆으로 축대를 잘 쌓아 좁은 공간으로도 물이 원만하게 흐를 수 있게 되었으며, 언덕 공간 한 치의 땅도 비어있지 않았다. 가파른 산중턱을 가로 지르고 고속도로를 달리노라면 마치 알프스산맥을 달리는 기분이었다.

지금 보고 있는 삼나무, 스기나무는 50~60년을 넘어야 벌목 할 수 있지만 아껴두고 외국에서 나무를 사다 쓴다고 한다.

우리나라가 산림녹화를 위해 수종을 갱신한다고 했으니 50~60년이 뒤진 셈이 될 것이다. 한때 65~66년에 우리나라도 벌거숭이산에 사방사업이라고 해서 조림을 하였다. 싸리나무, 아카시아, 리기다소나무가 주 수종을 이루었다. 지금에 와서 생각해 보니 그때 아카시아나 리기다소나무는 일본에서 경제성이 없는 수종이었기에 우리나라로 보내진 것이 아니었더냐고 위정자들에게 묻고 싶었다.

3. 지역 주민과 함께하는 여행문화

학교탐방, 연수라는 명목으로 떠난 관광여행을 한다니 아침부터 부담이 없고 홀가분하였다. 지금까지 시골길도 달리고 시내길도 달렸지만 250만이 된다는 히로시마 시내길은 한산하였다. 군데군데 자전거 주차시설, 그리고 잘 조화된 주차장을 구경할 수 있었다. 인구 150만 밖에 되지 않는 광주 시내와도 대조적이었다.

그런데 오늘은 웬걸. 수없이 쏟아져 나온 인파, 그리고 차량의 행렬, 시내를 빠져 나올 때는 다소 정체현상도 있었지만 심하지는 않았다. 우리가 찾아간 곳은 미야지와 공원이었다. 이 공원은 마치 우리나라 마산 앞 돋섬을 연상하면 될 듯하다. 다소 다르다면 방목된 꽃사슴이 관광객들과 같이 걷고 있었다는 것이 우리나라에서는 볼 수 없는 광경이라 하겠다.

모처럼의 관광지를 찾았지만 짜여진 일정 때문에 장시간 관광하지 못한 아쉬움이 있어 다시 찾고 싶은 심정이었다.

이곳 관광지에 모인 차들은 대부분 가족이 함께 하고 있다는 것이 우리의 여행 문화와는 좀 다르다 할 것이다. 우리들의 여행은 마을별 계모임, 부부 또는 단체모임 아니면 학교 수학여행단을 들 수 있을 것이다. 우리나라 여행 풍속도를 그린다면 먹고, 마시고, 춤추고, 흔들고…, 그러나 이곳에서 보는 관광은 그런 일은 전혀 볼 수 없었다. 「山町 APT 주민단」「三高小學校 APT 주민단」「松田 주민단」 등 학교와 공민관, APT와 맨션 주민들이 자녀와 함께 온 가족이 하는 관광이라는 것을 알 수 있었다. 그들은 여행 도중 자녀들에게 사회생활의 면모를 배우도록 가르치는 내실 있는 교육을 우리도 배워야 할 것이다.

우리나라에서는 일요일엔 시내가 한산하다. 그것은 휴일을 맞아 교회, 아니면 시외여행으로 그렇다. 그런데 일본은 전혀 다르다.

일본사람은 6일 동안 철저히 일터에서 일하고 일요일은 시내에서 쇼핑을 하고, 더러는 가족과 아니면 동리 주민들과 함께 여행을 한다고 한다.

그래서 오늘은 히로시마 시내가 온통 사람들로 가득 찼다. 노약자들은 별로 볼 수 없었다. 일본인들은 노동을 신성하게 여겨 놀고 먹는 자들은 국가에 대하여 죄를 지은 것이라고 수치스럽게 여긴다고 하였다. 그래서 활동할 수만 있으면 누구나 톨게이트, 공장, 공원 등지에서 일하고 있었다.

일본에서도 2천년대 가장 문제로 부각되고 있는 것이 노년층의 증가를 들고 있다. 의료혜택으로 수명이 길어지면서 경로 · 양로원이 부족하다고 한다. 구로세 고등학교에서는 복지과를 두고 이곳에서 3년의 학교를 마치면 양로원, 고아원, 사회복지관 등에서 간병의 일을 맡아 소외된 노인들을 보살피는 복지과가 있었다. 노인복지 문제에 있어서도 시설(병약자 욕조기)등은 아직 상상도 못하던 것으로 벌써 개발된 것을 보고 일본의 복지제도의 진면모를 보는 느낌었다.

작은 통일 모아 큰 통일 이루고자

제2회 삼일포 벼베기 신청을 하고, 어린애들이 추석을 손꼽아 기다리듯 20여일을 기다렸다.

2006년 9월 28일, 드디어 북한을 향해 새벽 5시부터 서둘렀다.

일찍이 큰 사람 큰 뜻이 있어 위대한 일 이루어 놓고 오늘의 영광된 모습 보지 못하고 높은 곳으로 가셨으나 그분의 은덕으로 나 오늘 여기 삼일포 농장에 들어와 벼를 베게 되었다. 누가 뭐라 해도 오늘 하루만큼은 남쪽의 村老 영기와 북쪽의 젊은 리성민 협동농장 분조원들과 한 논배미에서 다리를 걷어 올려 흰살을 드러내놓고 벼를 베었다. 55년의 긴 세월 동안 나누지 못했던 이야기를 모두 털어 놓기에는 너무 짧은 시간이었지만 우리들은 얼굴에 튀어 박힌 흙탕물을 보며 함께 웃으며 벼를 베었다.

삼일포 농장은 우리 화순들과는 달리 물빠짐이 좋지 않은 수렁논으로 발목까지 빠지는 무논이었기 때문에 벼를 베어 곧바로 볏단을 묶어 세워야 했다. 나는 김성인 회장님과 리성민 분조원과 한 팀을 이루어 볏단을 묶기로 하고 그들 뒤에서 맥기를 틀어 볏단을 묶어세우기도 하고 바로 곁에 베어오는 심홍섭 회원이 힘들어 뒤처지면 다시 그를 도와 벼를 베기도 하였다.

김회장님과 리성민 분조원은 가정의 야야기, 평화통일의 이야기까지 서로 묻고 답하며 오순도순 베어 나갔다. 내 뒤로는 고만고만한 볏단들이 보기 좋게 줄을 서서 따라오고 있었다.

조금 남은 벼이삭 위로 메뚜기들이 후두둑 뛰며 날았다. 더러는 짝짓기를 하는 메뚜기들이 깜짝 놀라 도망을 쳤다. 60년대 화순들에서 보던 메뚜기 떼를 보는 것 같아 반가웠다. 무공해 무농약으로 벼를 재배한 알찬 결실을 보니 자꾸만 옛날이 그리웠다.

돌아보니 다른 회원들의 뒤로는 벼를 베어 그대로 눕혀놓았는가 하면 벼 열 마저 가지런하지 못하고 이쪽저쪽 흩어져 있을 뿐만 아니라 더러는 묶은 볏단이 쓰러지기도 하였다.

어려서부터 농사일을 해보지 않은 회원들에게 아버지들처럼 가지런히 정돈된 벼베기를 바라는 것은 무리일지도 모른다. 그렇기에 벼베기를 시작하기 전 채제천 교수님은 이렇게 말씀하셨다.

"여러분들이 일손을 돕고자 오셨지만 차라리 벼를 베지 않는 것이 도와주는 일입니다." 정말 그럴 수도 있겠다. 저리도 무질서하게 일을 해 놓는다면 돕는 게 아니라 방해가 될 것이다. 부끄러운 것은 그것 뿐만 아니었다. 우리들의 논은 모두 다 베었다고는 하지만 볏단을 묶지도 않았고 이웃 논에서는 아직 벼를 다 베지도 못했는데 우리들은 한두 사람씩 무논을 빠져 나가 벌써 손과 발을 씻는 회원들, 코스모스 논둑길에서 사진을 찍는 회원, 나시막한 동산 기슭에 삼삼오오 서서 이야기를 하는 회원 등 각자 각각 행동이었다. 오직 무논에 남아서 열심히 볏단을 묶고 있는 사람들은 7~8명의 협동농장 분조장들 뿐이었다. 그들은 빨리 일을 마치려는 의욕은 없었지만 그렇다고 게으름을 피우거나 논둑에 서있는 우리들을 쳐다보는 이도 없이 그저 소처럼 묵묵히 아직 묶지 않는 벼들을 묶고 있었다. 그들은 우리들에게 뭐라 말하고 있을까? 우리들이 조금만 더 체계있게 3인 일조로 조직하여 벼를 베지 못한 회원은 뒤에서 묶어 볏단을 세우며 일했더라면 저들에게 흡족한 모습을 보여주지 않았을까?

아마 그들은 저렇게 일하고도 잘 먹고 사는 게 신통하다고 비웃으며, 역시 당신들에게 아직도 다가설 수 없는 괴리가 있다고 생각하지 않을까?

이런 저런 생각을 하며 나도 흙탕물에 손발을 씻고 간이 화장실에 들렀다가 나와 보니 벌써 분조장들은 보이지 않고 묶다만 벼들만 몇 깍지 남아 있었다.

식사하라는 말에 나지막한 산기슭으로 돌아갔다. 벌써 분조원들은 배식준비에 바빴다. 하얀 쌀밥도시락, 삼일포에서 무기농으로 가꾸었다는 채소, 특식으로 나온 팥가루를 둘금둘금 놓은 시루떡과 두 홉들이 금강산 옥수수 막걸리, 특히 내 입맛에 꼭 맞는 풋풋한 향과 맛을 겸비한 배추김치 등 반찬이 풍성했다.

2시간 정도 벼를 베어, 오늘 베어야 할 논을 모두 베었다. 다리와 얼굴에 흙이 튀어 박히고 이마에 송글송글 땀이 맺히고 옷은 온통 흙투성이가 되었으나 마음은 즐거웠다.

내가 벤 벼들이 도정되어 북한 주민들이 먹게 된다는 기쁨도 있거니와 누가 뭐라 해도 오늘 하루만이라도 남과 북이 한 논에서 벼를 베고 한솥밥을 먹으며 함께 웃을 수 있음이 작은 통일이 아니겠는가?

벼를 베는 거야 조금 서툴러도 일하는 거야 조금은 모자라도 우리의 궁극적인 목적은 바로 이런 모습이 아닐까?

아직도 잠자고 있는 삼일포 넓은 땅, 저토록 넓은 들판에 화순들에 일렁이는 황금물결이 이곳 삼일포 들녘에도 빛나도록 가꾸어야 할 것이다. 저토록 버려진 넓은 들판에 반짝이는 원예하우스를 지어 탐스런 파프리카와 토마토가 주렁주렁 열리도록 가꾸어야 할 것이다.

그래서 화순들엔 북녘의 가족들이 모내기를 하고 벼를 베는 일을 돕고 이곳 삼일포 들녘엔 남한의 가족들이 외가댁을 찾아간 듯 친정집에 온 듯 반갑게 오가며 협동하게 된다면 이게 바로 우리가 바라는 통일이 아닐까?

김대중 전 대통령의 3단계 통일 방안도, 김정일 국방위원장의 고려 연방제 통일 방안도 국가적 체제에 따른 무겁고 튼튼한 철벽이 가로놓여 있어 우리들이 다가가기엔 너무 멀다.

오직 삼일포 벼베기를 통하여 너와 내가 하나 되는 작은 통일을 이루고 또 가정과 가정이 오가는 작은 통일들을 모아모아 큰 통일로 다가갈 수 있을 것이라고 확신한다.

지금은 고인이 되어 하늘에서 내려다보시는 큰 뜻을 가진 그분의 바람과 소원이 바로 이런 생각이었으리라 생각하니 나도 모르게 가슴 뿌듯함을 금할 수 없었다.

자존심과 얼굴

이 세상에 나와 똑 같이 생긴 사람은 없다. 물론 쌍둥이는 있으나 쌍둥이도 서로 닮았을 뿐 자세히 보면 각기 다르다. 그 사람을 대표하는 것은 얼굴이다. 얼굴에는 눈도 있고 코도 있고 입도 귀도 있지만 얼굴 하면 이름이 떠오르고 이름 하면 그 사람 얼굴이 떠오른다. 그래서 그 사람과 얼굴은 똑 같은 의미다.

사람은 얼굴이 예쁘다 밉다가 아니라 그 사람이 어떤 사람인가가 더 중요한 것이다. 그런데도 요즘 사람들은 예쁘게 보이려고 화장도 하고 성형 수술도 하지만 어떤 사람이 될까를 위해서 노력하는 사람은 흔하지 않다. 사람은 손바닥만한 얼굴 가지고 세상을 살아간다. 그래서 이름만 대도 얼굴이 떠오르고, 그 사람의 됨됨이를 상상하게 된다. 그러므로 얼굴은 나(자기)를 알리는 잣대라 할 수 있다.

사람의 얼굴은 어려서부터 성장하고 늙어지기까지 조금씩은 변하지만 크게 변하지 않는다. 오직 그 사람의 됨됨이에 따라 초라하게 위엄 있게 선하고 아름답게 교활하게 나타나기도 한다. 고운 얼굴, 예쁜 얼굴 어떤 얼굴일까? 얼굴 모양 생김새가 아니라 착한 일, 장한 일로 남의 칭찬을 받은 얼굴이라고 생각한다. 그래서 예로부터 어릴 적 잘 낳고 못난 얼굴은 부모님에게 있고, 어른이 되어서는 자기의 외모는 자신에게 책임이 있다. 얼굴이 세상에 알려지면 다른 사람에게 그 사람은 그런 사람이다라는 평가가 끝나버려 아무리 아니라고 해도 남이 믿어주질 않는 경우가 많다.

나를 낳아준 부모님과 가족 친척 나를 알고 있는 동네 사람들 학교 친구들 학년이 올라갈수록 자기 얼굴을 아는 사람 수가 늘어난다. 이 세상에서 내 얼굴을 아는 사람 수를 한 번 헤아려 보면 몇 명이나 될까? 그 사람들은 나를 어떤 사람으로 보고(평가) 있을까?

앞에서도 말했지만 얼굴은 자기를 나타내기 때문에 남에게 좋은 모습으로 비춰져야 합니다. 달리 표현하자면 성장하면서 자기 얼굴은 자신의 행동과 마음가짐에 따라 달라진다는 것이다. 속담에 '내 것을 주어도 고운 놈 있고 제 것을 가져와도 미운 놈 있다.'는 말이 있다.

세상은 혼자 살 수 없다. 남과 더불어 살아간다. 가정이란 울타리 안에서 우리 가정이 화목하고 건강하게 가정을 꾸려가고 있다. 가족 중에 누구 한 사람이 건강이 안 좋거나 교통사고 등으로 병원 생활을 하거나, 무슨 사고를 쳐서 경찰에 불려다닌다면 온 가족은 함께 고통을 받게 된다.

가족 한 사람 한 사람이 가족 구성원으로서 그 역할이 매우 중요하다. 또한 학교라는 울타리 안에서 학년 학급 들이 모여 학교생활을 하고 사회라는 울타리 안에서 이웃들이 모여 생활한 나를 알고 있는 사람은 나를 어떻게 보고 어떤 사람이라고 할까?

학급에서도 마찬가지이다. 학급 구성원들이 다 잘하고 있는데 한 두 명의 어린이가 잘못 행동했을 때 학급 구성원 모두에게 나쁜 인상을 주게 된다. 학교도 마찬가지이다. 다들 잘하고 있는데 몇 개 학급이 잘못하면 학교 전체에 피해를 준다. 이 사회는 공동체로서 사회를 구성하고 있는 한 사람 한 사람이 자기 위치에서 자기 할 일을 잘 하고 있을 때 좋은 사회를 만들 수 있다. 나 하나쯤이야 하는 가벼운 생각을 해선 안 된다는 것이다.

자존심을 지켜 나가자. 자기 얼굴에 침 뱉는다는 말처럼 자기 모습은 자기가 가꾸고 지켜야지 남이 해 주질 않는다. 이걸 지키는 일은 자존심 뿐이다. 남이 자기를 만만하게 보지 않도록 자기 몸 마음가짐을 올바로 세워 잘 해야 자존심을 지킬 수 있다.

천관산 가는 길

1. 금수굴

출근시간보다 조금 늦은 시간에 핸들을 잡았다 그러나 같은 운행이라도 출근과는 다르게 마음은 상쾌하고 핸들은 가벼웠다. 그도 그럴 것이 자다가도 깜짝 일어날 만한 산행이었기 때문이다.

오륙 년 전 완도 금일초등학교에 근무하였던 터라 일주일이면 거의 두 번은 장흥읍을 지나 관산, 대덕을 거쳐 회진까지 다녔다 그러나 천관산을 오르지는 못하고 바라만 보고 다녔는데 오늘에야 천관산을 찾게 되었다.

관산면 소재지에서 방촌고개를 지나 우회전하여 좁다란 농로를 따라 오르다보니 관광농원이 나타났다. 우리가 늦은 시간을 택해서인지 농원 주차장에 승용차들이 가득 차서 주차할 곳이 없었다. 위를 보니 또 다른 농원에 한두 대 주차할 만한 곳이 있어 차를 몰고 올라가서 겨우 주차를 하였다.

농장이라기보다 산행을 하는 관광객에게 음료수나 간단한 식사를 파는 식당이라 해야 어울릴 곳이다.

주차를 하고 나오며 누구에게 주차증을 받고 주차료를 주어야 할지 몰라 두리번거리며 머뭇거리고 있는데도 누가 나서서 달라는 사람이 없다.

서둘러 산행을 준비하고 있을 때 분주하게 안채와 행랑채를 오가던 주인 아주머니가 다가와

"여기 주차하시려오?" 하고 물어왔다.

"예, 주차 요금이 얼마요?" 하고 되물었다.

"주차료는 안 받고요, 내려오시는 길에 음료수라도 한 잔 갈아주시라고 말씀드립니다."

'이런 고마운 마음이' 역시 전라도의 훈훈한 인심이 몸속까지 파고들었다. 요즘은 산 계곡만 찾아가도 지방자치제에 따른 관광 수입을 올리려고 턱없이 비싸게 주차료다 오물 수거료다 해서 이천 원씩을 받는데, 이곳 관산 사람의 후덕한 인심이 전라도의 인심을 대변하는 것 같아 나를 감동케 하여 등산길의 첫걸음을 가볍게 해주었다.

등산로는 3코스가 있는데 그중 우리 일행은 장천재 체육공원에서 직진하여 2코스를 따라 올라갔다가 1코스로 내려오기로 하고 산행을 하였다. 그러니까 좌우 각 코스를 끼고 가운데 있는 등산로를 따라 30여분을 올랐다 그런데 이게 웬일인가, 우리 일행이 오르는 길은 이상하게도 상봉을 우측으로 하고 자꾸 왼쪽으로 오르고 있었다. 뭔가 잘

못되어도 한참 잘못되었구나 싶어 상봉 쪽을 바라보니 계곡과 계곡사이가 너무 깊었다.

진퇴양난이다 한참을 망설이고 있는데

"등산로가 있으니 따라 오르다 보면 어디론가 이어지겠지요? 올라가 봅시다." 망설이던 나에게 유선생님이 길을 재촉한다.

나 역시 현재의 위치에서 오르는 길밖에는 별도리가 없다고 판단하고, 보이지 않는 상봉을 찾아 바위기둥을 부둥켜안고 능선으로 기어올랐다.

한참을 오르다 보니 금수봉의 웅장한 자태가 눈앞에 다가왔다. 우리 일행은 저마다 감탄을 아끼지 않았다 금수봉은 30여m의 바위기둥으로 이루어졌는데 중간부분에 금수굴이 있다

'금수굴? 산짐승이 살았던 굴일까?' 높지 않는 사다리를 타고 올라가 금수굴을 보는 순간 놀라지 않을 수 없다. 그것은 굴이 웅장해서도 아니요, 어느 천년동굴처럼 길다란 석순이 쭉쭉 자라나서도 아니다. 한눈에 보이는 것은 바위절벽에 분명 여성의 성기가 그대로 조각되어 있었기 때문이다. 남성이라면 누구나 흠뻑 빠져들만큼 매혹적인 굴이 아닌가? 더구나 어찌 바위절벽에 뚫린 굴에 흥건히 물까지 고여 있을까? 청색의 물은 많아서 흘러내린 흔적도 없고 줄어진 흔적도 없는 것으로 보아 언제나 그대로 이란 것을 짐작할 수 있다. 그럼으로 고인 물은 빗물에 고인 것도 아니고 이슬에 의하여 고인 것도 아니다 그렇다면 오직 아름다운 여인의 향기로운 체액이라고 할 수밖에 없지 않는가?

동쪽을 향한 2.5m 정도의 금수굴은 아침 해가 떠오를 때면 그 물빛이 진한 황금색으로 멀리 보성 고흥반도까지 비춰 뭇 남성들의 마음을 유혹할 만큼 신비함을 더해주었다니, 더욱 놀란 것은 내려오는 길에 보아서 알게 된 것이지만 금수굴 맞은편 능선에 20여척 높이의 양근암이 불쑥 솟아 하늘을 찌를 듯 금수굴을 향하고 있으니 아마도 양

근암을 무너뜨려 버린다면 금수굴에 고여 있는 물도 잦아져 버릴 것이며 금수굴의 물이 마르게 되는 날 양근암도 쓰러지지 않는다고 누가 감히 말하겠는가?

일찍이 동의보감의 저술자는 우리의 인체를 우주자연의 축소로 간파하였다. 하늘이 둥글 듯이 우리 머리가 둥글고 태양계 9개의 행성과 인체의 9공에 비교하였고 밀물과 썰물로 바다가 살 수 있는 것과 같이 우리 인체는 들숨과 날숨으로 살 수 있으며 비와 눈이 내리듯 인체에는 땀과 눈물이 있다. 그뿐만 아니라 지표의 초목과 표피의 모발에, 지하의 암석과 피부 밑에 뼈를 연결시켰고 수맥과 체내의 핏줄을 같은 맥락으로 여겼으며 12개월과 12경 24절기와 24경락 365일과 365혈의 침 자리를 연결하여 침과 뜸으로 인체를 다스린다고 한다.

나는 오늘 금수굴과 양근암까지도 자연과 인체가 연결된다는 오묘한 진리 앞에 머리를 숙일 수밖에 없었다.

2. 천관산

숨을 헉헉거리며 바위 난간을 기어오르는데 누군가가 나를 붙잡고 쉬어 가자고 조른다. 뒤돌아보니 꺾이고 할퀴어 지지리도 못난 도토리나무 가지가 들고 간 사진기의 끈을 잡고 힘든 발길을 붙잡아 쉬어 가라 이른다. 긴 숨을 내쉬며 잠깐 쉬었다가 한 시간 남짓 올라갔다. 처음의 우려와는 달리 주봉을 이룬 723m 연대봉과 노승봉, 관음봉 사이의 부드러운 능선은 넓은 어머니의 품 같은 넉넉함으로 우리를 맞이한다.

동서남북으로 쭉쭉 뻗어 내린 능선마다 우뚝우뚝 솟은 기암괴석의 강인함과 부드러움이 조화를 이룬 연대봉과 관음봉사이는 무등산 중봉 갈대밭처럼 전혀 나무가 없고 오만여 평에 갈대가 바람에 소곤거리고 있을 뿐이다.

우리는 먼저 환희대쪽으로 난 갈대밭 길을 따라 걸었다 많은 등산객들의 원색 옷차림과 흰 갈대꽃이 잘 어울려 한 폭의 서양화를 그려 놓았다.

천관산은 처음 불설에 의해 우두산이라 불렸는데 관세음보살이 돌배(石船)에 수 만 권의 불경을 싣고 대덕선착장까지 옮겨와 그곳에서부터 흰 소에 실어 대장봉 아래까지 옮겼다하여 우두산이라 불렸고, 그 후 불두산, 지제산이라도 불렸다. 이는 산의 형상이 하늘을 괴고 있는 진신사리탑 모양과 같다고 하여 지제산이라 불렀으나 그 후 많은 등산객들이 왕래하면서부터 주봉을 이룬 동북쪽의 관음봉이 천자가 쓰고 있는 면류관처럼 생긴대서 천관산이라 유래된 듯하다.

천관산은 그 장엄한 자태가 무등을 닮았고 기암괴석은 월출산을 닮았는데 산 정상은 전혀 나무가 없는 민둥산이다. 언뜻 보아 남해바다의 커다란 문어가 용왕님의 심부름으로 바닷가에 나왔다가 바다로 돌아가지 못하고 산이 되어 정상은 나무가 없고 여덟 개의 다리에 빨판처럼 붙은 흡입판은 기암괴석이 되었다고 하면 타당할 것인가.

천관보살이 내려와 몇 백 년을 살다가 간 곳이라고 하니 일리가 있는 듯하다. 그것은 천관보살이 할 일 없이 내려오지는 않았으리라. 난 천관보살에 대하여 이런저런 생각을 하며 산을 올랐다.

천관산의 주능선에 아육왕이 살고 있었다. 아육왕비는 7왕자와 1공주를 낳았다. 이때 하늘의 천관보살이 아육왕비의 출산을 돕기 위해 내려와 8남매를 곱게 길러 큰아들은 연대봉에서 뻗어 내린 능선에 둘째 공주는 동쪽으로 뻗어 내린 능선 곧 금수봉으로 셋째는 북으로 넷째는 남으로 각각 이주시켜 놓고 마지막 막내는 바로 아육왕의 발치에 옮겨 놓았다. 이를 뒷받침 해주는 것은 천관보살이 8남매를 이주시키느라 힘이 들고 지칠 때 편히 쉴 수 있는 고인돌만큼 커다란 쉼터바위를 능선마다 군데군데 만들어 놓았으니 천관산을 찾는 등산객들은 편안한 자리를 찾을 것도 없이 산길을 가다가 곧 바로 쉼터바위에 걸터앉아 쉬었다 가도록 편리하기도 하였다.

그 후 아육왕은 손자를 보게 되었는데 8남매가 각각 90자매를 낳았으니 천관산에는 720봉의 크고 작은 바위들이 능선마다 장관을 이루고 있는 것이다.

오후 4시가 되자 갑자기 하늬바람이 불었다. 어느 쪽에서 어느 쪽으로 부는지 모를 만큼 세차게 불어왔다. 나무가 서 있더라도 이 바람에 견뎌내지 못하고 뽑히고 쓰러질 수밖에 없을 만큼 무서운 바람이었다. 그래서 천관산은 한때 하늘에서 부는 바람이 강하고 세다하여 천풍산이라고도 불리었다.

아무튼 우리 일행은 세찬 바람을 가슴으로 받으며 마지막 남은 샌머리카락이 뽑혀 날리는 갈대밭 사이로 가르마처럼 나있는 길을 따라 감로천을 찾아 걷노라면, 내 나이도 잊어버리게 된다. 뿐만 아니라 나의 직위도 위치도 모두 잊어버리고 마냥 청순했던 어린 시절로만 돌아가게 된다.

그래서 나는 매에 쫓기다 급해진 꿩처럼 머리만 갈대숲에 처박고 엉덩이만 내놓기도 하고 할머니 손을 놓고 잔디밭에 뒹굴듯이 갈대밭에 몸을 맡기고 뒹굴다 보니 어느새 나 또한 한 줄기의 갈대가 되고 만다.

우리들은 어머니 앙가슴 같은 골에서 흘러나는 감로천 맑은 물로 목을 축이고 연대봉으로 바쁜 걸음을 하였다. 바람이 어찌나 세던지 몸을 지탱할 수 없어 연대봉의 설명서도 다 읽지 못했다.

연대봉의 높이가 723m인데 이곳에서는 북쪽으로 문장대, 남쪽으로 한라산까지 볼 수 있다고 하나 희뿌연 겨울날씨와 바람 때문에 관망할 수가 없어 아쉬움을 뒤로하고 제1코스를 택해서 내려왔다. 내려오는 길에 할미봉, 일명 정원석과 우뚝 솟은 양근암을 쳐다보면서 하산을 서둘렀다.

천관산을 하루일정으로 다 둘러보고 알아본다는 것은 무리일 것 같다. 부부봉이나 천관사 등을 다 둘러보지 못한 아쉬움이 자꾸 뒤를 돌아보게 하였다.

따뜻한 커피 향이 천관산 갈대밭 사이로 배어드는 관광농원에서 찻잔을 마주하고 잠시 쉬었다가 땅거미가 내릴 때서야 자리를 떴다.

이서 적벽을 찾아서

오늘 산행은 쉬엄쉬엄 올라갔다가 내려오는 길에 관솔 끌텅도 채취할 수 있는 백아산으로 정하고 가던 중, 화순에 살면서도 이서에 있는 적벽산을 오르지 못하였기에 이번 기회에 적벽산으로 올라가 적벽도 내려다보고 창랑천도 내려다보고 옹성산까지 돌아볼 수 있는 기회라 생각하고 핸들을 북면 쪽으로 돌렸다.

동복을 지나 북면으로 가는 도로에서 안성리 2구 조그마한 마을을 쳐다보며 시멘트 포장한 좁은 마을길을 따라 왼쪽으로 들었다.

마을 전경이 언듯 보아 지리산 피아골 골짜기 운천마을처럼 산기슭 이곳저곳에 띄엄띄엄 자리하고 있었다.

첫 집을 지나쳐 가려는데 빨랫줄에 두어 발쯤 됨직한 삼이 널려 있었다. 원래 삼베는 삼을 베어 물에 불렸다가 삶아 내고 다시 물에 담가 놓았다가 건져내서 껍질을 벗기고, 벗긴 껍질을 말렸다가 다시 물에 불려 도패질 하고 또 말리고 또 물에 불렸다가 째고, 삼아서 시루에 다시 삶아 똥을 벗겨내고 이렇게 열두 번 목욕을 시켜야 삼베가 된다고 하였다.

그래서 물과 가까운 여름 한철 하는 길쌈인데 겨울철에 널려 있어 의아스러웠으나 내 어린 시절로 돌아와 베를 매는 어머니 모습을 보는 듯 흐뭇하고 다정했다.

두어 집 지나도 뜰마다 삼들이 치렁치렁 널려 있는 것을 볼 수 있었다.

돌담 가까이 서 있는 중년아저씨를 보고 우리는 차를 세우고 집 안으로 들어섰다. 그 집 역시 길다란 삼이 치렁치렁 걸려 있는 것으로 보아 동복 삼베촌으로 지정된 삼베길쌈 마을인 듯싶었다. 나는 인사를 드리고 공손히 물었다.

"이 길을 따라 오르면 적벽에 다다를 수 있나요?"

"예, 차는 이 위에 조금 올라가서 세워 두고 밭길을 따라 오르면 능선으로 올라가는 길이 나올 것이오. 그 길만 쭉 따라 가면 한산사가 나와요."

우리는 고맙다는 인사를 하고 나왔다.

마을은 산비탈 언덕을 깎아내고 닦아 오두막집을 짓고 사는 몇 채 되지 않지만 삼백 년이 넘는 전통 깊은 마을이며 지금은 십여 호가 사는데 집집마다 대학을 못 보내는 집이 없고, 옛날엔 면장이 이 마을에서 나왔고 지금은 사무관이 둘이나 있다고 들었다.

뿐만 아니라 집집마다 길쌈을 하는데 삼베 한 필이면 40~50만 원 정도는 받을 수 있으니까 고생스러워도 온 마을 사람들이 품앗이를 하고 길쌈을 해서 짭짤한 재미를 보고 있다고 귀뜸을 해주었다.

아직도 서양 문화에 때 묻지 않은 촌로들의 말을 들으며 마을 골목길을 따라 돌담을 끼고 오르다 보니 이조분청사기 깨진 피편이 돌담 틈에 끼여 있었다.

"최계장, 고려청자라도 한 점 있나 잘 살펴봐. 있을 듯 하잖어."

때 묻고 세파에 찌들어버린 내 마음을 보이는 것 같아 조금은 부끄러웠지만 그만큼 안성리 2구 마을은 역사를 거꾸로 돌려놓은 조선 말엽의 풍경을 보는 듯 고풍스러웠다. 몇 마디 주고받으며 마을을 벗어나 밭둑길을 따라 오를 때 소나무 장작을 지게에 지고 내려오는 일흔이 다 되어 보이는 촌로를 만났다.

'저 나이에 어디서 저런 힘이 솟을까?' 존경스러운 (?) 마음으로

"수고가 많으십니다." 인사를 하였더니 노인은 나무 지게를 내려 작대기로 바쳐 놓고 큰 숨을 몰아쉬며

"어디서들 오신 손님이시오?"

"광주에서 왔는데 본디는 화순 도곡이 고향입니다."라고 대답했더니 고개를 끄덕이며 다시 지게를 짊어지려고 등태에 등을 대며 작대기를 짚고 일어서려 하였다.

"이쪽으로 오르면 한산사와 적벽 정상으로 갈 수 있다기에 오르는 길입니다만 맞는지요?"

노인은 다시 지게를 받쳐 놓고 길을 자세히 가르쳐줄 요량으로 산등성이를 가리키며 안내해 주었다.

"장작은 땔감으로 사용하시려오?" 다시 물었다.

"암요, 쇠죽솥에는 뭐니뭐니해도 소나무 장작만한 것이 없죠, 한 부삭 모아 두면 푸글푸글 쇠죽이 삶아지고 그렇게 잘 익은 쇠죽을 먹여야 소 등거리가 윤이 나고 내년 봄갈이를 잘 하게 되지요. 그뿐인가요,

따끈따끈한 사랑채 구들장에 등거리 지지는 재미는 요즘 황토찜질방이나 맥반석찜질방은 뺨칠 걸요, 내려오시는 길에 들려보셔요. 동치미 국물에 따끈한 고구마는 있을 거요."

아무리 세상 인심이 막되어 간다고 해도 이곳 인심은 변하지 않고 신토불이 그대로다 화순의 인심이 후덕하다는 이야기는 어릴 적부터 들어 익히 아는 바 있었지만 오늘은 몸에 와 닿는 체험에 과연 내 고향은 우리나라에서 인심이 제일 좋은 고장이로구나 생각을 하니 가슴 뿌듯하였다.

날씨가 맑지 못 하더니 빗방울이 떨어졌다.

"어떡하지?" 내가 묻자 최계장이 대답했다.

"겨울비가 얼마나 내리겠오. 여기까지 왔으니 강행합시다."

우리는 산목재에서 떨어져 쌓인 상수리나무 낙엽에 앉아 준비해 가지고 간 보온병에서 커피를 따랐다.

겨울비가 사박사박 낙엽을 밟고 가까이 다가와 속삭인다.

지난 여름은 참으로 두려웠오. 보시오, 저토록 아름드리 소나무를 무너뜨려 놓고 올가(태풍)는 지나갔오. 낙엽이 젖어와 쓰러진 소나무 등걸에 걸터앉아 따뜻한 커피잔을 받아 드니 향큼한 커피 향이 가슴속까지 파고든다.

우리는 잔비를 맞으며 다시 걸었다. 붓끝처럼 뾰족하게 솟은 적벽산 상봉을 오른 편에 두고 한산사를 찾아 창랑천을 내려다보며 능선을 따라 내려갔다. 창랑천 너머로 우뚝 솟은 무등산이 코앞에 다가와 섰다. 하지만 우리는 산길을 잃고 잡목과 떨기나무가 우거진 비탈길을 따라 내려갔다.

노간주나무가 앞길을 막아서서 아무리 급해도 돌아가라 가르치고, 맹감나무 가시가 바짓가랑이 붙잡고 이제는 그 못된 성질 죽이고 괴로운 일도 못 마땅한 일도 한 번쯤은 너그럽게 감싸 안고 살라 일러주고, 휘어진 소나무 가지가 알량한 자존심 버리고 고개도 숙이며 살라고 가르친다.

나는 자연이 가르치는 대로 고개를 숙이기도 하고, 알량한 자존심도 버리고 허리도 굽히고 몸을 움추려 소나무 밑으로 기기도 하고 잡목을 헤쳐가며 능선을 따라 얼마쯤 내려가는데 잘 닦여진 등산로가 다시 나타났다. 이 산중에 웬 길이야, 길을 따라 우측을 바라보니 산사 한 채가 보였다

'오 저곳이 한산사로 구나' 하지만 곧 아니라는 것을 직감하였다.

한산사는 고려 중기 때 지은 절이라고 전했으나 지금은 소실되고 절터에 도지정 문화재 63호인 삼층 석탑 하나만 옛날을 말해 주고 있을 뿐 요사채는 없다는 것을 알고 있기 때문이다.

우리는 작은 능선을 따라 조그마한 잔등 두 봉을 더 넘어 내려갔다.

잔잔한 창랑천 강물이 발아래 내려다보이고 확 트인 창랑천 건너로 무등산 규봉암이 손에 잡힐 듯 가깝게 바라다 보였다.

좌우 석벽을 보며 우리는 이서 적벽 중앙에 위치한 제일 높은 적벽 난간에 섰다. 소름이 끼치고 현기증이 나서 발아래를 내려다 볼 수가 없었다.

바로 이곳이 송나라 때 소동파가 적벽부를 노래했다는 중국 호북성 가어현 양자강 좌안에 있다는 적벽을 닮아서, 1519년 기묘사화로 동복으로 유배되어 적거 중이시던 신재 최산두가 명명했다는 이서 적벽이로구나 생각하며 바라보니 과연 빼어난 절경이었다.

벼랑 끝 소나무 한 가지 휘어잡고
창랑천 적벽 강물 내려다보니
화공이 그려놓은 열두 폭 고운 빛이
푸른 비단결에 일렁인다
병색 짙어 찾아와 뱃놀이하던
김삿갓 노래 소리 들리는 듯 하다마는

푸른 물은 말이 없고 겨울비 소리만
떨어진 가랑잎 속으로 묻히고 있었다.

여기서 잠깐 조선의 풍자시인 삿갓 김병연에 대하여 알아보자.

김병연은 1807년 순조 7년에 당시 세도가 안동김씨 김안근의 아들로 태어났으나 조부였던 김익순이 산천 부사로 있을 당시 홍경래가 난을 일으켜 산천으로 진격함에 김익순은 싸워 보지도 못하고 그에게 항복하게 되었다. 이로 인하여 조정에서는 김익순만을 처형하고 다행이도 그 가족은 안동김씨라는 명목하에 화를 면케 해주었다,

어머니는 그 사실을 자식들에게 숨기고 황해도 곡산, 경기도 광주, 강원도 영월 등지에서 은거생활을 했다. 아버지는 화병으로 세상을 떠나고 어머니와 살던 김병연은 1826년 강원도 영월에서 과거에 응시하였다. 그때 논제로 나온 것이 '論鄭嘉山忠節死 嘆金益淳罪通于天'이었다. 논제를 받아 순절한 정가산을 높이 들어 칭송하고 항복했던 김익순은 천하 역적으로 격렬하게 써 내려간 김병연의 시가 장원급제를 하게 되었다. 그러나 그의 어머니 이씨로부터 김익순이 조부라는 말을 듣고 역사적인 수치심과 조상께 지은 죄를 통감하고 벼슬을 버리고 한평생을 방랑하며 퇴폐 하여가는 세상을 개탄 저주하고 그 지역 도리에 풍자적인 독특한 해학으로 시를 토해 낸 김삿갓이 강진을 지날 적에 병이 깊어 찾아온 곳이 이곳 동복이었다.

그는 얼마 남지 않은 생을 알고 이서 적벽을 보지 않고 어찌 죽으랴 부랴부랴 찾아와 여독을 추스르지도 못한 채 이곳 적벽을 찾아와 절경을 바라보며 운명하였다고 전하기도 하고 더러는 한산사에서 며칠을 기거하며 물염정 등을 돌아보며 선경에 취해 떠날 줄 모르고 즐기다 여생을 마쳤다고 전한다.

그러나 화순에 향토사학자이신 문제선씨의 주장을 따르면, 김병연은 동면 구암리에 사시는 효행이 깊고 학문이 높으신 정치업 선생님

의 후손의 집에 머물면서 지리산과 무등산을 오르며 10여 년을 화순에 살면서 쓴 시가 정씨가문에 4수가 전해지고 있다고 말하고 있다.

이렇듯 시심이 어린 화순에서 그가 57세를 일기로 한이 서린 많은 시를 남기고 세상을 떠난 곳이 바로 이곳이려니 생각하니 감회가 새로웠다.

참으로 적벽의 절경이야말로 선비들이 탐낼만한 곳으로 내가 돌아보았던 부여의 낙화암은 이곳에 비길 만한 곳이 못되고 동해안 낙산사 또한 넓은 바다는 펼쳐 보일지언정 좌우 높은 석벽은 감히 따를 수 없으니 와서 보지 않고는 논할 수 없는 가경이라 말하고 싶다.

우리는 후적후적 내리는 비를 맞아 장갑은 물론이요 옷까지 젖어 불어오는 바람에 한기를 느끼며 오던 길을 돌아섰다.

내려오던 길에 보았던 큰길을 따라 산사를 찾았다. 산사는 홍주송씨 제각으로 언뜻 보아 고란사 전경 같다고 해도 과언이 아닐 성 싶었다.

겨울비가 개이고 추녀 끝으로 내려다보이는 창랑천으로 부터 물안개가 죽음의 여신처럼 기슭을 향해 피어올라 강물과 절벽을 삼키고 산정상으로 기어오르니 나는 자연히 구름 속에 노니는 신선이 되어 멀리 무등을 바라보았다. 모나지 않고 둥그스름한 무등의 덕스러운 봉우리가 구름 속에 얼굴만 내놓고 적벽을 향해 내려오고 있었다.

돌아오는 길에 옷이 젖어 찬 빗물이 무릎을 스치더니 마침내 무릎 관절이 시큰거리고 통증이 왔다. 윤열나무 줄기를 꺾어 지팡이를 짚어 보았지만 산행을 계속할 수가 없었다.

"최계장, 그만 내려가는 것이 상책이겠네."

"그럽시다. 이쪽으로 큰길을 따라 내려가지요."

처음 일정은 한산사 삼층 석탑을 보고 옹성산 성산까지 돌아보려고 하였으나 관절의 이상으로 다 돌아보지 못하고 내려오자니 아쉬움이 자꾸 뒤를 돌아보게 하였다.

잊을 수 없는 스승

치열했던 한국동란이 휴전 협정으로 전쟁이 끝나던 해 나는 국민학교 개구쟁이 5학년이었다.

전쟁이 무엇인지 모르고 친구들과 편을 짜서 학교 운동장을 뛰며 총싸움 칼싸움을 했을 뿐이었다.

신학기를 맞아 1학기 까지는 전쟁으로 인해서 선생님들이 몇 분이나 갈렸는지 학교는 며칠이나 다녔는지 도무지 기억할 수 없지만 휴전이 협정된 후 2학기가 시작되면서 새 선생님이 부임해 오셨다.

새로 부임해 오신 선생님께서는 우리가 5학년을 마치도록 맡아 주셨던 정석환 선생님이셨다. 정선생님은 국민학교를 졸업하고 나서 40여년이 흐르도록 잊을 수 없는 분 중의 한 분이시다.

정석환 선생님께서 우리를 맡아 가르쳐 주신지 3개월이나 되었을까?

창밖엔 흰 눈발이 희끗희끗 세찬 바람과 함께 불던 초겨울이었다.

어느 날 정선생님께서는 5학년 어린이들에게 동시 한 편씩을 써 오도록 숙제를 내주셨다.

동시가 무엇인지 아직도 모르지만 나는 곧 짧게 쓴 글이거니 생각하고 집으로 돌아왔다.

나는 집에 와서 따뜻한 방바닥에 엎드려 동시를 생각해 보았지만 어떻게 시작해서 어떻게 끝내야 되는지 무엇에 대해서 제목은? 주제는? 생각나지 않았다.

나는 생각다 못해 삼촌이 보시던 시집 한 권을 꺼냈다. 그 시집에는 많은 시들이 씌여 있었다.

그중 한 편을 골라 썼다.

지금도 잊을 수 없는 그 시는

우리 아배 연잎 되고
우리 어매 연꽃 되어
연꽃 연잎 쓰러지면
누굴 믿고 산단말까.

다음날 아침 선생님께 내가 적은 시를 보여 드렸다.

'적어도 내가 쓴 시는 잘 썼다고 칭찬을 받으리라' 생각하며 공책을 내 밀었다.

공책을 보시던 선생님께서는 의외로 얼굴을 찌푸리시며

"정영기 일어서. 이 시는 누가 썼어?"

"제가 썼습니다."

"이리 나와."

난 소가 도살장에 끌려가듯 두근거리는 가슴을 안정시키며 조심스럽게 선생님 앞으로 나가 섰다.

"누가 썼어?"

"제가요."

선생님의 손에는 어느새 회초리가 들려졌고 순간 회초리는 종아리를 사정없이 내리쳐 파란 줄을 하나 둘 그려 오선지처럼 파랗게 되고 말았다.

"누가 썼어? 어디서 베꼈어?"

용서라도 해 주실 양 다시 물었습니다.

"선생님 제가 썼습니다."

지금도 생각하면 내 고집도 여간이 아니었나 보다.

"정말 네가 썼단 말이지? 그렇다면 학교가 끝난 후 남어."

수업시간이 끝나고 모든 학생들은 집으로 돌아 가버렸다. 떠들어대던 아이들 소리는 조용하고 몰아치는 바람은 덜그렁 덜그렁 창문을 흔들었다.

창밖으로 미루나무 가지가 꺾어질 듯 흔들리고 떨어져 뒹구는 낙엽 또한 바스락 거릴 틈도 없이 날아가 버렸다.

도르륵 교실 문이 열리며 선생님께서 들어오셨다. 교실에 들어오신 선생님이 두렵기보다 반가웠다.

"선생님 잘 못했어요. 사실은요, 삼촌이 보시는 책에서 보고 써왔어요."

지금 생각하니 얼마나 우매한 일이었는지 생각할 것조차 없는 일이다.

그 유명한 소월 시집에서 널리 알려진 연꽃이란 시를 베껴 가지고 가서 내가 썼다고 하였으니 말이다.

"진작 사실대로 말 했으면 왜 때렸겠느냐? 너는 선생님을 속이려 했기 때문에 맞았던 거야."

지금도 그러시지만 퍽이나 인자스럽게 말씀 하시며 "그 대신 지금 네가 생각 나는 대로 동시를 써서 내 책상 위에 놓고 가거라."

선생님은 다시 밖으로 나가셨다. 난 무엇이 그렇게 서러웠는지 울음을 참을 수가 없었다.

종아리를 맞을 때보다 더 서러워 콧물을 훌쩍거리며 선생님께서 주신 백지 위에 무엇인가를 열심히 적었다.

그 때 적었던 글을 확실히 기억할 수는 없지만 제목은 겨울나무라

썼고 내용은 대강 이러했다.

차가운 겨울바람
매섭게 불어와 창문을 흔들고
미루나무 가지를 울린다.
미루나무 잎새는
무서워 어디로 숨는다.

이런 내용의 글을 써서 선생님 책상 위에 놓고 집으로 돌아왔던 것이다.

이튿날 아침이었다.

교실에 들어서는 순간 그 기쁨을 무엇으로 어떻게 다 말할 수 있겠는가. 그 것은 바로 어제 내가 적은 동시가 교실 뒷편 작품판에 붙어 있는데 그것도 그냥 붙어 있는 게 아니고 동그라미가 다섯 개씩이나 그려져 있지 않겠는가?

선생님께서는 벌써 정년을 하셨다. 내가 교직에 들어 온지 23년 문단생활 12년 한 줄의 글과 한 편의 동화를 쓸 수 있었던 것은 모두 그 동그라미 다섯 개의 덕분이 아닌가 싶다.

가을의 소리

여름내내 징얼대던 바닷가 파도는 청사 빛 가을하늘과 함께 맑고 잔잔하다.

외딴섬마을 학교에서 자취생활 4년 어머니처럼 구수한 된장국 한 그릇으로 저녁을 마쳤다.

창문 틈으로 새어드는 9월 상현 달빛이 내 임처럼 곱다.

어디선가 날 부르는 가을이 소리 "또르르 또르르 귀또르르." 창문을 열고 문 밖으로 나가니 가을은 벌써 발끝에 와서 머무른다.

한 발짝 내 닫으니 마음은 은하처럼 흘러 두고 온 고향 집에 이른다.

종괘산 아래 다소곳이 엎드린 초가삼간 돌담장 너머 화단가에 서 있는 석류나무 한 그루, 짙은 녹음 속에 숨어 긴 여름을 기다리던 석류는 이제 스무 살 새악시처럼 상기되어 그 모습을 드러내었겠지.

여름방학이 엊그제 끝났는데도 칠순 노모님은 들며날며 익어가는 석류를 쳐다보시며 벌써부터 가을 추수 날만 기다리시겠지.

"큰아그야, 언제 가을 농번기 때나 올라 오것지야."

지금 우리 어머니는 뜰 앞 평상에 가득 널어놓은 붉은 고추를 광주리에 담으시면서도 원수놈의 바다 건너 근무하는 자식 걱정에 '또르르, 우는 귀뚜라미 소리에도 행여 전화가 오는 건가 나팔통처럼 귀를 열고 빼짝 마른 가슴으로 소리 없이 울고 계시는 어머님의 흐느낌을 나 지금 듣는다.

"밥은 빼지 말고 먹어야 헌다." 당부하신 그 말씀.

상큼한 갯내음이 코끝에 와 닿을 때 밤하늘에 별빛은 보석처럼 빛난다.

찢긴 가슴 사이로 반짝이는 석류알을 보듯 나 어머님의 찢어진 가슴을 보며 가을의 소리를 듣는다.

70원 짜리 심장

가롯유다는 자기의 스승을 은 30냥에 팔았던 예수님의 제자다.

유다의 생활환경이 어려워서였던 것인지 아니면 은 30냥에 눈이 어두워서였는지 알 수는 없지만 스승을 팔아넘긴 것은 용납할 수 없었던 죄인으로 낙인이 찍혀 2천년이 지난 지금까지도 그리스도교가 전파된 세계 여러 나라에서는 그를 천하에 죄인으로 알고 있다. 그러나 그 보다 더 욕된 일은 자기 자신을 팔아넘기는 일이라 생각된다.

사람은 시시때때로 은 30냥이 아닌 서푼에도 자신을 팔아넘기는 일이 다반사가 아니겠는가. 물론 자기를 팔아넘긴 죗값이야 아는 이 없고 유다처럼 오랜 세월은 가지 못하고 겨우 칠, 팔십년에 한정되겠지만.

지금부터 14~15년 전 어느 여름방학 때였다.

나는 교육대학에서 실시한 자연과 강습에 차출되어 열흘 동안 수강하게 되어 동생네 집에서 다니게 되었다.

강습이 시작되어 며칠이 지난 아침, 그날도 버스를 타고 강습장으로 가던 중이었다.

나는 맨 뒷좌석에 자리를 잡고 앉아 있었다.

거의 교육대학에 다와 가는 길에 안내양이 승차권을 회수하기 시작했다.

안내양은 우측 자리에 앉아 있는 손님부터 받아 오기 시작하여 바로 내 곁에 앉아 있는 손님까지 승차권을 회수할 때 승강장이 나오자, 안내양은 바쁘게 앞으로 가서 출입문을 열고 손님을 안내하였다.

다시 버스가 출발하자 이번에는 안내양이 좌측 손님들로부터 승차권을 회수하기 시작하였다. 우연인지 필연인지 내가 앉아 있는 왼쪽 손님까지 받았을 때 또 다음 승강장에 도착하게 되어서 안내양은 앞문 쪽으로 갔다.

교대 승강장까지는 한 코스가 남았는데 안내양은 내게 승차권을 받으러 오지 않았다.

난 여기서부터 두근거리는 내 심장을 팔기 시작했다.

승차권 한 장에 나를 팔기 시작한 것이다.

'내리면서 줘야지, 아니야, 안내양은 나까지 받을 줄로 아는데 줄 필요가 없잖아. 에이, 그까짓 것 70원에 나를 팔아서야 되겠니?, 그럴 것 없다.' 했다 가도, '안내양이 우측으로 받으러 올 때 나까지 받아간 것으로 알고 왼쪽으로 받으러 왔을 때 받지 않는 게 틀림없어. 승차권 한 장 줘도 그만, 안 줘도 그만 아니겠어. 준다고 누가 착실하다고 인정해 주는 것도 아니잖아. 돌아올 때 쓰면 70원 이익이잖아. 내 심장의 싸움은 아직 끝나지도 않았는데 교대 정문 승강장에 버스가 멈췄다. 난 옳다 그르다를 떠나서 거의 반사적인 행동으로 승차권을 내밀었다.

"선생님, 그냥 가세요."

날 보며 빙그레 웃는 모습을 보는 순간 망치로 뒤통수를 얻어맞은 듯한 느낌.

그는 분명 염산초등학교 재직 중에 가르쳤던 제자 ○○○이가 틀림없었다.

버스는 떠났고 나는 교대 정문을 들어서 강의실로 향했다.

정말 천만다행이었다.

모른 척하고 내렸더라면…… 생각만 해도 아찔하다.

제자의 눈에 비쳤을 스승의 비윤리와, 모순된 가르침, 이중성, 생각하면 할수록 천길 낭떠러지로 추락하는 느낌이다.

그 날 강의는 하루 종일 즐거웠다.

한 방울의 향수

군 생활 3년을 마치고 제대하던 해가 65년 12월이었다. 그해 여름, 제대도 채 하기 전 아버지는 돌아가셨고, 집에는 늙으신 조모님과 어머니 그리고 일곱 동생들이 와글바글이었다.

더더욱 한심스러웠던 것은 아버지께서 돌아가시기 2개월 전에 막내 여동생이 세상에 태어난 것이다.

제대복을 벗으면서 내려다보니 빨간 떡애기로 잠만 자고 있었다.

어린애들은 신통력이 있다더니, 집안 어려운 형편을 잘 알고 있어서인지 어머니의 젖 한 모금 얻어먹고 종일 누워 잠만 자고 있다니 눈치가 비상하고 순박하게 이를 데 없는 착한 애였다.

아버지께서 돌아가시는 것보다 이 애가 죽기를 바랬을 어머니의 괴로운 심정을 헤아렸기에 끈질긴 생명력은 강하게 나타나 그저 주는 대로 한 모금씩 얻어먹고도 잘 자라 주었다.

아버님은 돌아가셨어도 어머님의 도움과 사랑으로 8남매는 건강하게 무럭무럭 자랐다.

20여년 무상한 세월은 자꾸만 흘렀다.

착하고 선하고 티 없이 맑고 아름다우라고 착할선 맑을숙 자로 선숙이라 이름 지어 주었던 막내 동생은 이름 그대로 착하고 참하게 말썽 한 번 피우지 아니하고 자라 이제는 꽃다운 처녀가 되었다.

내가 고향 학교에 근무하던 해 동생은 광주에서 직장생활을 하고 있었다.

참으로 세상은 무상하고 소리 없이 흐르는 물과 같아 제대할 적 빨간 핏덩이가 이제 숙녀티가 나도록 자랐고 제 언니들도 몇 명은 출가를 하였다.

내가 학교에서 퇴근하고 집에 돌아와 마구간 청소를 하고 있던 토요일 오후였다.

집배원 아저씨가 소포하나를 들고 오셨다.

"소가 반질반질 잘 크네." 하면서 소포를 건네주었다.

무엇을 사서 보낸 것일까? 즉석에서 뜯어보았다.

예쁘게 포장한 속에는 값비싼 향수 한 병이 들어 있었다. 그러고 보니 내일이 음력 7월 22일 나의 생일날이다. 동생에게서 소포가 오지 않았더라면 나의 생일조차도 기억하지 못한 고달픈 세상살이에 하루를 보냈을 것이다.

칠팔월 무쇠라도 녹일 듯 뜨거운 무더위 속에 날 낳아 몸조리 제대로 하지 못하시고 고생하셨을 어머님의 은혜에 감사드리지 못할 뻔했는데 다행이도 막내 동생 때문에 어머님의 은혜를 생각할 수 있었다.

난 그 향내 짙은 향수를 차마 바를 수가 없었다.

마리아는 예수님 앞에 값비싼 유향을 가져와 대야에 붓고 머리털로 예수님의 발을 씻겨 드렸다 한다.

그리스도의 참 모습을 간파했기 때문이었으리라. 예수 자신 또한 세상사람을 구원할 위대한 분이셨기 때문에 감수했으리라. 그런데 감히 초로인생 허물과 죄를 가진 자로서 어찌 그 값진 향수를 바를 수 있으랴? 그래서 난 동생들과 아내 앞에서 이렇게 부탁을 드린 바 있다.

'동생에게서 보내준 향수는 오래오래 간직하며 바르고 싶구나. 하지만 지금 내 처지에 값진 향수를 몸에 바를 수 있겠느냐. 난 소똥 내음으로 족하다.

먼 훗날 살다 보면 한 방울 향수라도 바를 날이 오겠지? 그때가 되면 듬뿍 바르리라.

다른 사람들이야 한 섬들이 가슴팍에 덕망과 학식이 차고 넘쳐 머리끝까지 번지르르 흘러나고 그도 모자라 와이셔츠 깃에 향수까지 뿌리고 인품을 나타내는 것이다. 그래서 사람들은 그 분들의 지덕을 우러러 보는 것 아니겠느냐.

낸들 어찌 그 분들의 뒷그림자나 따르겠느냐?

한 됫박도 못된 가슴팍에 아직도 차지 못해 공허한 가슴속에서 빈 소리만 텅텅 울려오는 초라한 모습에 향수만 바른다고 덕이 넘쳐 흘러 내 인품이 살아나겠느냐?

그러므로 덕망을 갖춘 자들이 바르면 인격이 되는 것이고 나 같은 사람이 바르면 소똥만도 못하는 추한 것이 되고 마는 것이 아니겠느냐.

나도 이제부터라도 부지런히 배우고 익혀 한 됫박 가슴팍에 지덕으로 차고 넘칠 때 그 향수를 바르리라.

그때가 언제 일꼬 내년일지 아니면 수년 후일지 모르겠지만 내 평생 살아도 덕 한 번 쌓지 못해 빈 가슴이 되어 향수 한 방울 바르지 못하고 죽으면 저승에서나 학덕을 갖추라고 모두 쏟아 관속에 부어 주었으면 한다.'

젊어지는 샘물을 찾아

젊어지는 샘물이라는 동화를 소년시절에 읽어 보았고 불혹의 나이에 읽어 보았다.

소년시절에 읽었던 젊어지는 샘물은 욕심을 부리면 안 된다는 교훈을 배웠고 불혹의 나이에 읽었던 젊어지는 샘물은 작은 그릇에는 담을 수 없을 만큼의 많은 철학적 교훈을 가르쳐 주었다.

이제는 내리막 길, 탄력에 의해 걷잡을 수 없이 굴러가는 지천명의 나이에 이르러 읽어본 젊어지는 샘물은 내게 수 없이 많은 욕심을 불러 일으켰다.

젊어지는 샘물을 찾아 나서도록…….

예나 지금이나 인간은 같은 속성을 지니고 살고 있다. 그렇기에 그리스 다비테왕은 젊음을 되찾고자 처녀침을 베고 몸부림을 쳤던 것이고 진시황제는 불로장생의 영약을 찾아 서복을 동방해상의 봉래섬까지 보내는 것을 마다하지 않았던 것이다.

요즘은 어느 특정인만이 아니고 대부분의 많은 사람들은 너나할 것 없이 젊어지는 샘물을 찾아가고 있다.

머리염색 정도야 보편적인 일이고 얼굴에 주름살 제거 수술을 하고, 탄력 있는 살결을 간직하려고 실리콘 주사를 맞는다고 하니 이 모두가 젊어지는 샘물을 찾아가고 있는 소치가 아니겠는가?

우리 어머니 46세에 남편을 잃고 팔남매 가르치고 길러왔다. 그동안 어머니의 검은머리는 파뿌리가 되어갔다. 내 동생들은 머리염색 약을 사서 하얀 어머니의 머리칼에 곱게 염색을 하여 드렸다.

어머니도 좋아하시고 동생들도 크게 효도라도 한 듯 기뻐했다.

"어머니, 흰머리에 물들이면 젊어진다 하던가요? 더 젊어진다고 한들 아버지가 살아계시오, 계부가 있소? 오는 백발 가시로 막으려 하니 백발이 제 먼저 알고 지름길로 오더라 하지 않았던가요?"

어쩌면 아무것도 모르는 철부지 말 한마디가 어머니의 가슴을 찔렀던 것일까? 이후 여든이 넘도록 머리에 염색을 하지 않으신 채 지금도 백발머리 곱게 빗질하여 낭자머리 하신다.

지금 나 반백이 넘어 성성한 백발, 내 고향 뒷산기슭 가을바람에 흩날리는 갈대꽃처럼 삭망하게 풀기 없이 미풍에도 더풀거린나.

나도 간난 아이가 되기까지 젊어지는 샘물을 퍼마시려고 머리를 조아리는 순간 명심견성 만법귀일이라 머릿속에 되뇌이며 돌아서는 초라한 모습이여!

외로운 교사의 길

교사의 길은 외롭다. 외론 길은 예전에도 그렇고 지금은 더욱 그렇다.

IMF가 다가와 각 직장마다 구조조정으로 실직자가 늘어나기 시작하던 한 때는 교사의 선호도가 상위에 오른 적도 있었다.

그러나 그도 잠시 잠깐이였을 뿐이었다.

교직에도 구조조정이 몰아 닥쳤다.

그 태풍은 사회와 학부모의 동의를 쉽게 얻을 수 없게 되자 촌지라는 하늬바람을 일으켜 사회의 동의를 얻어내고 여세를 몰아 체벌이라는 태풍으로 교사를 흔들어 학부모의 동의를 얻어 교사를 흙탕물 속으로 빠뜨렸다.

교사들은 졸지에 촌지라는 옷을 입고 체벌이라는 악당이 되어 구조조정이라는 굴레를 씌워 목을 졸라도 말을 하지 못하도록 입을 틀어막아놓았다.

교육은 어느 한 시대의 정책으로 성공할 수는 없는 것이다.

인간은 하나의 초월적인 자아이고 교육은 초월적인 자아의 의식을 불러일으키는 것으로 이상적 차원에서 교육의 목적은 올바른 정신과 이상을 깨닫게 해준다고 생각할 때 어찌 그 시대의 한 정책으로 교육을 성공할 수 있으랴. 교과중심, 학문중심, 인간중심 교육과정으로도 만족할 수 없어 자꾸 변천하고 있다.

그러나 예로부터 변하지 않고 지속적으로 전해오는 것은 잠재적 교육과정이라 할 수 있을 것이다.

우리 선조들은 덕을 숭상하여 타인의 덕을 본받아 스스로를 교화할 수 있도록 하였다. 곧 덕행으로서 사람의 성정을 움직일 수 있도록 한 것이 과거제도라 할 수 있다. 과거제도는 운을 주고 그 운자에 따라 고운 심성을 길러줄 수 있는 아름다운 글을 장원으로 뽑았다. 그래서 장원을 하신 그분의 성품과 인격은 많은 사람을 교화시켜 줄 수 있었다.

이로 볼 때 교사는 그 자체가 교육일 수밖에 없다. 그래서 교사는 자아의 욕구를 충족하기 위한 삶이 아니라 희생과 봉사의 삶으로 하루하루를 살아야 하기 때문에 그 길은 외로운 길일 수밖에 없는 것이다.

흙탕물 속에서도 구김살이 없어야 되고 피곤에 지쳐도 나를 위한 하루의 휴식은 갖지 못한다.

교사는 자기의 일을 세상 사람이 알아주라고 하는 것도 아니요, 또 알아주는 이도 없다 '비단옷입고 밤길 걷는다'라는 속담은 교사를 두고 이르는 말이 아닐까?

교사는 이토록 미치게 외로운 길을 택해서 가고 있는 것이다.

기침만 해도 머리를 만져야 하고 배만 움켜잡아도 배를 만지며 걱정하며 제자를 돌봐야 하지만 정작 자신의 건강은 돌볼 틈이 없다. 자신의 간에 이상이 생겨 만신창이가 되어 암 덩어리가 커 가는 줄도 모르고 외로운 길을 걷다가 병원에 들렀을 때는 이미 늦었다는 판단을 받고 돌아서는 외로운 모습…….

그는 며칠 전 세상을 떠났지만 그의 가르침은 수천 명의 제자들 가슴속에 뜨겁게 살아 있을 것이라는 일념으로 외론 길을 간다.

나이든 교사일수록 그 길은 더욱 외롭다. 컴퓨터를 모르면 자질이 없는 교사로 몰아세우고 있으니 말이다. 그래서 퇴근을 해도 컴퓨터를 붙들고 밤을 새워야 하고 노모님이 편찮으시다는데도 학원으로 쫓아가야 한다. 경조사의 일은 아내에게 맡기고 내 가정에 상을 당했어도 "우리 아이가 학교에서 아직 안 돌아왔오." 학부모의 한마디에 그 애를 찾아 나서야 하는 외로운 교사의 길.

고향에 감추어진 보배

세상에는 값진 보배들이 많이 있다. 그것은 다양하며 그 보배를 보는 기준 역시 사람에 따라 다르다.

나에게는 고향이라는 보배가 있다. 나뿐만 아니라 모든 사람들 역시 세상 어느 것과도 바꿀 수 없는 고향이라는 보배를 소중하게 간직하고 있다.

내 고향은 광주와 너릿재 하나를 사이에 두고 있는 화순이다. 보배로운 고향에는 수없이 많은 보석들이 있다. 우리들이 찾아 소유하여 소중히 간직하고 사랑해야 할 보석들이 있다. 그 중에서도 다이아몬드 빛처럼 영원히 변치 않는 보석은 다름 아닌 늙은 어머님의 사랑이다.

난 외딴 섬마을 학교에서 자취생활로 5년여를 보낸 적이 있다. 칭얼대는 파도 소리를 들으며 몇 발짝 내닫으면, 마음은 은하처럼 흘러 고향집에 이른다.

종괘산 아래 다소곳이 엎드린 초가삼간 돌담 너머 석류나무 한그루 짙은 녹음 속에 숨어 긴 여름을 기다리던 석류는 스무 살 새악시 볼처럼 상기되어 그 모습 드러낼 때 칠순 노모님은 들며 날며 익어 가는 석류를 쳐다보시며 벌써부터 겨울방학을 기다리셨다.

"큰 아그야, 인제 겨울방학에나 오겄지야."

"큰 아그야, 밥은 빼지 말고 먹어야 헌다."

자나깨나 마지막 숨을 거두시는 그날까지 변치 않는 어머님의 사랑이야말로 다이아몬드보다 더욱 값진 보배가 아니겠는가?

또 하나 고향에 감추어진 보배는 은은하게 빛을 발하는 녹보석 같은 우리들의 정이다.

"정선생, 해마다 이러면 난 무엇으로 보답할 것이여."

"자네 살기도 빠듯할 텐데 나까지 챙긴단가."

내 고향 들릴 때마다 늙으신 마을 어른들로부터 듣는 사투리 물씬 묻어나는 말이다.

교직생활 26년 그 중 25여년간 해마다 추석과 설을 맞아 마을 어른들에게 정이 담긴 작은 선물을 하나씩 잊지 않고 전해드렸다.

난 이렇게 우리 화순의 순후한 인심과 정을 지켜나가고 싶어서였다.

내 고향 화순에는 조개 속에 감추어진 진주처럼 고운 보배가 있다. 그것은 꿈 많았던 추억이라 하겠다.

줄기차게 쏟아지는 구암폭포로부터 시작한 화순천과 중리 한샘으로부터 시작되는 능주천이 만나는 합수목 맑은 물에서 멱감고 나와 둥글넓적한 강변 돌을 주워 양귀에 대고 "화순물이 많냐, 능주물이 많냐. 화순물이 많으면 흉년이 들고 능주물이 많으면 풍년이 든다." 귀속까지 배어든 물을 빼내려고 고개를 좌우로 갸우뚱거리며 뛰놀았던 추억이 있는 곳, 푸른 보리밭 고랑을 따라 종달새 알을 찾아 헤매던 곳. 진달래 꽃 꺾으며 '바위고개' 언덕을 사랑하는 사람과 함께 부르던 추억이 깃든 곳이다. 우리네 조상 대대로 태를 묻고 살아온 고향의 추억은 나의 꿈이었고 낭만이었기에 값지고 소중한 것이다.

내 고향에 감추어진 보배가 어디 그 뿐이랴.

화순은 예로부터 예향이요, 의향이라 일컬어 왔다. 그래서 산따라 물따라 가는 곳마다 조상들의 넋을 지니고 있다.

골골이 이어진 골짜기마다 쌍봉사, 만연사, 개천사, 유마사 아직도 신비의 베일에 가리어진 운주사는 화순의 자랑이라기보다는 우리나라의 자랑이 아닐 수 없다.

능주면 충신강 난간 위에 서 있는 삼충각과 임씨 7형제 호국 정신을 기리는 칠충각, 조선 중종때 성리학자며 이상주의자였던 정암 조광조 선생의 유허비와 왜적과 싸우다 진주성 싸움에서 최후를 마친 충의공 최경회 장군의 호국 충정을 기리는 충의사는 의향을 말해 주는 보배가 아닐 수 없다.

방랑시인 김삿갓이 마지막 머물렀던 이서 적벽은 중국 제일경인 적벽강을 옮겨 놓았다 할 만큼 그 수려함이 뛰어난 곳이다.

흰 거위들이 옹기종기 모여 앉아 노는 듯한 백아산, 공민왕이 홍건적의 난을 피해 후왕비와 함께 찾아 왔을 때 어머님 품속처럼 아늑하게 맞아 주었다는 모후산의 계곡과 하천의 조화로운 경관은 가히 남가주명향이라 할 것이다.

예향의 맥을 잇게 한 동북, 능주, 화순 향교 이처럼 한 고을에 3곳의 향교가 있는 것도 드문 일이요, 학포 양패손 정암선생의 죽수서원, 정여창 해망서원, 최산두 도원서원 등은 이 고장 예향인의 신실이었으며 오지호 화백의 기념관은 화순을 예향으로 가꾸어 준 보배라 할 것이다.

그 밖에도 철감선사탑 운주사 와불과 원형석탑, 구형석탑 등 유형문화재와 한천 농악 무형문화재급 보배들도 가득하다.

우리는 고향에 관심을 갖고 고향에 감추어져 있는 보배들을 찾아내어, 좀 더 갈고 닦아 그 빛을 발휘할 수 있도록 해야 할 것이며, 소중하게 간직하고 사랑해야 할 것이다

보암마을 방석포

동복댐 공사는 1968년 시작하여 1970년에 완공하여 담수 360만 톤을 저수할 수 있었으나 광주 시민의 식수로는 턱없이 부족하였다. 이로써 2차공사가 1981년 1월 고무튜브공법으로 댐을 높여 670만 톤의 물을 담수하기에 이르렀으나 이도 부족하여 1984년 확장공사로 19.5m의 댐높이를 44.7m로 높이고 담수는 9200만 톤을 담수할 수 있도록 하였다. 이로 인해 이서면 보암마을은 삶의 터전을 잃고 객지로 떠나야만 했다.

보암마을은 동으로 적벽강 맑은 물이 사철 끊임없이 흐르고 건너편에 우뚝 솟은 적벽산이 웅장하게 버티고 서서 마을을 수호하고, 서편에는 좁다란 평야가 펼쳐져 있어 농사짓기에 알맞아 큰 부자는 없었지만 가난을 모르고 살았으며 북으로는 도석재에서 뻗어 내린 산줄기가 마을을 감싸 북풍을 막아주어 온화하고 평온한 보기 드문 농촌마을 이었다.

특히 보암마을 사람들이 삼을 가꿔 직조한 방석포는 전국적으로 명성이 난 마포로 보암마포를 알아주었다고 한다.

삼은 온대와 열대 지방에서 잘 자라는 식물로 문헌에 의하면 구석기시대부터 각 지역에서 이용되었으며 신석기 이후 세계각지에 널리 보급되어 사용해 왔다고 한다.

우리나라에서도 오랜 옛날부터 우리민족들이 옷감이나 노끈 등으로 생활에 유용하게 사용해 왔던 소재로 '삼국위지동이전'에, 예. 변. 진에 마가 있었음이 기록되어 있다. 또한 삼국유사에서도 가락국에서 허왕후의 나라인 아유타국에 마포를 보냈다는 기록이 있는 것으로 보아 아주 오랜 옛날부터 긴요하게 사용 된 것으로 보인다. 특히 변. 진에서 광폭세포를 제직한 사실이 나타나 있으며 기원전 3.2세기경 일본 죠몬만기 또는 야요이조끼에 삼을 전파하고 제직 기술도 전한 것으로 나타나고 있다.

면이 일반화되기 이전까지는 광범위하게 마포를 옷감으로 이용하였음을 짐작해볼 수 있다. 특히 고려의 세포와 흑마포는 특산물로 외국에 팔려지고 있었다니 우리 조상들의 직조기술은 어느 나라보다 앞서 발달되었다고 보아야 할 것이다.

그러나 현대에 이르러 발달된 섬유방직 기술로 마포는 사라져 지금은 곡성의 돌실나이. 안동의 마포가 무형문화재로 지정되어 삼의 재배, 수확, 제사, 제직 기술의 명맥이 겨우 전승되고 있을 뿐이다.

"삼 재배는 이서가 잘 되었나 봐요. 특별한 기술이라도 있었을까요?"

"뭐, 특별한 기술이야 있었셨오. 논밭에 되비를 껄고 땅 잘 갈이서 한식을 전후해서 파종하였다가 6월말 7월 초에 삼을 베어내었지요. 논삼은 좀 더 일찍 파종해서 일찍 베어내야 모를 심을 수 있었고, 밭삼은 더 늦게 베어내도 조나 메밀을 심을 수 있어서 모두 이모작을 할 수 있었죠."

"베어낸 삼은 대칼로 삼잎을 쳐내고 삼대만 가지런히 묶어 삼굿을 했었어요."

"삼잎이 참 걸었어.(퇴비로 좋다) 삼밭에는 웃거름을 안 해도 벼가 어찌나 잘 되는지, 그때는 삼잎이 마약이라고는 생각도 못했는데 요즘 삼잎이 마약이라 해서 삼을 재배한다 해도 신고를 해야 하고 삼잎은 한 잎도 남기지 않고 수거해 가버리지 않아요."

"그래요, 이제 보암마을 삼굿에 대한 이야기를 들려주셨으면 합니다."

"삼굿은 보암마을 뿐만 아니라 마을마다 없는 곳이 없었소. 근래 들어 삼베가 사라져가면서 삼굿하는 사람도 사라져 버렸지요, 삼베가 오직 손질이 많이 가는 길쌈이요 삼베가 되기까지 삼이 물속에 12번 들어가야 삼베가 된다고 하지요. 그러니 누가 하려고 할 사람이 있어야제. 더구나 화학섬유가 나오면서부터 삼베는 자취를 감춰 버렸지요."

"어이, 삼굿이라는 말이 나왔을까요?"

"글쎄, 아마 삼굿을 하는 날에는 마을 굿하는 것처럼 사람들이 많이 모여 들어서 그러는지, 아니면 굽는다는 뜻이 변해서 생겨난 말인지는 알 수 없지만 삼굿을 하는 날에는 장날처럼 사람들이 많이 모였지요."

"삼굿은 자갈삼굿과 기계삼굿이 있었는디, 처음에는 자갈삼굿만 존재했을 것이오, 기계삼굿은 그 후에 생겼으니까 가장 원시적 방법이 자갈삼굿이었을 것이오."

"자갈삼굿은 갱변(강변)에 땅을 깊이 파고 나무를 쟁이고(쌓고)호박돌보다 작은 자갈을 올리고 그 위에 또 나무을 쌓고 다시 자갈을 쌓고 불을 붙이면 나무가 타면서 자갈이 벌겋게 달궈져, 그러면 그 위에 모래를 살짝 덮고 나서 삼단을 가지런히 세워서 쌓은 다음 그 위에 물이 묻은 짚거적이나 짚가마니로 겹겹이 덮어서 김이 새어나지 않도록 몇 겹씩 덮고 모인 사람들이 물동이에 물을 담아 물을 부으면 뜨거운 김이 확 퍼지면 삼이 익을 것 아니요, 그랬다가 김이 거의 잦아들면 거적을 걷어 내고 삼단을 꺼내서 물속에 넣고 식혀 내서 삼껍질을 벗겨내는 방법이 자갈삼굿이라 했었지요."

"그렇게 하려면 힘도 많이 들고 나무도 많이 들었겠어요. 혹 덜 익은 삼이 나오지 않았나요?"

"힘든 거야 말로 다 할 수도 없지요. 그래서 온 마을 사람들이 품앗이 형태로 서로 도와 삼굿을 했고, 덜 익은 삼은 껍질이 잘 안 벗겨지거든. 그럴 때는 다시 삶지는 않고 물속에 며칠씩 담가두었다가 꺼내서 벗겨내기도 했지요. 그러다가 기계삼굿이 나오게 되었지요."

"기계삼굿이라고 해봐야 특별한 것이 아니고 철판을 이용하여 솥을 만들었는데 그 솥이 밥해먹는 솥처럼 생긴 것이 아니고 소 구시(구유)처럼 길쭉하게 생긴 솥이라 불을 지피는 아궁이도 길었지요."

"아궁이를 만들고 솥을 걸고 양 옆과 앞부분은 판재를 이용하여 벽을 만들어 그 안에 삼단을 쌓고 그 위에 자갈 삼굿처럼 젖은 짚거적이나 짚가마를 덮고 흙으로 잘 발라 김이 새지 않도록 해서 아궁이에 불을 지펴 삼대가 누렇게 될 때까지 삶아 내는 방법을 기계삼굿이라고 해요."

"그럼 덜 익은 삼도 없었겠죠? 그런데 왜 뒷부분은 판재로 막지 않았어요?"

"물론 덜 익은 삼이 있을 리 없겠죠. 삼을 빼 보아 다 익을 때까지 삶아냈으니까요, 뒷부분은 삼의 길이가 집집마다 다르고 쌓기 쉽고 꺼내기 편리하게 하기 위해서였지요."

"예, 삼굿에서도 우리 선조들의 지혜를 찾아볼 수 있군요. 껍질을 벗기는 대도 힘들었겠어요?"

"아니, 삼을 푸내(꺼내다) 하면 애들이고 어른들이 달려와 한 단이라도 더 차지해서 벗기려고 빼앗고 야단이 나기도 해요. 그러니 껍질 벗기는 것은 일도 아니지요. 삼 껍질은 주인에게 주고 저릅대만 가져갔어요."

"저릅대도 팔았나요?"

"파는 게 아니고 요긴하게 사용했어요. 울타리도 막고 새로 지은 집 지붕에 외대로 올려놓으면 하늘이 보여도 비가 새지 않는다고 해요.

더러는 땔감으로도 쓰고, 석유가 귀하고 손전등이 없던 시절 저녁 바깥출입을 할 때는 횃불로 사용하는 무저릅이라 해서 저릅대를 물속에 오래 담가두었다가 다시 말리면 불이 잘 붙고 웬만해서는 꺼지지 않거든요."

"삼굿 한 솥에 얼마 정도 돈을 주었나요?"

"그때는 없던 세상이라 돈으로 거래하다기 보다 쌀이나 보리로 몇 되씩 주었고 땔 나무는 자기가 준비 다해 주었지요, 하응초씨 삼굿이 제일 크고 좋았는데 여름 한철 잘 벌었제."

"그 때는 이서뿐만 아니라 전국적으로 아낙네들은 길쌈하지 않는 사람 없었을 것이여. 여름이면 삼베 짜고 겨울철이면 무명베 짜고 밤낮으로 고생 많이 했었소."

삼베는 수분흡수가 빠르고 배출이 좋아 시원하고 자외선 차단 기능이 뛰어난 자연섬유로 곰팡이를 억제해주고 항균성이 뛰어난 좋은 옷감이었으나 오늘날은 인공섬유에 밀려 자취를 감추게 되었다.

이서에 가면

지역사회 문화교육차 이서면을 찾아갔다. 이서면은 같은 화순군이라도 내가 사는 도곡면과는 반대쪽에 위치하고 있어 자주 접하지 못한 곳이었는데 이번 교육차 이서를 가까이 찾게 되었다.

도곡면은 지석강변 주위로 펼쳐진 평야가 화순에서 두 번째로 큰 평야지대인 만큼 농경문화가 발달된 곳으로 내 스스로는 가난한 농부의 아들로 태어나 어려운 생활을 하였지만 선비와 文豪, 큰 부자가 많은 고장이라고 자부심을 갖고 살아왔다.

반면 이서면은 화순에서도 무등산 기슭의 별산과 백아산에서 뻗어 내린 옹성산의 골자기로 이루어진 순 산중마을로, 모든 면에서 도곡과는 비교가 되지 않은 고장으로 생삭하여 왔나.

그러나 이번 이서면을 자세히 들여다보면서 크게 세 번이나 놀랐다.

첫 번째는 웅장한 적벽을 바라보며 뛰어난 경관에 놀랐다.

이서면은 무등의 규봉산 기슭으로 번번하게 뻗어 내린 자락에 위치한 영평리로부터 아스라이 바라다 보이는 옹성산기슭 장항리에 이르기까지 어느 한 곳이라도 빼 버릴 수 없는 기암괴석들이 계곡을 따라 펼쳐져 아름다운 경관을 이루고 있다. 서리마을 별산 기슭 박완순 도라지 농장에서 주위를 살펴보면 이국적인 경관을 볼 수 있다. 마치 제주도 애월읍 월인사에서 남해를 바라보는 착각이 들 정도로 아름다운 고장이다.

그중 제일은 화순적벽이라 할 것이다.

동복호 푸른 물 넘실거리는 물결 위로 열두 폭 산수화를 펼쳐놓은 듯 곧추서서 구름을 감고 등천이라도 할 양으로 웅장하게 서있는 천연절벽 그 빛이 검붉은 뜻은 오랜 옛날 신선들의 낙원이었음을 말해주는 듯하다.

난 어릴적 선생님의 손을 잡고 적벽을 찾아온 적이 있었다. 창랑천 맑은 물에 피라미 떼 모여 놀고 반질반질한 조약돌 밑으로 동자개 한 마리 흰 수염 하늘거리며 숨어드는 모습을 보았다. 냇가에서 적벽을 쳐다보려니 내 몸과 고개를 뒤로 젖히고 바라보아야 하늘 아래 적벽의 끝이 매달려 있음을 겨우 보았다.

선생님은 말씀해 주셨다. 가운데 부분에 붉은 글씨로 적벽동천이라 새겨있음은 도가에서 말하는 이상세계의 무릉도원과 같은 뜻이라고.

곧 적벽동천이란 석천 임억령이 한 말로써 도교에서 말하는 이상세계의 무릉도원을 일컬음으로 이서 적벽은 우리가 꿈꾸는 무릉도원이 바로 이곳이라 말한 것이다. 이토록 이서 적벽은 조선의 팔경중의 한 곳으로 손꼽히기도 하였으며 동복현감 황진(黃進)은 이곳에서 군마를 조련하여 우국충정에 힘을 다 했으니 충효예향의 자취가 골골이 배어있는 승경이자 외침에 항거하여 분연히 일어난 민족정기가 서려있는 유서 깊은 곳이라 하겠다.

허나 나 지금에 와서 적벽을 바라보니 어린 시절의 신비스러운 풍광은 물속에 잠기고 겨우 그 흔적만 남아 있음이 애달프다 하지 않을 수 없고, 이왕지사 광주시민의 생명줄로 동복호를 막았으면 우리 것 우리가 지켜 물 값으로 화순군의 부족한 세수를 감당하도록 할 것이지 웬 땅덩어리까지 팔아버렸는지? 안타까울 뿐이다.

* 적벽팔경
한산모종 : 寒山暮鐘 한산사의 저녁 종소리
금사낙안 : 金沙落雁 금사에 내린 기러기 떼
학탄귀범 : 鶴灘歸帆 학탄에 돌아가는 돛대
선대관사 : 仙臺觀射 선대의 활쏘기 놀이
적벽낙화 : 赤壁落花 적벽 낙화놀이 불빛
부암관어 : 浮岩觀漁 부암천에 뛰는 물고기
고소청풍 : 姑蘇淸風 고소정에 부는 바람
설당명월 : 雪堂明月 설당에 뜨는 달

두 번째로 놀란 것은 이서면에서 만난 선비들의 학문에 놀랐다. 앞서 말한 바 있지만 이서하면 먼저 떠오르는 것은 산중 골짜기로만 생각되었기에 먹고살기도 어려울 건데 무슨 학맥이 전해지고 문화가 있을 것인가? 라는 선입견이 있었다.

허나 이서면은 화순에서도 특이한 지역으로 어느 때는 옥과현으로 그들의 문화와 학맥을 이어 받았고 그 후대에 이르러 보성현에 속하여 보성군의 문화와 학맥을 이어 받았으며, 화순현에 속하여서는 또 화순현의 학맥과 문화를 받아 다양한 문화를 접하여 어느 지역보다 다양한 문화와 학맥을 이어 오늘에 이르고 있었다.

호남실학의 대가 나경적은 조선후기 현실계혁의 사상체계를 이룬 실학운동의 선구자로 이들은 민족의 전통과 현실, 현실을 계혁하기 위한 사회경제적 문제, 자연과학과 기술과학연구 등 많은 업적을 남기신 분으로, 화순 이서면 야사리 출신이다. 나경적은 서양식 시계인 候鐘, 서양식 천측기인 璣衡渾天儀를 만들어 후대에 남기셨다.

나경적의 실학을 이어 받은 과학자요 발명가인 하백원 선생을 들 수 있다. 호 규남으로 1841년 석성현감을 역임하고 자승차, 자명종을 발명하였던 분으로 그는 공리공론의 유학에 휩쓸리지 않고 농·공·상 등 이론과 실천을 겸비한 학문을 지향하며 자승차를 개발하여 양수기의 원조를 이루었는가 하면, 대동여지도보다 20년 먼저 동국지도를 그려 냈으며, 마테오리치의 세계지도를 옮겨 그린 만국지도 우리나라 최초의 세계지도를 그리신 분으로 뛰어난 실학의 선구자라 할 것이다.

縞衣대사 법명은 始惡 속명 丁桂芳으로 병자창의장 정지준은 6대조이다. 정조 2년 7월 16일 적벽리에서 출생 16세에 만연사에 출가 후 부석사 희방사 등을 찾아 공부 마가목으로 고약을 만들어 스승을 봉양한 행장기, 견문록, 등이 있는 대사의 출생지도 이서면이었고, 정암수 효자는 중종 때 진사를 지냈던 분으로 정여립 역모사건 때 상소함에 도리어 鞫問을 입었으나 최만홍 등이 구원하였다.

丁之寯은 호, 적송으로 송시열 문하에서 수학 병자호란 때 창의하였으나, 인조가 청나라에 항복하고 화친을 맺었다는 소식을 듣고 고향에 은거 망미정을 짓고 슬퍼하며 임금을 기리며 살았는데, 이곳 출신이다.

한때는 창평 출신, 여말 직제학 유도의 아들 조수문은 강호 김숙자의 학맥을 승계하여 점필제 김종직 등과 교류하였으나 이곳에서 은거하며 정자 주자학을 천명하니 죽림선생이라 모시며 많은 후학을 길러 내기도 하였으며, 후대에 이르러 광양 출신 신재 최산두 선생은 홍문관을 거쳐 호당에 올랐으나 기묘사화에 연루되어 37세에 이곳에 귀양을 와서 15년을 머무르며 후학을 가르쳤으니, 이서는 오랜 세월 꾸준히 학맥을 이어받으며 많은 선비를 길러낸 곳이라 하겠다.

세 번째 놀란 것은 장수촌이라는 것이다.

규남 하백원 박물관에서 수업을 마치고 돌아오는 길이었다. 마침 우체국 앞 커다란 파라솔 밑에 한 할머니와 네 분의 할아버지들께서 앉아 이야기를 나누고 계셨다. 나는 차를 멈추고 그들 곁으로 다가가 인사를 하고 빈 자리에 합석하게 되었다.

"안녕하세요. 저는 화순문화원에서 나온 정영기입니다."

"무슨 일로 오셨나요?"

"어르신들께서 살아오신 여러 가지 이야기를 듣고 과거의 삶이 잊혀지지 않도록 기록으로 남겨두고자 나왔습니다."

내 말이 끝나기도 전에 거푸 물었다.

"고향은 어디요?"

"제 고향도 화순 도곡면 신덕리오. 어르신들이 앉아계시기에 옛날 얘기나 들어볼까 합니다."

"몇 살이나 되었소? 머리가 하얗게 되셨는데 어떻게 이런 일을 하시러 다니시나요?"

그 중 제일 젊어 보인 분이 물었다.

"壬午生입니다만 선생님께서는 연세가?"

"나는 연세랄 것도 없고 乙亥生입니다."

"예!, 을해생 이시라면 팔십. 그런데 어쩌면 그렇게 동안인가요? 저보다 한두 살 아래로 보았습니다."

"그리 보아 주셨다니 감사합니다. 저기 앉아 계신 분은 몇 살이나 보이시나요?"

"글쎄요, 팔십 육칠 되셨나요?"

좌중에 계신 분들이 모두 허탈하게 웃었다. 내 생각이 꼭 맞았던지 아니면 엉터리라는 뜻이겠지

"왜 그리 웃어요? 제가 잘 알았나요?"

"알기는!"

내게 물었던 팔십 세 되었다는 그중 제일 젊은 분이 말해주는데 아

흔다섯이라고 하였다. 그리고 차근차근 그 곁에 계신 분의 나이를 말씀해 주는데 아흔셋, 그리고 아흔둘 제일 많아 보인 어른이 아흔일곱 살이 되었다고 한다.

그래 오늘 만나서 이야기를 들려주신 김상운 전 면장님께서도 구십이 세의 연세인데 오토바이를 타고 출입하시며 집 앞 밭에 깨농사를 그리 잘 가꾸신 것으로도 이서면은 장수촌이라는 것에 또 한 번 놀랐다.

당신이 떠나시던 날
– 숙부님의 영전에

언제나 당신은 나보다 강했습니다.
그러나 몸져 자리에 눕게 될 땐
나보다 약했습니다.
빼짝 마른 내 손 붙잡고 살려 달라고
애처럽게 삶을 갈망하던 목소리
당신의 배위에 십자가를 그리며
하나님은 왜 나에겐 당신의 병을 낫게 하는
신유의 은사를 주시지 않았는지

신덕리를 아시지요 당신의 고향땅
당신이 살아생전
마지막으로 모시고 갔던 7월 26일
살아생전 고향 친구 마지막 만나 뵈라고
그런 줄도 모르고 유산각에 앉아
마을 친구 · 선배 만나
곧 나을 것이라고 아무렇지도 않다고

스스로 위로하며 파리한 얼굴로 말씀하시던
당신을 바라보는 내 마음은 화산처럼 터지는 서러움
참지 못하고 돌아섰습니다.

당신의 방에 들어설 때마다
나약한 조카라도 곁에 있으면
급할 땐 병원에라도 갈 수 있겠지
떨리는 목소리로 애타는 눈빛으로
맞이하여 주셨기에
떨치지 못한 발길 떨어내며 일어설 때면
자신이 너무 미웠습니다.

나 좀 살려라 살려주라
파리한 입술로 하신 말씀 들을 때마다
좁다란 가슴에 태양의 불길처럼 쏟아지는 나약함
천금을 주고라도 살 수만 있다면 가난인들 못 참으리까?
안타깝고 죄송한 마음 너무 미워서
차라리 고개를 돌렸습니다.

마지막 희망 안고 달렸던 장호원 천리길
개딱지만한 자격증 보시면서
무자격자는 아닌가 보다야
위로를 받으시려는 당신의 몸부림
뻔히 알면서 그럼요 그만한 능력 있겠지요.
위로하며 돌아서는 내 마음 당신은 아시나요.
고려장 시켜놓고 돌아오는 마음 이였어요.

소변은 잘 나옵니까? 물을 때마다
예 잘 보고 있습니다 대답하시며
소변이 안 나오면 죽나보다야
나는 잘 나와야
구구절절 삶의 길로만 생각하시며
하루 빨리 집을 수리하거라.
집수리 마치는 대로 가보고 싶구나.
당신의 몸 여섯 자 둘 방 한 칸 없어
셋방살이 전전하신 서러움이
시골에 있는 큰집이라도 든든하셨겠지요.

그러나 당신은 집수리 마치기도 전에
너는 나처럼 당하지 말고 병원에라도 자주 가봐라
유언처럼 남겨주고
그것도 모자라 나의 생일날을 택하여
붉게 물들었던 석양노을과 함께
제 곁을 떠났습니다.

누가 당신을 부르셨던가요?
누가 당신을 찾으시던가요?
이승과 저승이 순간이구나.
딸꾹 숨 한 번 들어마시고 내뱉지 못해
저승이구려.

당신은 어디로 떠나가시기에
당신의 얼굴에 짙게 화장도 하시고
등극하시고 관청에 드는 모습으로

우아한 예복 곱게 차려입고 떠나셨습니다.

찢어지는 목소리로 외쳐 부르는
막내딸의 부름도 마다하시고
원통해 가슴치며 달래는 숙모님의
손길도 마다하시고
하나밖에 없는 큰자식 통곡도
마다하시고
애처롭게 울며 부르는
큰딸 둘째의 흐느낌도 멀리하시고
가시는 그 길이 어디라던가요
큰형님 중형님 작은형 따라
마지막 당신은 흔적도 없이
무정하게 떠나셨습니다.

까만 리본 매고
온몸엔 너울너울 하얀꽃 달고
성신기공 지나서 백운동 로타리
40cc오타바이 타시고
그을리다 못해 숯덩이처럼 까만 팔뚝으로
누비시던 길
이제 작은 승용차 앞세우고
오늘은 커다란 버스 한 대 대절하여
드들강 모퉁이 돌아 효산리길
당신의 잔뼈가 굵고 얼룩진 곳
고향길 2km
빨리 가보고 싶다던 큰 집 앞 지나면서도

하루 밤은 고사하고 들리지도 못 한 채
무정하게 무정하게 떠나셨습니다.

친구 문봉주 영전에

석양노을 짙다 못해 핏빛이랴
오유월 하루해라 그다지도 길더냐
돌아보며 기다리면 석양하늘 보았을 것을

오해도 누명도 터져오는 분통도
유월의 짙은 녹음 속에 앉아
시원한 바람결에 날려 보낼 수도 있었으련만
어찌하여 한 그루의 나무도 못 되었구나

오리나무 숲에서 온종일 울어대던
뻐꾹새가 널 부르더냐
간밤 노송 위에 밤새워 울던
소쩍새가 널 부르더냐
무정타 벗님내야

부부의 인연으로도 가는 너를 얽어매지 못 했구나
부자의 윤리로도 가는 너를 못 막았구나

부녀의 정으로도 가는 너를 잡지 못했구나
울며불며 애통하는 식솔 두고 가는 넌데
하찮은 친구일랑 생각이나 했겠는가

날아가는 까막까치 불러 모아
너 한 잔 나 한 잔 주고받던 인정일랑
누구와 나누려는가
어둔 세상 밝히고자
횃불이라 모인 벗들
암울하다 침울하다 말없이 가는 벗을
원망한들 뭣할손가

새는 죽을 때의 소리가 가장 아름답고
사람은 죽을 때의 한마디가 가장 진실타 했건만
한마디 말도 없이 꼭 다문 입술 위에
가득 맺힌 분통하고 억울함을
부부라고 다 알건가 자식이라 알 것인가

몹쓸 친구 보낸 마음 이다지도
섧다마는
꽃상여에 너를 태워 찬송하며 보내노니
잘 가소 잘 있소 한마디가 아쉽구나

199 . 6. 친구는 못다 살고 자살로 끝을 맺었다.

처모님 영전에

어머님 떠나시던 날
이른 새벽부터 산 뻐꾸기는
내 살던 창문 밖 산언덕 대밭머리에 와서
그리 슬피 울더이다.

사람은 누구나 한 번 왔다가
가는 세상 이련만
할 일이 아직 많아 가기 싫다던 그길
일손도 모두 접어두고 떠나심이
너무너무 안타까워
팔남매의 슬픔이 하늘에 사무칩니다.

언제 보아도 동녘 하늘에 밝아오는 보름달처럼
곱기만 하던 어머님의 얼굴이
이제는 창백하게 되었습니다.
언제나 맑은 시냇물처럼
엷은 입가에 흐르던 미소로 반겨 맞아주시던

어머님의 입술이 파리하게 굳었습니다.
오시며 가시며 꼭 쥐어주던 손길
뜨거운 사랑으로 넘쳐흐르더니
이제는 차가운 손이 되었습니다.

겨울이면 따뜻한 아랫목 여름이면 시원한 그늘
편히 앉아 쉬라고 바쁜 일손 잠시잠깐
한 대접씩 떠다주신 식혜사발
이제는 말없으신 어머니 영전에 잔을 올리려니
이리도 서럽습니다.

마른 밭에 씨들이고 무논에 모내면서도
이 곡식 영글거던
첫째 둘째 셋째 넷째 다섯째 딸
큰딸인들 잊을 건가 둘째는 둘째대로
셋째는 어찌 그리 박복한가?
말 못하고 글썽이며 한숨짓던 어머니
큰아그나 맘 놓일까
둘째는 멀리 타향 객지에 두고
막내야 너를 어찌 한신들 잊을거나
목숨이나 건져져 걸을 수만 있다면
내 한 몸 으스러져라 이리 뛰고 저리 뛰며
타던 간장 이제야 놓였거늘
내 복이 박복하여 오늘 떠나게 되었구나

밭 언덕 갈대밭
가을바람 불 때마다

수없이 울던 갈댓잎처럼
칠십 평생 남모르게 울던 어머니
말은 없었지만 센머리 헤어보면 알만도 했습니다.

마지막 제 곁을 떠나시는 어머니
밤 소쩍새도 이별이 서러워
밤 새워 울더이다
오가는 인생의 길목에서
부부의 정으로도 모자의 정으로도 모녀의 정으로도
붙잡지 못해 보내옵나니
칠십 평생 고이 접어 두었던
하얀 두 나래 활짝 펴 훨훨 날아
밝은 그 나라 임하소서.

잘 가시오 나의 어머니.

제 6 부

흔적

은곡(隱谷)에 보내는 우정의 글
-정영기선생의 회갑과 정년을 축하하며

문 병 란
(시인. 전 조선대교수)

세월이 무상함을 얘기하는 건 새삼스럽다. 동화작가 정영기 하면 내게는 반백의 노년을 맞은 근엄한 노교사가 아니라, 영민한 눈이 반짝이는 도곡중학교의 전신인 도곡고등공민학교 시절의 정영기 소년이 떠오른다. 그날의 기억에 사진 박혀진 그 모습이 지워지지 않은 채 이따금 착각 속에 떠오르는 그 소년과 근자의 같이 늙어가는 정영기 선생의 모습 사이에서 혼란을 느낄 때가 많다.

정영기 선생, 그렇다! 그는 나와 동향이다. 화순군 도곡면 고개 하나 사이를 두고 천암리와 원화리 신덕리 등 유서 깊은 산골마을 들이 도곡평야 도곡천 지석천 상류의 아기자기한 경관 속에 자리 잡고 있다. 속칭 방고개라고 하는 신덕리는 아마도 마을이 형성되던 무렵 밤나무가 우거진 고개 넘어 있던 마을인 것 같다. 동향의 소설가 김신운 교수가 쓴 「이무기」같은 소설에서 율치(栗峙)라고 한자명으로 재현한 것을 보면 사투리 발음 방고개는 음운동화현상에 의한 것이고 밤고개였던 것 같다.

뒤에는 우리 마을 원화리의 주봉이기도 한 종괘산의 줄기가 흘러내려 마을의 배경이 되고 앞에는 능주천이 흘러내려온 도곡천의 맑은 물이 남평의 지석천으로 흘러들어 시녀울 다리를 거쳐 영상강을 이루는 배산임수(背山臨水)가 제대로 된 명당터에 자리잡은 신덕리! 강 건너엔 기름진 도곡평야, 이른바 개화들이라는 일제 강점 후 개화시대에 구획정리가 되고 제방을 쌓은 화순의 곡창지대가 전개되어 있는 곳이다.

풍부한 물산과 화순읍과 능주면이 가까워 문명 바람이 쉽게 불어온 탓에 그 마을은 개화바람이 센 마을이었다. 일찍이 교회도 들어서고 다성촌이기도 한 그 마을은 자자일촌하는 우리 문가촌과는 약간 다른 분위기의 마을이었다. 일찍이 문학에 눈을 뜬 정려성, 김신운, 정영기 등 화순문단의 주역들이 그 마을 속에서 문학의 싹을 키운 곳이다. 나는 열 살 정도나 위 연배로서 형이나 선배의 대접을 받으며 대학 재학 시절부터 우정의 교류가 있었다. 특히 당시 도곡에는 정식 중학교가 설립되지 못하고 도곡초등학교의 부설 고등공민학교가 있었는데, 그곳에서 국어를 가르치며 책임을 맡고 있던 중형의 제자들이어서 그 인연은 더욱 긴밀하였다. 1950년대 한국전쟁이 끝나고 휴전이 된 그 무렵, 나는 조선대학교 문리대 국문과에 적을 둔 문학도였다. 김현승 교수의 문하생으로 이미 재학시절에 시재를 인정받아 현대문학에 등단하고 있었다. 방학 때나 이따금 형님을 뵈러 가서 그곳 중학과정의 학생들에게 형님 대신 문학 얘기도 하고 이른바 명작 해설이니 도시바람 섞인 영화얘기도 하면 그 신선한 열정된 강의에 솔깃하곤 했다. 또 연극도 지도하여 학교 마당에서 공연도 하곤 했는데 천암리나 신덕리 후배들하고 비교적 쉽게 어울리곤 했다. 김신운, 정영기도 그러한 과정 속에서 문학의 싹이 트고 그 재능이 나타나기 시작한 듯하다. 그런 의미에서 대학생인 나의 출현은 그들에게 어떤 자극제 내지 선망의 대상이 아니었을까. 대학 졸업 후 나는 순천과 광주에서 교편생활을 했는데, 그 사이 그 재능이 인정받아 정려성, 김신운, 정영기는 문단에 등단 도곡문단

화순문단 아니, 한국문단의 중진문인으로 성장하였다. 50년대 말에서 60년대 나홀로문인이 아니라 70년대 이후 문학소년 시절의 우정이 자라서 나의 주변은 마음 든든한 후배들을 갖게 된 것이다. 혹독한 유신치하와 5. 18군사정권을 거치면서 많은 시련을 겪느라 후배들은 돌보지 못했지만, 오히려 그들이 나의 주위에 바람막이 노릇을 해주어 마음 든든한 유대가 형성되었고 화순문협을 결성한 정영기 회장에 의하여 화순문학상을 제정 그 1회 수상자로 선배 대접을 해주어 나는 다시 귀소본능에 의하여 그들 곁으로 회귀한 것이다.

김신운은 그의 야심작 「땅끝에서 며칠을」이라는 장편 소설을 쓸 때 주인공의 일기장에 쓰여진 습작시를 나의 초기작품으로 삽입하여 현실적인 우정을 작품 속에 승화시키기도 하였다. 그의 5. 18의 상처 치유와 관련된 일련의 소설 「낯선 귀향」이나 장편소설 「청동조서」는 5.18논고인 5.18민중항쟁사 「5.18과 문학편」에서 평론한 바도 있고, 「땅끝에서 며칠을」 재간에 즈음하여 감상을 겸한 발문을 붙인 바도 있다. 동신대 교수이자 조선대 교육대학원을 수료한 바도 있는 그와는 이런저런 연고도 있고 형님이라는 호칭이 의미하듯 격이 없는 친분이라 이를 것이다. 이에 비하면 정영기 선생과는 아동문학이었던 관계로 그의 창작과정 속에 긴밀이 관여하지 못하였다. 허지만 그가 화순문단을 꾸려갈 때 나를 고문으로 추대하고 향토문학 발전에 대한 조언을 구사하기도 하고 깍듯이 선배로 대접해 주어 깊은 신뢰를 느꼈다. 한번은 능주초등학교 교사로 재직 시 그곳을 지나다 들린 적이 있는데, 4학년 학생들에게 글짓기에 대한 특강을 부탁했다. 아마도 고등공민학교 시절 대학생인 내가 부론테의 「폭풍의 언덕」 작품 해설 같은 것에 대한 향수에서 부탁한 것이 아닌가 여겼다. 그 후 운주사가 있는 도암면 천태초등학교 근무시에도 운주사 구경차 갔다가 들린 적도 있었다. 화순문인협회 결성과 화순문학 간행에 결정적 역할을 했고 화순문학상을 홍명재 이사장님이 경영하는 화강재단에서 기금을 얻어다 선배재현을 챙겨 화순문학의 성격을 규명하기에 진력한 그의 공로는 지대하다 하겠다. 근자에 회장을 다른 분에게 인계했으면서도 화순문학상 수상을 굳이 사양하고 다른 선배를 추천하는 등 그의 선배 챙기기와 겸양지덕은 여러 면에서 나타나고 있다. 회갑을 맞이하여서도 소문도 내지 않고 쉬 쉬 넘긴 그였는데, 핑계는 가계가 모두 단명하여 회갑을 넘긴 사람이 처음인지라 소문을 내지 않았다고 했지만 어느 면 그의 성격을 엿볼 수 있는 단면이 아닌가 한다. 이 회갑 사실을 간접적으로 접한 시와사람 강경호 사장이 『세상에서 제일 아름다운 노래』라는 정영기 대표 동화집 간행을 통해서 그가 만년 소년이 아니라 회갑을 넘긴 사실을 알게 되었다.

직접 현역 시인이자 평론을 전공한 강경호 사장은 그 나름대로 아동문학에 대한 견해를 가지고 있는 바 시골 학교에 묻혀 조용히 창작활동을 하고 있는 정영기의 아동문학을 정리해볼 욕심이 있었던 것 같다. 1,2부로 나누어진 40편의 동화를 선별하여 350쪽이 넘는 호화양장본 선집은 단순한 기념문집이 아니라, 그의 동화의 세계를 총괄해 볼 수 있는 귀중한 저서였다. 작가를 발굴하여 책을 만들고 그것을 독자와 연결시키는 중요한 역할을 담당한 강경호 사장다운 작업이었음을 느꼈다.

분야가 다른 까닭에 그 동안 멀리 했던 아동문학에 대한 무관심을 반성하는 의미에서 의무감까지 더하여 그의 대표작들을 읽게 되었다. 읽고서 나는 그에 대하여 너무 많은 것을 모르고 있었음을 깨닫게 되었다. 강경호의 평론(해설)에서도 알았지만, 한국아동문학계, 특히 동화나 소년소녀 소설 분야에선 큰 공적을 쌓았고 그 동화의 수준이 일가를 이루고 남음이 있다는 사실이었다. 더욱 중요한 것은 그의 아동문학이 현장의 아동들과 삶을 영위하면서 얻어진 교육적 체험의 소산이라는 점이다. 그런 점에서 그는 분명 많은 제자들에게 꿈과 사랑을 심어준 참스승이기도 한 사실을 알게 되었다. 그와 나의 동향이라는 연고는 한낱 자연발생적 인연에 불과하며 같은 문인으로서 늘 소년의 이미지로만 간직했던 나의 추상적 인식은 거의 무지에 가까웠고, 한 뛰어난 동화와 아동소설가를 알게 된 기쁨으로 새삼스레 그에 대한 존경과 신뢰를 갖게 되었다. 정려성, 김신운만 있는 것이 아니라 또한 사람의 뛰어난 아동문학가 정영기가 한 마을에서 탄생한 것이다. 이는 화순문학의 무게를 전국적인 단위로 끌어올리고 남은 쾌거임이 분명하다.

그의 문학세계에 대한 평전과 해설은 강경호의 『휴머니즘 구현의 미학』이라는 논고를 읽기 권장하고 나로선 그의 대표동화집에서 읽은 작품 한 편을 감상하고자 한다. 「청산도 솔바람」을 골라 보았다.

이 동화는 일종의 의인법을 쓴 우화적 소설이다. 즉 '청산도 솔바람'을 의인화시켜 그를 주인공으로 표현하였다. 다도해에 속한 완도군의 부속 도서인 청산도, 이름 그대로 풍광 수려하고 아름다운 섬으로 알려진 고장이다. 시골 학교를 돌면서 교편을 잡은 그 경험들이 그 고장을 상상의 세계로 끌어드렸으리라 짐작이 간다.

주인공인 청산도 솔바람이 청산도 보리밭 언덕 밑으로 노오란 양지꽃의 부탁을 받고 그 향기를 꽃향기 주머니에 가득 담고 육지로 봄소식을 전하려 가는 것이다. 그 바람이 맨 먼저 상륙한 것은 땅끝 마을이 있는 해남이었다. 거기에는 아직 늦잠을 자고 있는 양지꽃들을 깨워 봄소식을 전한다. 청산도 솔바람은 강진과 화순을 지나 충청도 경기도까지 양지꽃 소식을 전한다. 그 다음은 동백꽃 향기를 전한다. 그 바람은 고창 선운사 골짜기의 동백꽃에게까지 찾아간다. 이번에는 매화꽃 차례다. 그 바람은 영암 월출산을 넘어 유서 깊은 영균이네집 큰 매화나무를 찾아간다. 온 동리 어린이들이 모여 「고향의 봄」을 부르며 즐거워한다. 그 다음엔 진달래, 개나리, 그러나 앙큼한 찬서리는 아직 물러가지 않고 개나리나 진달래를 얼어 죽게도 할 것이 걱정이었다. 청산도 솔바람은 어떤 사명감을 가지고 육지의 곳곳 구석구석 찾아다니며 모두에게 꽃 소식을 알리고 봄소식을 전해주는 봄의 전령이다. 높고 험한 산에도 가야 했다. 속리산, 계룡산, 관악산 그 어느 곳인들 빠뜨리랴. 마침 내 그는 설악산에 이르러 봄소식 꽃소식을 갖고 북상하려하지만 철조망과 보초병이 가로막고 있었다. 밤이 되기를 기다려 보초병들이 잠든 틈을 타서 청산도 솔바람은 철조망을 뀌어 월북하였다. 그는 사실 실정법을 위반한 탈출죄라는 이적죄를 저지른 것이다. 그러나 청산도 솔바람은 그 실정법이 무서워 금강산, 묘향산에 꽃을 피우지 않을 수 없었다. 개나리 진달래 목련 수선화 향기를 북녘산 곳곳에 불어넣었다. 마침내 청산도 솔바람은 봄꽃 향기를 가득 싣고 백두산까지 찾아간다. 찬서리를 몰아내고 온 산을 꽃향기로 가득 채운 다음 해주 사리원, 남포, 평양, 의주, 함흥 북쪽땅 곳곳에 봄노래와 꽃향기를 가득 채웠다. 이 우화적인 동화는 어린이들의 마음속에 통일의 꿈을 심어주고자 한 정영기선생의 마음이 담겨져 있다. 하늘도 금가지 않았고 바람과 구름도 멋대로 갈 수 있는 북쪽, 올 봄에도 청산도 솔바람은 봄향기를 가득 싣고 금강산 묘향산 부전령요원 백두산 어디나 가릴 것 없이 다 찾아가지만 아직 사람들은 자유로이 가지 못한다.

나는 일찍이 「직녀에게」란 설화적 알레고리를 메타포어로 활용한 연가를 쓴 적이 있다. 흔히 통일 가요로도 불리는 이 시에서도 견우와 직녀는 서로 사랑하는 사이지만 타의에 의해 옥황상제의 노여움을 사 은하수를 사이에 두고 헤어져 귀양살이를 한다. 직녀는 베를 짜고 견우는 소를 치면서 은하수 건너편의 그리운 임을 노린다. 일 년에 한 번씩 7월 7일날 만날 기회를 주었다. 까마귀가 다리를 놓아 만나게 한다고 했다.

견우는 노래한다.「이별이 너무 길다/ 사방이 막혀버린 죽음의 땅에 서서/ 그대 손짓하는 연인아/ 유방도 빼앗기고 처녀막도 빼앗기고/ 마지막 머리털까지 빼앗길지라도/ 우리는 다시 만나야 한다/ 우리들은 은하수를 건너야 한다/ 오작교가 없어도 노둣돌이 없어도/ 가슴을 딛고 건너가 다시 만나야 할 우리/ 칼날 위라도 딛고 건나가 만나야 할 우리/ 이별은 이별은 끝나야 한다/ 말라 붙은 은하수 눈물로 녹이고/ 가슴과 가슴을 노둣돌 놓아/ 슬픔은 슬픔은 끝나야 한다 연인아」

우리의 소원은 무엇인가. 가장 급선무이자 가장 중요한 것이 바로 남과 북이 하나 되는 통일인 것이다. 우리 민족 불행의 근원은 바로, 분단, 이 분단이란 봄바람의 적은 바로 찬서리이다. 이 찬서리를 몰아내고 진달래꽃을 청산도에서 백두산 천지못에까지 꽃피우는 봄바람이 바로 통일바람일 것이다.

정영기 선생의 동화도 바로 이 민족의 소망을 담은 선구자의 노래인 것이다.

동화란 아동을 위하여 지어진 이야기이다. 상상의 세계 꿈의 세계를 통하여 그들은 모든 자연과 통하고 온 우주를 배경으로 날아다니기도 한다. 그러나 그 꿈이 요술할미의 그것처럼 화상의 세계만을 다룬다면 그 아동들은 바르게 성장하지 못할 것이다. 전래동화는 모두가 한 가지씩 교훈을 담고 있다. 호랑이와 말도 하고 마술도 부리고 하늘을 날기도 하지만 그 이야기는 반드시 삶에 관계된 교훈을 준다. 아무리 상상력을 동원하여 꿈의 세계를 창조한다고 해도 현실과 동떨어진 공상은 가치 있는 꿈이 아니다. 청산도의 솔바람은 곧 작가의 인생관이나 이념에서 연유된 통일염원이다. 정년을 맞은 정영기 선생, 그러나 교단을 떠나더라도 그의 작품은 책속에 남아 이 땅의 아동들에게 어른이 되어 가는 올바른 사상과 꿈을 고이 심어줄 것이다.

동심을 바탕으로 한 팬터지의 세계

심 윤 섭

(문학평론가)

내가 동화작가 정영기 선생님을 처음으로 만난 것은 1989년 완도군 교육청에서 주최한 '청해의 얼' 독후감 쓰기 대회 심사장에서였다. 선생님은 약간 마른 체형에 흰 머리카락이 많아 노숙(老宿)한 인상이었다. 그러나 말을 나눠보니 강한 눈빛과 또록또록한 어조로 좌중(座中)을 압도하여 청년 같은 기백이 넘쳐흘렀다. 그때 수필가 윤창하 선생님과 함께 작품 심사를 하던 기억이 바로 엊그제 같은데 훌쩍 십여 년의 세월이 흘렀다.

선생님은 화순문학회를 한국문인협회화순지부로 승인 받아 초대 지부장으로서 화순문학의 반석을 다지는데 공헌을 하였다. 내가 2001년 전남문인협회 사무국장으로 일할 때 지금은 고인이 된 시조시인 용진호 감사가 건강상 이유로 사퇴하였다. 그리하여 명망(名望)이 있는 선생님이 감사로 보선되었는데 건강이 좋지 않아보였다.

2002년 4월 정기총회 이후로 회장을 불신하는 일부 인사의 파상 공세 때문에 결국 황하택 회장이 물러났다. 그 와중(渦中)에 감사를 맡았던 선생님은 감사보고서의 문건 문제로 한동안 고심하였다. 곧고 바른 성격을 가진 선생님이 벙어리 냉가슴 앓듯이 울혈(鬱血)된 심정을 어찌 푸셨을까 지극히 염려되기도 했다.

선생님은 제 1회 대한민국 지역문학 전국시도문학인 교류대회 때 전국 시도문학인들이 대회 참석 기념으로 싸인하여 영원히 보존할 싸인장 제작 실무 및 당일 담당 역할을 빈틈없이 해내였다. 대회가 끝난 뒤에는 주위의 여러 문인들로부터 책임감과 봉사정신이 투철하다는 말을 듣기도 했다.

그러다 지난 2월 선생님의 대표동화집 『세상에서 제일 아름다운 노래』를 받아보았다.

회갑을 맞아 예쁜 삽화를 곁들여 양장본으로 펴낸 대표동화집은 등단 후 발표된 180여 편의 작품 가운데 모두 30편을 선별하여 수록한 작품집이다.

동화는 사실적(寫實的)인 소설과는 다른, 공상적인 이야기이다. 우주의 삼라만상을 동질체로 보고 생각하고 느끼는 동심을 바탕으로, 아동이나 성인은 물론 동식물 등 삼라만상이 구체적으로 생활하는 모습 곧 이야기를 그려보는 것이 동화다.

그리하여 동화작가는 현실에서 승화된 팬터지의 날개를 펴고 공상적이고 초자연적인 생활의 이야기를 독자에게 들려준다.

동화의 종류에는 전래동화와 창작동화가 있다. 전래동화는 옛날부터 전해 오는 동화로서 팬터지가 있고 서정적, 교훈적인 것이 특색이다.

창작동화는 전래 동화와는 달리 동화작가에 의해서 예술적으로 창조되어진 동화로서 생활적, 서정적, 예술적인 것이 그 특색이다.

창작동화는 동화의 본질 그대로 창작된 순수동화와 아동의 일상적인 현실생활을 주로한 생활동화로 나누어진다.

순수동화는 옛날이야기를 전승하여 초자연적, 환상적인 제재를 산문시적으로 표현하는 동화이다. 그러나 생활동화는 팬터지보다 아동의 일상적인 생활을 중심으로 엮어진 동화이다.

예전에는 동화작가 가운데 대다수가 교단에 재직하고 있었다. 그래서 한때 교단작가라는 말이 생겨나기도 했다. 7,80년대 아동문학계에서는 한창 생활동화니 환상(팬터지)동화니 하고 논란을 벌였던 적이 있었다.

당시 일부 교단작가들이 아동들의 생활을 제재로 쓴 동화 가운데 일부 작품은 논란의 대상이 되기도 했다. 왜냐하면 현실성과 결합된 동심에 바탕을 두고서 팬터지와 조화시켜야 하는데 창조의 원동력이 되는 팬터지가 없거나 빈약하였기 때문이었다.

동화작가가 팬터지로써 현실을 승화시켜 현실을 팬터지화하는 것은 그리 쉬운 일은 아니다. 흔히들 팬터지라고 해서 허무맹랑한 공상으로 생각하고 있는데 이는 전연 현실과 관계없는 공상의 세계에 그치기 때문에 황당무계한 이야기밖에 되지 않는다. 현실에 뿌리박는 환상의 세계가 아니면 독자의 공감을 얻지 못할 것이다.

정신을 차린 학배기는 날개를 쳐보았습니다. 사뿐사뿐 가볍게 온몸이 둥둥 떠올랐습니다.

'야, 이제야 꿈이 이루어졌구나. 학배기 마을의 전설은 거짓이 아니었구나.'

고추잠자리가 된 학배기는 너무 즐거워 하늘을 빙빙 돌았습니다.

구름 위에 날아도 보고, 감나무 꼭대기에 앉아도 보고, 바지랑대 꼭대기에서 쉬기도 했습니다.

문득 꽃가래가 생각났습니다. 고추잠자리는 다시 날아 고향을 찾아가 보았습니다. 그때까지 피라미와 꽃가래는 학배기가 날아가버린 하늘을 보고 있었습니다. 조심스럽게 바라보던 꽃가래가 학배기를 보자마자 시기심이 발끈 솟아올랐습니다.

"저 따위 학배기가 하늘을 날았는데 나라고 못 날까?"

꽃가래는 하늘 높이 치솟았습니다. 덩달아 피라미들도 뛰어 올랐습니다.

"부질없는 짓이야. 너희들은 날개가 없지 않아. 헤엄이나 치면서 살아."

고추잠자리가 한마디 남기고 파란 하늘을 빙빙 돌며 다시 날아 갔습니다.

뒤를 이어 노을 진 석양 하늘을 피라미들도 뛰어 올랐습니다.

"나도 날 수 있다니까."

피라미들은 기를 쓰고 날고 싶어 지금도 저녁 때가 되면 석양 하늘을 바라보며 물 위로 자꾸 자꾸 뛰어오른답니다.

-동화 「짱아짱아 예쁜 짱아」의 일절

위의 동화는 잠자리의 우화(羽化)를 통하여 석양 무렵에 꽃가래와 피라미들이 잠자리처럼 날아오르려고 물위로 뛰어올라 보지만 이들은 결코 날 수 없고, 고운 날개를 가진 '예쁜 짱아'만이 하늘 높이 날 수 있다는 독창적인 상상력을 발휘하고 있어 감동을 주고 있다.

스미스의 말처럼 "추상(抽象)의 세계에서 생명을 창조하는 힘으로 보이지 않은 것의 깊이까지 들어가서 범인(凡人)은 들여다 볼 수 없는 신비한 장소에 감추어져 있는 빛이 비치는 곳으로 꺼내와 보통 사람들한테 똑똑하게 또한 어느 정도 이해할 수 있게 보여주는 일."인 팬터지를 자유자재로 구사하는 능력을 갖추어야 훌륭한 동화작가라고 말할 수 있다.

그러한 의미에서 볼 때 정영기 동화작가는 아동의 일상적인 생활을 바탕으로 하여 동화가 가지는 시적(詩的)이며 환상적(幻想的)인 면을 작중(作中)에 구현시키기도 하고, 전래동화를 개작하여 우화적(寓話的)인 방법에 의해서 교육적 효과를 거두기도 하고, 순수한 자연과 동화된 동심의 세계를 묘사하여 다양한 소재의 취택에 따른 단순명쾌한 구성력을 보여주었다 할 수 있다.

이는 그만큼 작가의 적확(的確)한 현실 판독(判讀)의 안목(眼目)과 동화를 구성하는 기법(技法)이 우수하다는 것을 뜻한다. 더불어 평이(平易)하고 간결(簡潔)한 문체(文體)와 흥미로운 주제를 형상화하는 능력도 돋보이기 때문이다.

동화는 산문시적(散文詩的)인 세계이다. 산문적인 현실을 그리는 게 아니라 시적인 정서(情緖)로 채색된 산문의 세계를 그리면서 그 표현도 시적인 산문에 의한다고 볼 수 있다.

앞으로 정영기 동화작가는 시적 상상력과 노련한 기법을 바탕으로 아동을 중심으로 한 일상적인 현실생활을 그리는 것이 아니라 동화의 본질인 팬터지에 의한 재미있고 화려한 공상의 세계를 그려내어 아동이나 동심을 가진 성인들의 꿈을 키워줌으로서 아동문학이 지향하는 바를 잘 구현하리라고 생각한다.

휴머니즘 구현의 미학
–아동문학가 정영기론

강 경 호
(시인, 문학평론가, 계간《시와사람》 발행인)

1. 아동문학가 정영기

아동문학가 정영기(1942~)는 전남 화순군 도곡면 신덕리에서 태어났다. 이순(耳順)의 나이에 이르렀지만 그가 펼쳐내는 상상력은 언제나 아이들과 함께 하고 있다. 그는 오직 외길로 산간벽지는 물론 완도 청산도에 이르는 섬을 돌아다니며 교육자의 길을 걸어왔다. 지금도 고향인 화순초등학교에서 후학들을 위해 교육현장에서 일하고 있다.

그는 〈기독교 아동문학 신인상〉을 통해 문단에 발을 내딛은 후 《월간문학》, 《월간아동문학》 신인상을 거쳐 문단에 데뷔하였다. 〈전남아동문학상〉, 〈글짓기 지도 교사상〉 등이 말해 주듯이 문학에 열정을 쏟으며 자신의 문학세계를 일궈왔다. 뿐만 아니라 새싹들에게 글짓기교육에 열정을 보여준 참스승이기도 하다. 그는 초대 화순문인협회 지부장으로 재임하면서 화순문학 발전에 지대한 공을 세우고 있다. 해마다 〈운주백일장대회〉를 열어 화순지역 아동들의 문학적 역량과 정서함양에도 혼신의 노력을 기울이고 있다.

그런 가운데 펴낸 작품집으로 『쌍무지개 뜨는 마을』, 『짱아짱아 예쁜 짱아』, 『이상한 샘물』, 『흥부박 놀부박』, 등 4권의 동화집과 『지구를 떠나는 사람』, 『청소부와 새 사장님』이라는 소년소녀 소설을 펴낸 의욕적인 동화작가로 정평이 나있다.

그의 작품세계가 지향하는 것은 궁극적으로 '참된 인간의 길'을 제시하는데 일관하고 있다. 이것은 그의 사람됨에서 비롯된다고 할 수 있다. 작가에게 있어서 작품은 작가의 정신과 지향하는 세계관이 반영된 것으로 작품을 통해서 그런 작가의 실제 사람됨까지도 읽을 수 있는 근거가 된다.

실제로 동화작가 정영기는 독실한 기독교인이면서 한편으로는 우리의 전통적인 가치관 및 윤리의식을 가진 사람이다. 허튼소리 안하고 바른 말을 잘 하는 사람으로 문단에서나 교단에서는 다 아는 사실이다. 그래서 그를 아는 모든 사람은 그런 그의 성품이나 인품을 신뢰한다.

세상이 너무 빠르게 돌아가는 오늘날, 사람들은 현실에 적응하기 위해 많은 정보를 취하며 남보다 뒤떨어지지 않으려는 몸부림을 친다. 그러나 정영기의 관심은 눈에 보이는 물질이나 유행의 흐름에 있는 것이 아니라 그것들의 중심에 놓인 '인간의 바른 모습'에 있다.

그래서 혹자들은 그를 '현실에 타협할 줄 모르고 세상 흐름에 둔감한 사람'이라고 생각한다. 그런 그의 모습은 참으로 고지식하고 답답하다. 융통성이 없다고 할 수 있다. 그러나 그렇게 자신에게 엄격한 그의 정신이 그의 문학을 낳고, 그의 삶을 지탱하게 하는데, 그가 살아가는 목표이기도 하다. 뿐만 아니라 그런 그의 정신은 지조가 무너지고 있는 시대의 버팀목이 되고 있다. 그렇게 살며 지나온 그의 길에는 맑고 건강한 그의 영혼이 빛나고 있다.

앞에서 밝힌 것처럼 그의 문학적 지향은 '참된 인간의 길'이다. 그래서 그의 문학이 도달하고자 하는 것은 '휴머니즘의 구현'이 아닐 수 없다.

그의 문학이 보여주는 몇 가지 갈래는 다음과 같다.

'전통적 서정의 이미지화', '우화적 세계의 상상력', '일상 속에서 일구어낸 동심', '생태학적 상상력' 등으로 나눌 수 있다. 이러한 경향의 작품들은 소재만 다를 뿐 한결같이 '휴머니즘의 구현'이라는 주제를 충실히 반영하고 있다 하겠다.

2. 전통적 서정의 이미지화

전통적으로 동화가 지녀야 할 미학적 규범 요소로 예술성과 교육성을 중요시 해왔다. 그 두 요소는 순수 동심을 구현하는 한 방법으로 선호되고 있다. 그러나 교육성과 예술성의 조화는 쉬운 일이 아니다. 어른의 입장에서 가르치려 한다거나, 예술성에 치중한다 하면서 장황한 묘사중심의 문장을 서술하다 보면 정작 어린 독자들이 목말라하는 감동의 즐거움은 뒷전으로 밀려나기 일쑤다.

옛 이야기식의 수법이나 우화적인 수법은 말 그대로 우리의 전통이야기에서 흔히 쓰던 동화 창작법이다. 그것은 도덕적인 교훈성을 직접적으로 설파하기 위한 목적이 있다. 그래서 이야기 속에 교훈이 뚜렷하게 노출되는 단점이 있기는 하나, 단순 명쾌한 스토리와 더불어 상징어법이나 풍자적인 재미로 인해 여러 세대가 흘러도 변함없이 읽히고 또 읽히는 장점이 있다.

정영기의 동화는 재미와 교육적인 효과를 동시에 거두고 있다. 언어는 아직 거칠고 덜 세공이 되었지만 동화 본래의 효용성을 생각한다면 그의 동화는 얼마간의 성과를 획득했다고 볼 수 있다.

우선 전통적인 이야기식 수법으로 쓴 그의 동화를 살펴보기로 하자. 그가 동화를 통해 바른 인간의 모습을 어떻게 보여주는지, 그래서 동화의 본래 목적인 교육성을 어떻게 드러내는지를 확인해 보기로 하자.

정영기의 첫 동화집 『쌍무지개 뜨는 마을』에 실린 「감나무와 미련한 농부」는 옛이야기와 이솝의 우화를 연상하게 하는 동화이다. 전개방식도 매우 전통적인 방법을 취하고 있다.

옛날 산골에 욕심 많은 농부가 살았는데, 뒷밭에 감나무를 심었다. 처음에는 잘 자라던 감나무가 3년쯤 뒤부터는 잘 자라지 않는다. 열매도 잘 맺지 않는다. 농부는 감나무 뿌리가 커져서 감나무가 잘 자라지 않는다고 생각하고 뿌리를 잘라내고 다시 심는다. 그러나 다음해 감나무는 잘 자라지 않고 더벅순만 쭉쭉 올라온다. 그래도 감나무는 자라지 않고 열매도 맺지 않는다. 그의 욕심은 다른 사람네가 수확을 많이 거두자, 그것이 부러워 자신도 많은 감을 수확하려는 욕심을 낸다. 그 후에도 농부는 욕심에 눈이 어두워 자신이 생각한 것이 옳다고 생각하고 그가 생각한대로 감나무 잎을 모두 따 버린다. 결국 감나무는 말라죽고 만다.

이런 내용으로 전개되고 있는 「감나무와 미련한 농부」는 제목이 말하듯 미련한 농부를 그리고 있다. 어리석은 농부를 통해 작가는 지혜롭지 못한 인간과 인간의 욕망이 주는 결말을 말하고 있다. 주지하다시피 농부란 나무처럼 정직한 것의 상징이다. 심은 것 만큼 거두는 것이 농부이며, 환경에 따라 순리대로 자라는 것이 나무이다. 그런데 과도한 욕망을 가지고 지혜롭지 못하게 행동할 때 그 대가가 어떤 것인지를 잘 보여주고 있다.

「선비와 도둑」 역시 참된 인간의 모습을 그리고 있다. 이 작품은 짤막한 이야기 세 편으로 이루어졌는데 가난하지만 지조 있는 선비의 모습을 그리고 있다.

벼슬에 나가기 위해 과거시험을 치루지만 번번이 낙방하는 선비가 벼슬보다 학문에 눈이 트이어 열심히 공부를 해 인륜의 도를 깨우치게 된다. 그는 하늘의 기밀을 깨달을 수 있게 되고 사물의 깊은 이치를 깨달아 도를 통하게 된다. 그런 선비를 높이 생각하여 나라에서 크게 등용하려 했지만 선비는 벼슬길에 끝내 나가지 않는다. 그러나 아내는 언제나 식량 걱정이다. 어느 날 선비는 백 섬의 낟가리를 집안 뜰에 쌓아둔다. 그러나 도둑들이 훔쳐가고 불을 지른다. 이런 과정을 거쳐 선비의 아내는 재물에 대한 욕심을 버리게 된다.

정영기의 많은 글들은 전래동화를 직접 원용하지는 않지만 이야기의 전개구조가 전래동화와 같은 구조를 가지고 있다. 특히 「선비와 도둑」에서는 조선시대의 선비들이 지녔던 아름다운 덕목인 청렴하고 지조있는 인물형을 보여주고 있다.

선비가 처음에는 벼슬길에 나가려 하지만 나가지 않고 오직 학문에만 열심히 하는 모습이라든가, 재물에 대한 욕심보다는 청빈한 선비의 기품을 보여주는 모습 등이 그 전형이다. 오늘날의 시각에서 보면 아주 비현실적인 사람임이 분명하다. 그러나 오늘날 팽배한 물신주의와 타락한 인간의 정신을 비추어 볼 때 조선시대 최고의 덕목이었던 청빈함, 순백한 선비 정신은 오히려 현대인들에게 시사하는 바가 더 크다고 할 수 있다.

아동문학가 정영기의 정신적 세계를 들여다볼 수 있는 대목으로 다음과 같은 것을 눈여겨 볼 필요가 있다.

> 어쩌면 사람으로 태어나 짐승만도 못한 일만 골라 하는 것일까? 날이면 날마다 남의 식량을 퍼 가고 장독대 된장까지 퍼가는 나쁜 버릇이 생겼을까?
>
> -「선비와 도둑」에서

정치 · 경제 · 행정은 물론 각계각층에 큰 도둑들이 극성을 부리고 있는 오늘날 아동문학가 정영기는 '선비'이고 날이면 날마다 수갑 찬 채 신문에 찍혀 나오는 사람들은 '도둑'이다. 위의 글에서 청빈한 선비의 지조를 지닌 정영기의 일면을 읽을 수 있다.

「선비와 도둑」은 전래동화의 형식이며 특징인 '권선징악'의 구조로 되어 있다. 이는 오늘날에도 적용되는 이야기이다.

정영기는 이 작품을 통해 일그러진 오늘 우리의 자화상을 보여주며 인간성 회복을 말하기도 한다.

3. 일상 속에서 일구어낸 동심

아동문학가 정영기는 작품 속에 어린이들의 일상적인 모습을 진솔하게 보여주는데 애써왔다. 1970년대 아동문학의 리얼리즘적 경향이 급격히 일어나면서 이원수에 의한 아동문학의 '서민성'이 강조되었다. 정영기도 그 범주에서 예외가 아니다.

그렇다고 정영기가 아동문학의 서민성을 지나치게 강조하여 어린이들의 어두운 현실을 그리는데 집착한 것은 더욱 아니다. 그는 서민적인 어린이들의 일상 속에서 발현되는 아름다운 동심을 그리는데 주력해 왔기 때문이다. 그의 작품 속에 등장하는 인물들은 사회구조의 모순에 슬퍼하는 어린이들의 모습이 아니다. 긍정적인 의식을 지니고 자라나는 천진스러운 어린이들의 모습이다. 그는 작품을 통해 끊임없이 긍정적이고 해맑은 어린이들의 모습을 그려낸다. 즉 긍정적인 인식을 바탕으로 불우한 현실에도 꿋꿋하게 살아가는 어린이들의 이상을 그리고 있다.

「우유배달과 신문팔이」에서는 절망을 극복하려는 소년소녀 가장의 현실 극복 의지를 보여주고 있다.

> 맞은편 골목에서 달려오는 사람은 바로 상권이였습니다. 앗! 하는

순간 두 사람은 피할 길이 없었습니다.

상권이 옆구리에서는 신문 뭉치가 한아름 끼어져 있었음은 어찌할 수 없었습니다. 또한 누나의 옆구리에는 책가방 대신 우유배달 가방이 그대로 걸려 있었습니다.

"누나" "상권아"

누나는 가방을 벗어던지고 상권이를 안고 마구 흔들었습니다.

"너만은 걱정 말고 학교에 잘 다니라고 했잖아."

상권이의 옆구리에 낀 신문이 길바닥에 흩어집니다. 누나의 우유배달 가방이 길바닥에 동댕이쳐 굴렀습니다.

-「우유배달과 신문팔이」에서

부모를 모두 잃은 상권이라는 어린이와 그의 누나가 좌절하지 않고, 누나는 동생을 위해, 동생은 누나를 위해 서로 학교를 마칠 수 있도록 우유배달과 신문배달을 한다. 물론 서로 비밀리에 일을 하다 길에서 마주치게 된다. 서로를 위한 따뜻한 마음을 안 오누이가 마주 안고 흐느끼는 위의 대목에서 알 수 있듯 우리 문학에서 흔하게 만나는 소재이며 이야기이다. 줄거리와 결론이 뻔한 줄 알면서도 그럼에도 독자들은 언제나 감동을 갖게 된다. 그것은 어려움을 극복하는 과정의 긴장감과 주인공인 어린이들의 순백한 정신 때문이다. 또한 이 작품은 우리의 일상 속에서 쉽게 만날 수 있는 감동이기 때문이다. 실제로 오늘날 IMF 위기를 맞은 후 우리나라는 많은 소년소녀 가장을 내놓았다. 부모가 이혼하고 부모와 자식이 떨어져 살아야 하는 이른바 가정이 해체되는 경우가 많이 발생하였다. 아이들은 시설에 흩어져 마음의 상처를 입기도 한 것이다. 물론 이 작품은 오래 전에 쓴 작품이기는 하나 오늘날에도 여전히 의미있게 읽혀지고 있다. 빗나가지 않고 따스한 가정과 가족의 사랑을 지켜나가는 어린이들을 통해 독자들은 진정한 인간의 가치와 삶의 의미를 되새길 수 있을 것이다.

초등학교 교사인 정영기는 환타지적 상상력으로 학교 생활하는 어린이들에게 아름다운 꿈을 꾸게 하며 동화의 즐거움을 배가시키기도 한다.

이는 교육현장에서 체험하고 느끼는 참된 교육과 올바른 인성을 동화를 통해 실천하는 것이라 할 수 있다. 그 대표적인 작품이 「예술의 숲」이다.

여름방학이 되어 선생님이 과제물을 내준다. 과제물 계획서에 과제물 숙제는 없고 "가자 숲으로, 예술의 숲으로"만 적혀있을 뿐이다. 아이들은 무슨 뜻인지 알 수 없지만 열심히 예술의 숲을 찾아 떠난다. 마을 부근의 숲을 찾아다니지만 어떤 것이 예술의 숲인지 알 수 없다. 매미들이 노래하고 산골짝에 물이 넘치는 곳에서 리듬을 적고, 그림을 그린다. 아이들은 방학이 끝날 무렵까지 그곳에서 동화책도 읽고 곤충채집을 한다. 어떤 아이들은 시냇물에서 가재를 잡기도 한다. 방학이 끝날 무렵 아이들은 식물채집과 그림 이야기, 동시집 등을 갖게 된다.

개학날 아이들은 예술의 숲을 찾지 못해 선생님의 눈치를 살핀다. 그러나 아이들이 방학중에 스스로 만든 식물 채집, 그림 이야기, 동시집 등을 선생님께 내놓는다. 그것을 바라보는 선생님은 얼굴빛이 밝게 빛난다.

대충 이런 내용을 담고 있는 「예술의 숲」에서 작가는 아이들에게 강요하는 교육보다 스스로 탐구하고 즐겁게 공부하는 방법을 자연스럽게 말하고 있다. 더불어 생명의 소중함과 자연의 아름다움을 강조한다.

오늘날 우리나라 교육정책의 모순됨을 지적하는 목소리가 높다. 교육정책의 변덕스러움에 갈팡질팡하고 있는 것이 우리나라의 실정이다. 또한 입시중심의 교육 때문에 교육의 본래 목적이라 할 수 있는 건강하고 바른 인간, 다양한 지식 및 기술의 습득에 충실하지 못하고 있다. 한 예로 우리말도 바르게 쓰지 못하면서 외국에 조기유학을 보내는 등 국적을 망각한 교육과 정체성 상실교육이 학부모들 사이에 만연해 있다. 이런 우리나라의 사정에 비춰 교육현장에서 실제로 부딪히며 느끼는 정영기의 바람직한 교육방법을 그는 동화작가로서 작품을 통해 독자들에게 그 방법으로 제시하고 있는 셈이다.

4. 寓話的 기법을 통한 상상력

정영기의 작품에는 우화적인 기법에 의해 쓰여진 동화가 참으로 많다. 이는 그가 동화에 있어서 환상성(幻想性)에 무게를 많이 두고 있다는 근거이다. 역시 동화는 어린이들에게 현실을 말하면서도 비현실적인 공간을 동화의 배경으로 했을 때 오락적 즐거움과 환상성이 배가된다. 특히 정영기의 동화 소재는 동물은 물론 식물, 또는 광물질까지도 의인화시켜 주인공으로 내세우는 등 그에게 모든 사물은 동화의 소재가 될 수 있다. 그의 동화를 읽게 되면 느낄 수 있는 것이 그가 평소에 아주 미세한 것에까지도 관심을 갖고 관찰하고 있음을 알 수 있다.

「곰사리고둥의 여행」은 그 좋은 예가 된다. 이 작품은 바닷가 갯돌밭에 있는 고둥, 집게, 소라 등을 의인화 시킨 작품으로 엄마의 말을 듣지 않고 여행하다가 화를 당하는 이야기를 교훈적으로 말하고 있다.

따사로운 봄날 엄마 곰사리고둥은 어린 곰사리고둥에게 세상 살아가는 지혜를 일러준다. 혼자서 함부로 멀리 떠나게 되면 도요새나 갈매기에게 잡혀먹을 수 있으니 혼자 행동하지 말라고 타이른다. 그러나 세상에 대한 호기심 때문에 갯돌에 묻혀 도시까지 여행하게 된다. 그러나 다시는 엄마가 있는 바다에 돌아가지 못하게 된다. 아주 짧은 내용으로 이루어진 작품에서 독자들은 생존을 위해 살아가는 지혜를 읽게 된다. 어리석은 자의 끝이 어떤 것인가를 말하고 있는 이 작품은 마치 이솝우화를 보는 듯 세상의 이치를 간단하게 보여주고 있다.

이와 같은 이야기이지만 「해초의 지혜」나 「바윗돌의 꿈」은 지혜롭고 아름다운 이야기를 보여준다.

「해초의 지혜」에서는 나약하고 부드럽지만 강하고 끈질긴 자의 모습을 그리고 있다.

> 미역과 톳은 바위 끝에 꼭 붙어 파도가 치는대로 이리저리 밀렸습니다.
>
> 심한 풍랑에도 많은 상처가 없이 파도를 따라 몸을 흘렸습니다.
>
> 거친 파도는 물결이 치는대로 몸을 흘려 움직이는 해초들을 할퀴지 못했습니다.
>
> 거칠게 휘몰아치던 태풍이 물러가 바다는 잔잔해졌습니다.
>
> 잔잔한 파도가 "철썩쿵 쏴아" 한가롭게 밀려와 멋진 물보라를 만들었습니다.
>
> 몇 시간의 태풍이 할퀴고 지나간 매봉산 기슭 바닷가에는 강풍에도 굽혀지지 않던 갯돌나무가 파도와 비바람을 이겨내지 못하고 송두리째 뽑혀 파도에 둥둥 떠내려 갔습니다.
>
> -「해초의 지혜」에서

갯돌나무처럼 예쁜 꽃과 향기를 가질 수 없는 바닷 속 해초들은 자신들의 신세를 한탄한다. 잎과 줄기는 물론 꽃도 피울 수 없지만 특히 혼자 똑바로 설 수 없음에 늘 갯돌나무가 부럽다. 그러나 여름날 태풍이 몰아칠 때 자신들의 처지가 갯돌나무보다 더 낫다는 것을 깨닫게 된다. 태풍과 풍랑 앞에 꼿꼿한 갯돌나무는 바람막이가 되어 뿌리째 뽑히고 말았던 것이다. 살아가면서 자신의 처지를 늘 못마땅하게 생각하는 사람들에게 자신의 부족함보다 남보다 잘난 것을 생각하고 열심히 살라는 교훈을 주는 이 작품은 어렵고 힘들게 살아가는 사람들에게 용기와 꿈을 전해준다.

「바윗돌의 꿈」은 삶을 보다 적극적인 자세로 살아가라는 메시지를 전한다. 이 작품 역시 사물을 의인화시켜 마치 사람처럼 혼자 갈등하고 용기를 내며 끝내 꿈을 잃지 않고 '나는 사람들에게 꼭 필요한 돌이 되어 사랑을 받을 거야'라고 생각한 것처럼 우여곡절 끝에 쓸모 있는 수석으로 거듭나는 검은 돌의 꿈을 그렸다. 마치 모나고 거친 돌이 상류에서 하류로 흘러 내려가면서 겪게 되는 모진 고난을 인간의 삶에 견주어 말한 수법으로 전개되는 이 작품은 「해초의 지혜」와 유사한 면을 보여준다. 즉 자신의 부족한 면(아름다운 꽃을 피지 못하는 해초와 아름답지 못한 검은 돌)을 좌절하지 않고 오히려 장점으로 가져가는 지혜를 주는 것 등이다.

이 밖에 「함정에 빠진 백여우」에서는 지혜를 잘못 쓰다가 오히려 화를 당하는 여우의 간교함을 「언챙이 개구리와 맹꽁이」에서는 얼굴을 고친다고 마음까지 고칠 수 없음을, 또는 영원히 아름다움을 간직할 수 없는 것의 서글픔 등을 보여준다.

우화적인 기법으로 쓴 정영기의 작품은 한결같이 하나의 교훈을 말해준다. 그 교훈은 때로 지혜로움과 아름다움과 지혜롭지 못함의 비극적 말로를 보여주고 있는데 모두가 바른 인간의 모습의 길을 가르쳐주고 있다.

5. 생태학적 상상력

1992년 브라질의 '리오선언' 이후 자연환경을 보호하자는 운동이 전지구적으로 일어나 활발히 전개되고 있다. 특히 환경단체인 그린피스가 우리나라 영광 원자력발전소 앞 바다에서 시위를 한 것이 눈에 띈다. 문학인들도 그러한 운동에 참여하여 생태환경을 보호하려는 운동이 오래 전부터 진행되어 왔다. 1970년대에부터 그런 움직임이 있었지만, 다른 정치 · 사회운동에 가려 크게 빛을 보지 못하다가 1990년대에 들어 '도시시'등 여러 갈래의 문학형식과 내용으로 생태환경보존에 대한 문학적 대응방식으로 전개해 왔다. 이제는 단순한 생태환경의 보존 차원이 아니라 문학의 본령이라 할 수 있는 생명성, 즉 인간의 영혼을 영원성 차원으로 끌어 올려 발전시키고 있다. 그 대표적인 것이 김지하의 '생명 사상'이다. 그러나 우리나라 아동문학에서는 아직 그 단계까지 이르지 못한 미흡한 감이 있다.

아동문학가 정영기 역시 아동문학이라는 형식을 통해 생태환경운동에 참여하고 있다. 그 대표적인 예가 『지구를 떠나는 사람』이다. 이 작품은 소년소녀 환경소설이라고 할 수 있는 장편으로 어린이들에게 환경을 보호해야 하는 당위성을 차근차근 가르치고 있다. 특히 이 작품은 물의 소중함을 일깨우고 있는데 주인공인 어린이들이 탐정이 되어 드들강을 오염시켜 물고기들을 죽게 한 업체와 사주를 찾아 고발하는 이야기 등으로 전개된다.

> 가을 하늘 아래 드들강 물은 맑아 푸르기만 한데, 그 푸른 물 위로는 피라미, 붕어들이 하얀 배를 드러내놓고 연방 입을 빼끔거리고 있었고, 밑바닥에는 빠가사리, 메기들이 역시 흰 배를 드러내고 죽어가고 있는 것이다. 한 두 마리도 아니고, 고기란 고기는 모조리 넘어져 죽어 있었으며, 기가 막혀 벌린 입이 닫혀지지 않을 법도 하였다.
>
> "이럴 땐 어떡하지?"
>
> "꼬마 탐정이 모르면 낸들 어떡해."
>
> "필경 화순읍내 농공단지나 능주읍내 농공단지에서 폐수가 흘러든거야. 우선 고발을 해야 돼."
>
> -『지구를 떠나는 사람』에서

그러나 어머니 등 어른들은 환경오염의 심각성을 깨닫지 못한다. 그래서 어린이들은 학교에서 강을 살리기 위해 '환경보전소년단'을 조직하여 위법단체나 공장을 감시하는 등 활약을 한다.

이 작품에서 작가는 물이 인간에게 얼마나 중요한 것인지, 또는 환경이 오염되면 동식물이 피해를 입고, 동식물이 피해를 입으면 사람에게 왜 해가 되는 지도 작품을 전개하면서 목소리를 높인다. 또한 공장이나 가정의 생활폐수, 축사 등 일상적인 생활 속에서 물을 아껴 써야 되고 보전해야 하는 당위성을 논리적으로 설명한다.

또한 이 작품은 환경을 보호하는 일이 얼마나 중요한지를, 그리고 현실적으로 얼마나 어려운지를 여러 경로를 통해 알리고 있다. 이 작품의 제목이 암시하듯이 환경을 보호하지 못하면 인간은 지구에서 살 수 없음을, 그래서 지구환경을 보전해야 하는지를 역설적으로 말한다.

사실 이 작품의 결론은 아직도 끝나지 않았다. 왜냐하면 정영기가 이 작품에서 하고자하는 메시지는 아직도 해결되지 않은 현재진행형이기 때문이다.

6. 결론

앞에서 대략적으로 살펴본 정영기의 작품세계는 여러 갈래로 나누어 살펴볼 수 있다. 전통적 서정성을 바탕으로 옛 이야기식으로 펼쳐내는 참된 인간의 길을 제시하고 있는 그의 작품세계는 한마디로 인간이 정서적으로나 물질적으로 윤택하고 풍요롭게 살 수 있는 세상을 꿈꾸고 있다. 또한 어린이들의 일상적인 모습을 관찰하고 어린이들의 순수한 동심의 세계나 사물을 의인화시켜 우화적으로 그려낸 우화적 상상력의 세계 역시 생태환경 보전을 위한 메시지를 담은 생태학적 상상력과 더불어 그 바탕에는 참다운 세상을 위한 그의 간절한 휴머니티가 배어있다고 할 수 있다.

그 외 그의 작품에는 기독교적인 신념과 사랑의 실천을 보여주는 작품도 많다. 그것들에서 정영기는 특정 신앙에 대한 선전적인 것이 아니다. 궁극적으로 그가 기독교적인 배경을 염두에 두고 쓴 작품들도 앞에서 말한 여러 갈래의 작품세계와 크게 다를 것이 없다. 좀 더 바른 세상과 인간애를 바탕으로 더욱 따스한 세상을 꿈꾸는 그의 정신이 깃들어 있다.

그의 작품에서 한 가지 두드러진 사실은, 아동문학가 정영기는 언어에서 지역적 특징을 잘 살리고 있으며, 현실적 리얼리티를 성실히 반영하고 있다는 사실이다. 그의 언어가 좀 세련되지 못하고 촌스럽게 느껴지는 것이 그것의 단서이다. 주인공이나 구성원들의 이름이 농어촌 등의 시골에서 과거에 많이 썼던 촌스러운 이름들과 실제 그가 살고있는 지방의 마을 이름은 물론 산, 강 등의 지명을 그대로 작품 속으로 끌어들이는 것은 그가 무엇보다도 주변의 현실을 충실히 그리려 하고 있는 증거이기도 하다.

그의 언어는 아직 거칠다. 또한 메시지를 전달하여 교육적 효과를 보려는데 더 많은 노력을 투자하고 있다. 그런 것들이 어느 정도 성공을 보이고 있는 작품들이 있는 것에 반해 이제 그는 보다 짜임새있는 작품생산에 힘을 기울여야 할 것이다.

아동문학가 정영기, 스스로 실천하고 있는 삶처럼 시류에 흔들리지 않고 말없이 우리나라 아동들을 위해 일생을 헌신해 이제 그의 검은 머리는 반백을 넘어서고 있다. 그가 문학과 교육을 통해 거둔 절반의 성공을 바탕으로 이제 남은 절반의 성공을 위해 열심히 살아가고 있다고 생각한다. 갑년을 맞아 새로운 그의 작품세계를 만나기를 간절히 소원한다.

외딴 섬마을 바닷가에서 푸른 꿈을 낚는 정영기 집사

임 병 해
(〈주간기독교〉 편집부장)

「파도는 철썩
갈매기는 끼룩끼룩
새벽안개 자욱해도
통통통
고깃배 타고 바다에 나가시는
아버지의 꿈속엔
강성돔, 가자미 떼
아른거린다」

「모래이불 덮고서
쌔근쌔근 잠자는 조개
파도가 밀려와도 무섭지 않나
하품한번하고 쌔근쌔근
얄미운 파도가
사알짝
모래이불
벗겨놓고
저만치 밀려가

처얼썩 물결만 이룬다」

전라남도 완도군 청산면 국산분교 어린이들의 시심은 푸르기만 하다.

해발 3백 43미터 면적 23평방킬로미터의 예쁜 소라 모양을 하고 있는 청산도 둘레는 약 39킬로미터, 1백 리 길이다. 지도에서 보는 것처럼 완도에서도 해상 직선거리로 19.8 킬로미터, 서울에서는 11시간이 넘는 거리이다. 텔레비전은 제주방송국의 화면을 받는다. 멀리 외로이 떠있는 섬이기는 해도, 이 섬에 사람의 발길이 닿은 지는 4백 년이 못된다. 그래서 한결 들숨날숨이 깊어진다.

4백년 역사의 청산도

1608년 조선 인조 (仁祖:1595~1649, 재위 1623~1649) 때에 초계 최씨 최일선 일가와 경주 정씨 일가들이 섬에 들어옴으로써 마을이 형성되었다. 뒤를 이어 장수 황씨, 강능 유씨, 제주 양씨, 충주 지씨, 함양 권씨, 장흥 위씨 등이 입도(入島)하며 마을을 이루어 갔다.

이들의 입도 경위는 다양하다. 제주도로 귀양살이를 가다가 풍랑이 심하여 이곳에 내려놓고 가버려 정착하게 된 선비 · 관리 출신들도 있고, 나라가 어수선하여 그 난세를 피해 찾아든 사람도 있다. 그래서인지 "청산도에 와서 글 자랑하지 말라"는 말이 전한다. 한학에 능했던 그들은 나름의 생활철학이 있었고 야인생활 자체에 충실했다. 개중에는 후손이 없어 대가 끊어진 이들도 있다. 또 하나 이곳에 온 이유로는 생활근거지를 옮겨 잘살아보기 위해서다. 그래서인가, 청산도 22개 리의 지명유래에 나타나는 마을 시조(?)들의 성씨가 제각각이다. 얽힌 이야기들도 많다.

장보고의 청해진 이야기, 그 부하들의 흔적도 나타나고, 남편을 일찍 사별한 열녀비문 이야기도 있다. 근래 들어 다도해해상국립공원으로 청정해상지역으로 설정된 것에서도 이 섬이 간직해온 푸른 혈맥의 도도함을 느끼게 한다.

기독교사적으로도 역사는 깊다. 정확한 기록은 없지만, 1920년대에 선교사들의 방문도 있었고 복음의 씨앗이 뿌려지기는 했었다. 목포로 일보러 갔던 사람들이 노방전도 하는 선교사들에게서 받은 쪽복음을 읽어가다가 전도사를 청빙해 가르침을 받았다고 한다. 공식적으로 처음 왔던 전도사는 영수직분을 가진 나병환자였고, 예배처소까지 마련했다. 이런 흐름이 계속되어 청산교회 (김용인 목사)가 세워졌고, 3대째 부임해왔던 사람이 현재 목포교회의 원로목사인 이기동 목사였다. 수준 있게 교회가 유지되어 갔는데 이상하리만치 교회에 나오는 한학자 몇몇이 정신질환에 걸려 죽었다는 것. 이렇게 되자 섬에는 '조상 모시지 않고 학대하더니 벌 받아서 요절했다'는 악성소문이 꼬리를 물어 교회사정은 급속도로 악화, 어렵게 몰렸다. 그나마 남은 교인들은 머리가 깨이자 육지로 나갔다. 6.25때는 기독교인들이 박해를 받았으니, 미신이 성행하는 섬의 풍속으로는 '교회에 나가면 복을 받지 못한다'는 그릇된 인식이 확산되었다. 교회가 제대로 성장할 수 없었다. '섬사람들이 강팍하다'고 표현했다.

청산면 인구는 5천명이 넘는데 교회는 8개이다. 안수집사 한명이 없는 교회, 토박이 신앙인을 만날 수 없는 교회, 목회자가 주일에만 와서 예배를 인도하는 교회 등등, 전도하기에 이롭지 못한 환경이었다.

선교환경으로는 악재 많아 거의가 미자립 교회들

청산도에서 동화를 쓰고 있다는 정영기 집사(50. 청산초등학교 국산분교 교사)를 찾아갔다. 청산도에서도 구석에 있는 43년 역사의 국산분교는, 자생하는 들국화가 많아 이름이 붙어진 국화리 28가구, 진산리 45가구의 자녀들을 위해 운영되는 전교생 19명의 학교이다. 코란도가 택시로 이용되는 청산면 소재지에서 산길로 약 1시간 거리에 있는, 가장 아름다운 자연환경이 동심들의 희망을 가꾸어주는 마을에 위치한 국산분교. 격년제로 학생을 모집하는 이 학교의 아담한 운동장에는 어린이들이 농사지은 고추가 널려 있다. 지네와 독사가 숨어있는 학교 주위의 야트막한 돌담 위로는 수백 년 넘은 해송이 이곳의 전설을 말해준다. 몇 발자국을 걸어 나가면 바닷가. 억겁의 세월물결에 닦여지고 다음어진 까만 갯돌들이 너무 곱다. 파도에 휩쓸릴 때마다 수만의 박수소리로 화음을 이룬다. 아무리 무딘 심성의 소유자라도 여기에 서면 시 한두 편은 읊조릴 수 있겠다.

오전수업이 끝나 집으로 점심 먹으러 가는 섬 아이들에게 부모 직업을 물었다. 해태양식, 고기잡이, 미역가공, 활어집, 선박농기구 수리센터, 연탄 소금 판매 등 다양하다. 외할머니집이나 삼촌집에서 다니는 아이들도 여럿이다. 결손가정이 예상보다 많다. 하지만 아이들의 표정은 맑고 밝다. 수줍음을 많이 탄다.

여학생 6명 남학생 1명이 전부인 5학년을 담임하는 정 집사에게 아이들 색깔을 물었다. "오염되지 않은 무공해 동심들입니다. 아이들의 모습에서 하나님께서 인간을 지으실 때의 그 순수한 인간원형을 보는 듯합니다." 가을남쪽 바닷가에서 어린 영혼을 돌보는 정 집사는 매우 보람차고 기쁜 마음으로 말했다.

아직껏 광주시내라든가 천안의 독립기념관조차 가보지 못한 아이들, 기차를 타보지 않은 아이들. 교육학적으로 말하는 창의성은 부족할지 모르지만 학우들 간의 우애나 인정은 풍부하다고 했다. 어른들의 말에 고분고분하고 순진하다. 누가 있든 없든 성실하다. 이들에게는 규율이라든가 규칙, 체벌이라는 것이 없다. 자유로운 분위기에서 전인교육이 실시되고 있는 것이다. 선생님이라야 정집사와 김영재(28)교사 두 사람. 도심학교 교사들이 하는 식으로 다그칠 필요가 없다. 이들에게 있어 학교는 공부하는 곳이고 유일하게 넓은 운동장이 있는 놀이터이며, 교사들은 오빠이고 아저씨고 아빠이다. 자취해 가며 근무하는 교사들의 궁색한 식탁이 펼쳐지면, 집에서 가져온 맛있는 반찬 슬며시 밀어 넣으며 겸상하자며 방으로 들어온다. 스승의 날에는 깨금(개암)열매로 기름을 짜서 가져오기도 하고, 가을 뒷산의 밤이 여물면 '제일 먼저 선생님 드린다.'고 몇 톨의 밤을 주머니에 놓고 달려오기도 한다.

오염되지 않은 아이들 청산의 「무공해 동심들」

정 집사의 고향도 시골이다. 전남 화순군 도곡면 신덕리에서 태어났고, 지금도 본가는 그곳이다. 아직도 냇가에서 물고기를 잡을 수 있는 집에는 "큰 아그야 차탈 때, 배탈 때 조심해라. 바람 불면 섬에 들어가지 말아라"고 걱정해 주는 72살의 노모 이애례 집사가 생존해 있다. 1주일에 두세 번 문안전화를 올리면 "밥 굶지 말어, 제때 끓여 먹으라"고 타이르는 어머니가 살아계신 것이다.

주일학교 시절부터 신앙생활을 하셨던 정 집사는 고향의 신덕교회에서 회계집사였다. 교회를 짓기 위해 터 닦을 때도 같이 일했던 젊은 시절의 기억이 멀지않다. "8남매의 만이였기에 동생들 뒤치다꺼리하다 보니 십일조를 꼬박 못한 것이 죄스럽게 느껴진다."는 그는 동생들뿐만 아니라 8촌 이내의 동생들 40여 명의 형님 오빠 노릇을 하며 고향에서 성공한 사람에 속한다.

청산도로 발령을 받은 지는 3년째, 청산국민학교에 부임했다가 이곳 분교로 자원해 가르치는 일에 봉직한다고 했다. "남들 말대로 귀향살이 왔다면 너무 외롭고, 아이들 교육하는 사명감이라면 너무 편하다는 생각이 듭니다. 하나님께서 보내주셨으니 열심을 다할 뿐입니다."

따라서 이곳에서는 과외라든가 점수 따기 경쟁이 없다. 극성맞은 학부모들도 없다. "선생님들이 어련히 알아서 하시려구" 하는 믿음이 전부이다. 정 집사는 어린이들에게 부담을 주지 않는 교육을 한다. 교사의 욕심에 의해 깨우쳐주려는 방식을 거부한다. 전인교육 그것이다. 자연에 가까운 순리, 그 가운데서 하나님의 숨결도 느끼도록 돕는다.

그 자신이 오랜 세월 애정을 가져온 아동문학을 통한 아이들 교육에도 남다른 정성을 다하는 정 집사. 그는 섬 아이들에게 글짓기를 통해 살아 꿈틀거리는 교육을 시도한다. 또한 이곳에서의 경험을 토대로 새 작품을 쓰기도 한다. 그의 작품집으로는「짱아 짱아 예쁜 짱아」「쌍무지개 뜨는 마을」등이 있다. "옷깃 속에 스며드는 푸른 솔바람 같은 동화를 쓰기 위해 삶의 알맹이가 묻어있는 바닷속에 온 몸을 담그고 싶은 심정"이라 말하는 정 집사의 얼굴빛은 평온하기 이를 데 없다.

다행스런 것은 이곳까지 전화가 놓여져 있다는 점이다. 혹시 정영기 집사와 이야기하고 싶으면 늦은 밤에 전화를 걸어야 한다. (0633-52-8826). '사람'을 느낄 수 있는 섬아이들과 갯돌해변으로 대봉산 기슭으로 다니며 꼬마대장 노릇하기에 바쁘기 때문이다. 그게 아니면 십중팔구는 바다낚시에 골몰하며 푸른 꿈을 낚고, 그렇게 낚은 꿈을 동화의 소재로 구상하며 바닷가에 그렇게 앉아있을 것이기 때문이다.

하나님께서 크게 지으신 바다, 넓게 펼쳐 놓으신 바다사랑 덕분에 가장 확실하게 좋은 세월 보내는 사람, 그가 바로 청산도 국산분교장 정영기 집사이다.

화폭에서 걸어 나온 선인이려니, 동화작가 정영기

김 목

(아동문학가, 《남도문학》 발행인)

- 동화작가 정영기는 1942년 도곡면 신덕리 서촌마을에서 태어나 1970~2004 초등학교 선생님이었다.
- 1985년 《기독교교육》, 1989년 《월간아동문학》, 1990년 《월간아동문학》, 2006년 《문예시대》로 등단하였다.
- 동화집 『짱아 짱아 예쁜 짱아』 외 4권 독서치유동화집 『조가비의 마지막 사랑』 환경장편 소년소설 『지구를 떠나는 사람들』, 전설집 『말하는 고인돌』, 『화순의 설화』 등을 출간했다.
- 화순문협회장, 전남아동문학회 회장, 한국아동문학회 부회장을 지냈으며, 한국아동문학 작가상, 전남문학상, 전남아동문학상, 한국아동문학대상, 화순문학상, 글짓기 지도 교사상을 받았다.

화공의 인물도에서 걸어 나왔다

전남 화순군 도곡면 신덕마을은 동화작가 정영기의 고향이다. 그 고향집으로 작가를 찾아간 날은 장마가 고비인 때였다. 승용차가 동동 떠내려가는 청주의 물폭탄 영상을 본 날이니, 한바탕 폭우가 쏟아진 뒷날이다.

정영기 동화작가는 지난 해에 오래된 고향 집을 허물고 새 집을 지었다.

100여종의 들꽃이 집안 구석구석에 피어나던 정든 집이었으나, 모든 게 그러하듯 세월의 무게는 견디지 못했던 것이다. 하지만 그 옛집 터에 다시 세월을 이어갈 아담한 집이 세워졌다.

그 산뜻한 새 집에서 정영기 동화작가가 활짝 웃음으로 안쪽 대문을 열고 나왔다. 마치 조선시대 화공이 그린 신선도 화폭에서 선인이 걸어 나오는가 싶었다.

마침 화단에 흰 백합이 피어나 그 진한 향기로 손님맞이를 한다.

"지금도 한 5십 여종의 화초가 꽃을 피우지요."

둘러보니, 화단의 돌 틈과 담장을 따라 송엽국을 비롯한 작고 큰 화초들이 균형과 조화를 이루며 옹기종기 모여 있다. 한 여름의 더위와 폭우에도 아랑곳없이 고운 얼굴을 내밀고 있다.

모든 게 주인을 닮는다고 했다. 둘러보니 집안이 참 정결하고 깔끔하다.

작은 꽃 한 송이, 돌 하나도 허투루 보이지 않는다. 쉬이 눈길 닿지 않은 구석과 틈새까지도 꼼꼼히 살핀, 집주인의 손길과 흘린 땀이 느껴진다.

작가의 길

"어떤 친구는 학, 어떤 친구는 독수리였지만, 나는 이무기거나 대숲 비비 새였지요. 이무기는 뱀도 아니고 그렇다고 승천할 용도 아니고, 비비새는 떼 지어 날아다니는 작고 흔한 새!"

젊은 날의 고뇌는 인생의 시련약이다. 이겨내면 보약이고, 지면 독약이 될 수도 있다.

정영기 동화작가에게서도 그 젊은 날의 고뇌가 있었다.

고등학교를 나와 군대를 다녀오고, 목포의 한 경제신문사에 2

녀여 있었다.

하지만 이 길이 내가 갈 길이 아니라는 생각이 들었다.

"문병란 선생이 지금 도곡온천이 있는 원화리 출신이지요. 내 어릴 적 그 문병란 선생의 형인 문병석 선생이 이곳 도곡초에 계셨지요."

그 인연으로 문병란 선생을 알게 됐고, 문학수업을 했다.

"선생의 「폭풍의 언덕」 얘기는 내게 큰 감명을 줬지요. 나도 용기를 내 작가의 길을 걷자고 생각하는 계기가 됐지요."

이때에 함께 문학수업을 했던 고향 친구가 소설가 김신운이다. 김신운은 군대를 다녀와 소설 「이무기」로 등단하고 교직에 진출했다.

바로 집 옆 신덕교회의 반사 선생을 하며 야학까지 열어, 정영기는 수학을 김신운은 국어를 가르쳤다. 그 2살 아래 김신운의 소설 등단은 정영기에게 자극과 충격을 주었다.

뜻이 있으면 길이 있다고 했다. 다니던 직장을 그만두고, 1970년 마침내 영광 염산초의 교사가 되었다.

하지만 뜻을 이룬 기쁨은 잠깐 다시 회의에 빠졌다.

"여러 사정으로 봐 승진이 어렵다는 걸 알고, 고민하던 중 결심을 했지요. 그렇다. 교사의 길은 승진이 목표가 아니다. 오직, 아이들에게 충실하자. 교육 본연의 임무를 다하며, 나만의 특기를 살려 나아가면 누구에게도 하시 받지 않을 것이다."

젊은 교사 정영기는 승진 대신 문학을 택했고, 묵묵히 걸었던 35년의 교직을 떠난 뒤에도 그 길을 끊임없이 걷고 있는 것이다.

1980년 기독교 교육에 동화 「감나무와 미련한 농부」가 입선한 것을 계기로 85년 《기독교교육》, 89년 《월간문학》, 90년 《월간아동문학》, 2006년 《문예시대》 등 열정어린 도전의 길에서 문학과 함께 해 왔다.

"문병란 선생께 시 공부도 했고, 한 때 유화도 그렸지요."

한 사람의 작가가 쉽게 만들어지는 것이 아니다. 정영기 동화작가가 문병란 시인의 자필 첨삭 지도가 꼼꼼히 기록된 파일 철을 내놓는다.

문학의 어떤 장르도 시가 기본이 되어야 할 것이다. 특히 동화는 문체의 운율적 특성상 시를 알아야 한다고 생각하기에, 정영기 동화의 깊이와 넓이는 이 시 공부에 있었구나 싶었다. 하지만 정작 본인은 '좋은 시를 못 썼지요.' 하며 겸손해 한다.

거실에 걸린 무등산 그림과 영광 산골마을의 겨울 풍경, 화순 환산정의 여름 풍경 등의 유화작품도 정영기 동화작가가 그저 이름만 질기는 작가가 아님을 알게 한다.

화순문학회 창립

"화순 출신 문인들은 있지만, 정작 모임이 없어서 민병채, 이성교 등과 함께 발기문을 써서 관공서, 학교 등에 알리며 본격적인 창립에 나섰지요."

1989년 정영기 동화작가는 화순문학회 발기위원장으로 활동하였다.

당시 화순 출신이거나 거주하는 문인들로 문병란(시), 강무창(소설), 김신운(소설), 장문식(동화), 박덕은(시)등이 있었다. 이런 분들과 긴밀히 연락하고 호응을 받았다. 1990년 마침내 화순 솔다방에서 회장에 소설가 강무창, 총무에 동화작가 정영기, 그렇게 화순문학회가 창립되었다. 이후 정영기 동화작가의 회장 시에 한국문인협회 화순지부로 인준까지 받았다. 또 화강문화재단 홍명재 이사장의 쾌척으로 화순문학상을 제정했고, 문병란 시인이 첫 수상자였다.

수상자를 선정하고 문병란 시인을 찾아갔을 때였다.

"선생님의 명성에 누를 끼치는 게 아닌지 모르겠습니다."

혹시나 지역에서 주는 문학상인지라, 대수롭지 않게 생각할까 봐 마음이 조마조마 했다고 한다.

"미국의 어떤 상은 상금이 1달러라지요. 그래도 작가들은 가장 명예로운 상으로 여긴답니다. 내 고향에서 주는 상이니, 내게는 이 세상이 그 어떤 상보다 제일 소중하고 빛나는 상이오."

문병란 시인이 말에 역시 큰 문인이구나 하며 감동을 받았다고 한다.

자신의 작품 세계를 묻자, 빙그레 미소를 짓는다.

"초창기에는 환타지 기법으로 자연에서 소재를 얻어 썼지요. 요즈음에는 주변 현실을 소재로 생활동화를 쓰게 되지요. 아마 손주를 키우다 보니 그런가 싶지요."

손주라는 말에 이르러 마침내 정영기 동화작가는 활짝 웃는다. 손주는 만나본 사람만이 안다. 오죽하면 옛 사람들이 오른쪽 눈으로 넣어 왼쪽 눈으로 빼도 아프지 않은 게 손주라 했을까?

손주들을 소재로 하건 어떻건, 세상의 아이들을 위한, 사랑이 가득 담긴 정영기 동화가 우리 아이들을 행복하게 했으면 한다.

문학의 길

정영기 동화작가는 부친 정광환, 모친 이애례 여사의 장남으로 태어나, 부인 박윤남과의 사이에 2남 1녀를 두었다. 친손 외손주도 현재 6남매다. 세상에 태어나 가정을 이루고 가족과 화목하게 살아가는 것보다 더 소중하고 기쁜 일이 또 있을까?

그러기에 작가의 생활동화 얘기는 곧 가정과 가족의 화목함이라 여겨졌다.

"앞으로 어떤 작품을 쓰실 건지요?"

"화순의 설화집을 발간했는데, 서두르느라 몇 지역이 빠졌지요. 그 빠진 지역을 보완하여 집대성하고 싶습니다. 또 그동안 쓴 글을 정리해 선집을 내고 싶습니다. 이 선집을 몇 해 전 준비하면서 심윤섭, 문병란, 정려성 선생께 발문과 소개 글까지 받아놨지요. 그런데 문병란 선생은 작고하시고…. 심윤섭, 정려성 선생께 미안하기도 하고… 그래서 선집발간을 되도록 빨리 할 생각이지요."

"끝으로 문학 후배들에게 한 말씀 해주시지요."

"문학은 남에게 나를 나타내고자 하는 것이 아니지요. 스스로 자성하고 마음의 심지를 올곧게 하며 자신의 세계를 튼튼히 하는 것이지요."

작가가 모든 잡념을 버리고 무아의 경지에서 심취하는 성찰이 곧 문학이라는 것이다. 작가의 길, 문학의 길은 세속의 명예와 부를 추구하는 길이 아니라는 것이다.

"처음에는 나를 무시당하지 않으려 문학을 시작했으나, 되돌아보니 그렇게 나를 성찰하고 세상을 올곧게 살아온 방편이었구나 하지요."

그래서 문학의 길이 즐거움이었다 한다. 부러운 것도 없었고, 싫은 소리 할 필요도 없었다.

"최근에는 화순문화원의 도서정리를 하고, 화순 실버문화학교의 강의, 이서 적벽투어 안내 등의 일을 하지요."

젊어도 늙은 사람, 늙어도 젊은 사람이라는 말이 있다. 정영기 동화작가는 지금도 젊은이의 열정과 활동으로 문학과, 세상과 함께하고 있다. 부지런한 꿀벌은 슬퍼할 겨를이 없다는 말이 이 경우를 두고 하는 말일 게다.

"자신의 작품 중 어떤 작품이 가장 마음에 드나요?"

작가가 자신의 작품에 대해 어찌 우열을 가릴 수 있으랴? 어머니에게 어떤 자식이 제일 예쁘냐고 묻는 것 같은 우문에 정영기 동화작가는 역시 빙긋 웃으며 말한다.

"온갖 고생 끝에 한 마리의 예쁜 잠자리로 탄생하는 동화 「짱아 짱아 예쁜 짱아」지요."

정영기 동화작가는 작품 속의 잠자리가 곧 자신이라고 했다. 지난 세월의 고단함이 누군들 없으랴? 하지만 인내는 쓰다 그 열매는 달다고 했다.

고향 마을 옛집에 세운 아담한 새집은 꽃대궐이다. 그 꽃대궐 서재인 아래채를 작가들에게 개방한다고 했다.

"아래채 서재는 작가들에게 제공하기 위해 지었지요. 취사 시설도 갖춰놨지요."

깔끔하게 정비된 아래채 서재를 부러운 눈으로 둘러보자, 정영기 동화작가가 망설임 없이 말한다.

삶의 여유일까? 요즈음 삶터 밖에다 문학관이다, 기념관이다 세워놓은 작가들이 많다. 하지만 그게 다 자기 자랑 아니겠는가? 그런 이름을 걸어놓고, 박물관의 미이라처럼 앉아서 작품이 써질까? 하지만 우리가 걱정할 일은 아니다.

"이보 노인장! 날 업어 내를 건너시오."

황희 정승이 자신의 집을 찾아오는 젊은 관리를 업어서 내를 건너 주었다는 고사가 있다. 익은 벼는 고개를 숙이고, 빈 깡통은 요란스럽다고도 했다.

아무튼 소통과 베풂이 더욱 필요해진 세상이다. 그런데 나그네 길 작가들에게 하룻밤 쉴 곳을 제공한다니, 무얼 더 고마워해야 할까 싶다.

돈이 있다고, 여유가 있다고 누구나 할 수 있는 일이 아니다. 이 해가 가기 전 하룻밤 묵으며 하늘의 별, 뜨락의 꽃과 눈맞춤해야지 하는 마음이 절로 들었다.

화순군 도곡면 신덕리, 정영기 동화작가가 사는 마을이 평화롭고 정감 어리게 다가온다. 동화작가 정영기! 분명 선인이 사는 곳이다.

【화순군 도곡면 신덕리 정영기 동화작가의 집은 나그네 작가들의 쉼터이고, 사랑방이다. 창작의 열정을 가슴에 품어 사는 작가라면 지나는 길에 들르시라. 정영기 동화작가가 겨울에는 따듯하게, 여름에는 시원하게 비워놓은 저 돌 의자에 앉아 보시라. 백합 향기를 함께 나누시라. 낙원이 어디 하늘에만 있으랴!】

동화를 통한 인성교육에 온 힘을 기울인 정영기 집사

김 철 수
(아동문학가. 문학박사)

대부분의 사람들은 어려운 일을 당할 때나 위험에 처해 절박함을 느낄 때, 이 일만 해결해 주시면 무슨 일이든지 하나님께 원하시는 대로 하겠노라는 약속을 철석같이 하고서도 그 일이 지나면 언제 그랬느냐는 듯 모른 체 하는 경우가 많다.

이제까지 아쉽고 필요할 때만 하나님 앞에 무릎을 꿇고 간절한 소망을 바랬다 늘 그 때마다 어려움을 이기게 해주시고 많은 은혜와 복을 허락해 주신 하나님 앞에 지키지도 못할 약속을 해놓고 살아 온 자신의 삶이 꼭 하나님 앞에 사기 친 죄인이라는 생각을 저버릴 수 없어 죄송하다고 말하는 동화작가 정영기 집사(영광 대마초등학교 교사)는 세상 어떤 사람 앞에서도 거짓말조차 할 위인이 못된다.

1942년 4월 7일 전남 화순군 도곡면 신덕리 638번지에서 농사짓는 아버지 정광환(작고)씨와 어머니 이 애례씨 사이에서 4남 4녀 중 장남으로 태어난 동화작가 정영기 집사는 올해 나이 62세로 내년 8월이면 평생을 몸 담아왔던 교직에서의 정년 은퇴를 눈앞에 두고 있다.

어린 시절의 정영기는 마을 앞을 가로 지르는 신덕천 냇가에서 여름철이면 물놀이와 피라미를 잡으며 시간 가는 줄 몰랐다.

그가 도곡중학교 2학년 때 국어 과목을 가르치던 문병석 선생님의 동생인 문병란 시인이 형님을 찾아 가끔 학교를 찾아와 자라나는 꿈나무들에게 문학에 대한 특강을 해주곤 했다.

지금 생각하면 고향을 사랑하고 아끼는 애향심에서 고향 후배들에게 일부러 시간을 내어 문학에 대한 꿈을 키워준 것이 여간 고마운 일인데도 당시에는 그저 재미있어서 열심히 귀를 모으고 들었던 것이다.

이 때 같은 교회에 다니던 집안의 아저씨 뻘인 정려성 목사(시인. 서울 세진교회 담임)와 친구인 소설가 김신운과 함께 어울려 문학에 대한 관심과 이야기로 많은 시간들을 보냈다.

어린 나이였지만 신덕교회당을 새로 짓는 일에 열심을 내어 학교가 끝난 후 집에 돌아와서는 밤늦게까지 자갈과 돌들을 들어 나르며 우정과 신앙을 키워나갔던 것이다.

그러는 가운데 세월이 흘러 청년이 되었고 당시 화순군 관내 교회의 연합체인 북민회가 있었는데 어려운 이웃교회를 찾아 교회학교 지원봉사도 하고 교역자가 없는 교회를 찾아가 설교도 하는 봉사활동에 신바람이 났다.

그러던 중 나라의 부름을 받고 군대를 가게 되었는데 훈련소에서부터 제대하고 나오는 날까지 하루도 빼지 않고 일기를 써 가슴에 안고 집에 돌아오기도 했다.

군 복무를 마치고 집에 돌아와 이 일 저 일에 손을 대보았지만 그만 두고 1970년도부터 초등학교 교사로서의 길을 걷기 시작, 첫 부임지로 전남 영광군 염산초등학교에 발령을 받아 동심과의 생활이 시작된 것이다.

그 곳에서 신앙생활을 다시 시작 염산교회에 출석하던 중 고향집 가까운 화순군 도곡초등학교로 옮겼는데 이 때가 1980년 여름이었다.

찌는 듯한 무더위 속에서 출석하던 신덕교회에서 화순지방회 주최로 열린 여름성경학교 교회학교 교사강습회가 열리게 되었는데 이 강습회는 정영기 집사를 그렇게 바라던 아동문학가로 변신 시켜준 계기를 만들어줬다.

그러니까 바로 교회 옆집이 정영기 집사의 주택이었는데 시골마을에 변변한 숙박시설이 있을 리 만무하였고 강사들이 머물 숙소가 없었던 것이다.

당시 이태리식 주택으로 신축한 마을에서는 제일 산뜻한 집이 정영기 집사의 집이었는데 기쁜 마음으로 강사들이 쉴 수 있는 숙소로 제공을 한 것이다.

이 때 주 강사로 아동문학가 김철수 장로와 기독교 교육의 원로 이봉구 목사, 그리고 율동전문가 나하나 교수 등이었다.

정영기 집사가 강사들을 위한 숙소로 자기의 집을 제공한 것이 인연이 되어 김철수 장로를 만나게 되었고, 아동문학가에 대한 꿈을 키우고 있던 정영기 집사는 이 때부터 본격적인 문단데뷔를 준비를 하기에 이르렀다. 마침내 1985년 4월 16일 월간《기독교교육》지에서 공모한 기독교 아동문학상에 응모 동화「쌍무지개 뜨는 언덕」이 당선 급기야 꿈을 이루게 된 것이다.

뒤이어 1989년 1월에는 한국문인협회가 발행하는 종합문학지《월간문학》신인상과 1990년 12월에는《월간아동문학》신인상 소년 소설부문에 당선 유감없는 실력을 발휘하며 하루가 다르게 성장을 해 갔다.

구약성경에 나오는 믿음의 조상 아브라함은 부지중에 손님을 대접하던 중 천사를 대접하고 백세에 아들을 낳을 것이라는 축복을 받았지만, 정영기 집사는 외지에서 온 손님들을 위로하여 자기 주택을 송두리째 내어주고는 평생의 꿈을 이룰 수 있는 사람을 만난 셈이다.

그의 작품은 한결같이 농촌을 주 무대로 하여 하늘나라를 주제로 다룬다. 그의 대표작이라 할 수 있는 동화「짱아 짱아 예쁜 짱아」를 읽어보면 그의 작품경향을 쉽게 알아볼 수 있다.

'학배기라는 애벌레는 가장 못난이었는데 다른 물고기들로부터 놀림과 따돌림을 당하기 일쑤여서 자유롭게 마음 놓고 물속을 헤엄쳐 다니지도 못하고 하루 종일 수풀이나 돌 밑에 숨어 살았다. 그러나 그의 가슴속에는 위대한 꿈을 갖고 있었다. 그것은 자기의 조상들로부터 전해 내려오는 전설에 의하면 어느 땐가는 날개를 달고 푸른 하늘을 날게 된다는 것이었다.'

온갖 멸시와 조롱을 받아 가면서도 학배기는 냇물 속에서 묵묵히 기다리며 참고 지내는데 어느 날 자기도 모르게 날개가 돋아나 하늘 높이 날아가게 된다는 내용이다.

이 동화는 정영기 집사 자신의 모습을 신앙적인 측면에서 묘사한 것으로 보여진다.

비록 삶의 현장에서 늘 고뇌하고 괴로워하지만 하늘나라를 향해 날개를 펴고 날아갈 수 있다는 소망 속에서 신앙으로 극복한다는 내용이기 때문이다.

그래서 그는 어려운 일이 있을 때마다 하나님께 기도하고 간구하여 해결을 받았지만 하나님을 위해서 자신은 어느 것 하나도 충성한 일이 없어 하나님께 사기를 친 죄인이라고 고백한다.

그는 고향 화순을 위해 한국문인협회 화순지부를 창립하여 초대지부장과 전남 아동문학 회장을 역임했다.

문단활동으로는 국제펜클럽 한국본부회원, 전남문인협회 이사, 한국아동문학회 이사, 한국기독교 문인협회 이사 등을 맡고 있고 저서로는 동화집『쌍무지개 뜨는 마을』,『짱아 짱아 예쁜 짱아』,『이상한 샘물』,『흥부박 놀부박』,『지구를 떠나는 사람』,『세상에서 가장 재미 아름다운 이야기』등이 있으며 샛별문학상, 한국아동문화대상, 전남 아동문학상 한국아동문학작가상 등을 수상한 바 있다.

정영기 집사는 현재 영광 대마초등학교 교사로 정년 은퇴를 불과 8개월 남짓 놔둔 채 35년간 숨 가쁘게 걸어 온 교육자로서의 영예로운 마무리를 위해 더욱 마음과 몸이 바쁘기만 하다.

제 7 부

오가는 정 (편지글)

부모님께.

아버지, 어머니 저 진수입니다.

추운 겨울 감기는 안 걸리셨는지… 몸 건강하실거라 믿고 있겠습니다.

저야 몸 건강하구요!

다행히도 대전은 그리 추운 곳은 아닌 것 같습니다.

100일 휴가 다녀와선 전화도 자주 못 드리고 편지도 못해서 죄송합니다.

게다가 휴가 때도 집엔 얼마 있지도 않고 부모님과 대화도 못하고 복귀를 해서 왠지 모르게 마음이 불편했습니다.

죄송하단 말밖엔 드릴 말이 없습니다. 다음 휴가를 나갈려면 내년 7월이나 되어야 나갈 수 있을 것 같은데 말입니다.

이젠 연말입니다. 한 해가 벌써 가고 엊그제 입소대대에서 아버지와 악수했던 것 같은데 벌써 자대에 와서 100일 휴가까지 갖다오고 이젠 곧 있으면 일병 진급까지 하게 되었습니다.

어떻게 생각해보면 정말 힘들고 지긋지긋한 시간이었지만 또 다른 면으로 생각하면 정말 보람되고 나 자신을 한 번 뒤돌아볼 수 있었던 시간이었던 것 같습니다.

이제부터 저는 항상 긍정적으로 생각하고 언제나 즐거운 시간을 만들려고 생각하고 있습니다.

하루하루를 보람차고 즐겁게 보내다보면 언젠가는 저에게도 병장이라는 계급과 함께 '전역'이라는 멋진 날이 올거라 생각합니다.

아버지, 어머니! 이제 곧 크리스마스가 돌아옵니다. 그리고 또 다른 새해도…….

비록 이젠 우리 가족이 함께할 수는 없지만 언제나 부모님을 생각하는 형과 누나, 그리고 저까지 있다는 것 잊지 마시고 형수와 매형도 있으니깐요.

이번 크리스마스 두 분이서 외식이라도 하셨으면 합니다.

아버지, 어머니 단 두 분이서만 즐거운 시간과 또 새해가 오는 시간을 앞에 두고 새해는 정말 화목하고 따듯한 가정을 만들어 나갔으면 합니다.

저도 군생활을 하면서 올해 잘못했던 일 모두 반성하고 앞으로의 계획을 확실히 세워 계획에 맞게 생활할 예정입니다.

그리고 형, 누나, 형수, 매형에게도 안부 전해주시고, 연락 못해서 죄송하다고도 전해주세요.

모두들 건강하고 크리스마스 그리고 2001년 즐겁고 희망찬 새해를 맞이하길 바라고 있다고 말입니다.

새해에는 모두 건강하시고 항상 즐거운 하루하루를 보내시길…….

언제나 건강하세요!

추신 : 저 2001년 1월에 '=' 일병 진급합니다. 축하해 주세요.

2000. 12. 22

막내 진수

아버지, 어머니께

어머니, 아버지 저 진수입니다.

그동안 편지를 드리지 못해 죄송합니다.

지금 이곳 대전에는 눈이 많이 와서 그동안 계속해서 제설 작업을 하였습니다. 광주에는 비가 왔지만 여기는 20cm가 넘게 눈이 와 3일 동안 제설 작업을 하고, 또 눈이 오고 또 치우는 반복만을 하다보니 이래서 눈이 오면 고생한다는 걸 알게 되었습니다. 그래서 그런지 저도 이젠 눈이 싫어진 것 같습니다.

예전에는 눈이 온다하면 왠지 모르게 기대가 되고 강아지처럼 마냥 좋았었는데 지금은 눈 온다는 소리만 들으면 작업밖에 생각이 나질 않습니다.

그래도 다행이라고 생각되는 건 제가 있는 부대가 그리 큰 부대가 아니기 때문에 큰 힘든 점은 없습니다. 게다가 고참들과 같이 대화도 나누고 또 장난도 하며 친하게 지낼 수 있는 기회가 생기기 때문에 좋은 점도 많이 있습니다.

날이 많이 추워졌습니다. 감기는 안 걸리셨는지…….

저는 저녁마다 따뜻한 물로 씻고 위생을 철저하게 지키고 있기 때문에 감기나 잔병은 없고 건강하게 잘 지내고 있습니다.

지금 아버지와 어머니의 기분이 어떠실는지? 곧 있으면 할아버지와 할머니가 될 텐데 어떠세요?

제가 초등학교 때 아버지 어머니 생각을 해보니 정말 어느 세월에 여기까지, 와서 군대라는 곳까지… 정말이지 요즘 들어서는 시간이 빨리 흐르고 있다는 걸 느끼고 있습니다. 그리고 제가 보내온 시간들이 너무 헛되이 보낸 것 같고 아버지 어머니 걱정만

끼쳐드린 것 같다는 생각이 듭니다.

그래서 올해에는 조금이나마 보람되고 후회하지 않는 한 해를 만들어보려고 합니다. 아직은 미비한 계급이지만 조금씩이라도 해볼 수 있는 일이라면 조그마한 것이라도 노력해보려 합니다.

잘 될런지는 모르겠지만 하루하루 일기라도 써보면서 저의 생활을 고쳐보겠습니다. 그리고 누나와 형수는 아무런 탈 없이 건강한지 모르겠습니다.

올 해 몇 월쯤에 출산을 하는지 궁금한데 저는 잘 모르겠습니다.

그리고 저의 조카도 빨리 보고 싶습니다. 어떤 조카들이 나올는지 아주 궁금하거든요!

아버지와 어머니는 궁금하지 않으신지? 제가 보기엔 모두 기쁘실 것 같습니다. 아버지는 아무렇지 않으신 듯 무뚝뚝하시지만 아마도 기쁜 마음을 표출하지 않고 계신 것 같아 보여서 말입니다. 후후~

이만 줄여야 할 것 같습니다. 언제나 건강하시고 올 해에는 아버지, 어머니의 밝게 웃는 얼굴만 그리고 항상 즐겁고 편안한 가정이 될거라 믿고 있겠습니다. 몸 건강하시고, 언제나 미소 잃지 않으시길 바라겠습니다.

건강하세요!

2001.01. 14

-군대에 있는 막내아들이-

고마운 나의 아빠께~

아빠 현화에요.

역시 부모님의 사랑을 자녀들이 넘지는 못하는 것 같아요. 제가 먼저 편지도 드리고 그래야 하는데…….

아빠.

아빠께서 베풀어 주신 사랑이 얼마나 많고 큰데요. 아빠의 수고와 격려와 믿음 속에서 저희들이 이만큼 자랄 수 있었는걸요.

아마도 부모님의 마음은 늘 퍼내어 주기만하는 샘물인가 봐요. 자녀들로부터 받을 것은 아예 계산하거나 생각지도 않고 늘 주는데만 길들여지고 익숙해져 있는 걸 보면요. 아빠의 그런 마음 담긴 편지를, 일직하러 내려와 읽으며 얼마나 민망하고 송구스러웠는데요.

아빠. 아빠는요. 멋쟁이 가장이셔요. 언젠가 선생님들 회식하며 노래방에 갔는데요. "아빠의 청춘"이라는 노래를 어느 선생님께서 부르셨어요. 혹시 아세요?

"이 세상에 부모마음 다 같은 마음
아들 딸이 잘 되라고 행복하라고
……
브라보 브라보 아빠의 청춘"

주요 내용은 청춘을 자녀를 위해 보내신 아빠께 브라보를 외친다는 것인데요. 그 노래를 들으며 참마음으로 저도 큰 소리로 브라보를 외쳤었답니다. 현화의 고마우신 아빠를 생각하면서 말이에요. 오늘도 큰 소리로 한 번 외쳐 볼까요?

우리 멋쟁이 아빠 브라보! 파이팅!

이만큼 키워주셔서 감사해요. 아빠 말씀처럼. 아빠 엄마의 기업인 저희들 모습 속에 착하고 바른 모습들이 있다면 그것은 아빠 엄마께서 물려주신 소중한 유산이지요. 아빠 엄마의 덕이라구요. 이제 더욱 바르고 고운, 단정한 행실로 보답해드리고 섬겨드려야 하는데, 현화가 그렇지 못할 때도 많지요?

죄송해요. 아빠. 용서하시구요. 더욱 바르도록 여전히 잘 가르쳐주시고 격려해 주셔야 해요. 아직도 응석만 부리고 싶은 마음이 있나봐요.

별이 총총. 밤이 깊어가요.

뉴스에서 그러는데 오늘 날이 맑아서, 밤하늘의 빛나는 반다로가 별들을 잘 볼 수 있다네요. 캄캄한 밤을 수놓고 있을 별님, 달님을 만난 후에 잠자리에 들어야겠어요. 아빠께도 깊은 평안과 인생을 빛나게 할 소중한 일들이 가득하길 기도할게요.

1999. 4. 7

아빠의 딸 현화 올림

존경하는 정영기 선생님께

선생님 안녕하세요? 저 현주에요.

5월 15일 스승의 날을 맞이하여 이렇게 펜을 들었어요. 선생님 편찮은 곳은 없으세요? 어떻게 지내고 계세요? 선생님께 궁금한 것이 너무나 많아요.

전 하루하루 즐겁게 보내고 있어요. 저번에 선생님께 편지도 보냈는데 너무 바쁘시나보죠. 늘 선생님께서는 답장을 보내주셨는데 답장 소식이 없어서 문득 선생님께 무슨 일이라도 생겼나 하는 생각이 들었어요.

몇 주 전에 도희, 송아, 혜정이와 같이 선생님 댁에 가려고 전화를 했는데 받지 않아서 우리들은 선생님댁 방문을 포기해 버렸어요. 그리고 선생님 저도 이제 철없는 2학년에서 벗어나 의젓한 5학년이 되었어요.

선생님께서 그렇게 귀여워하던 제 동생 태우도 3학년이나 되었고요. 그리고 선생님 제가 자랑하고 싶은 게 있어요. 제가 회장이 되었어요. 축하해주세요. 선생님과 헤어진 것도 어제 일이었던 것 같은데 벌써 3년이란 세월이 흘렀네요. 아무리 막으려 해도 제 힘으로는 막기 힘든 것이 세월이에요.

"죽수서원 가는 길에 돌계단 하나하나

활짝 핀 꽃들이 아름답기만 하구나!" 선생님 생각나세요? 견학으로 죽수서원에 가면서 저하고 같이 지었던 짤막한 시잖아요. 어렴풋이 기억나네요. 저의 추억으로 남아있지만요. 저 외에도 여러 장의 편지가 오겠지만 제 편지 잃어버리지 않았으면 해요. 그리고 선생님께서는 너무 약하셔서 걱정이 되요. 늘 건강하시고 행복하게 사세요. 그리고 선생님 답장 꼭, 꼭, 꼬옥 보내주세요. 그러면 이제 펜 놓을게요. 안녕히 계세요.

1999. 5. 14.
선생님의 사랑스런 제자 송현주 올림.

나의 마음 속 한 자리를 자리잡고 계시는 정영기 선생님께

아침햇살이 맞이하는 따스한 5월의 기운을 받으며 어떻게 지내시고 계신지요. 선생님, 안녕하세요. 저 윤영이에요.

오늘이 스승의 날이에요. 스승의 날이 다가오니까 작년 스승의 날이 생각나요. 선생님께 찔레꽃 선물해드리려고 아침 일찍 찔레꽃 따러 가서 손에 가시 찔릴까 봐 조심조심 했던 일, 찔레꽃을 받으시고 좋아하시던 선생님 얼굴이 생생히 떠올려져요.

5,6학년 때 선생님께 꾸중도 많이 듣고, 그만큼 칭찬도 들었는데, 그런 일이 이제는 추억으로만 남겨져요.

철부지 같던 윤영이가 중학생이 되었어요. 초등학생 때는 중학생이 되고 싶었는데 막상 중학생이 되니까 너무 힘들어요. 그래서 머리 아플 때가 많아요.

저 문예부에 들어갔어요. 책도 많이 읽고, 글짓기도 하고…….

문예부에선 국어선생님께 칭찬 많이 들어요.

5,6학년 때 선생님께 배운 글짓기 실력을 보시고 국어선생님께서 놀라실 때도 있어요. 중학교는 오늘(15일)부터 중간고사 봐요. 잘 봐야 할텐데 자신이 없네요.

저희 담임선생님은 이쁘신 여선생님이세요. 초등학생 땐 남 선생님이 거의였는데……. 친구도 많이 사귀었어요. 언니들도 잘 대해주고. 전엔 저를 괴롭히는 친구가 있었어요. 소영, 혜미 언니에게 말하자마자 그 친구를 혼낸 거 있죠. 그땐 얼마나 고마웠는지…….

선생님 충환이가 걱정이시죠. 제가 옆에서 많이 도와줘요. 글씨를 가르쳐주고 차비 없을 때 주고. 어떨 땐 저를 괴롭힐 때도 있지만. 의기도 충환이에게 잘 대해줘요.

전엔 이런 일도 있었어요. 의기와 어떤 애가 다투었는데 의기가 참다못해 때렸어요. 그러니까 옆에 있던 애들이 용강이 어떻게 천태를 때릴 수 있냐고 한 거 있죠. 얼마나 기막히던지.

선생님 전 선생님 은혜 잊지 못할거 같아요. 제가 가장 존경하는 선생님이 정영기 선생님이세요. 정말로요. 저도 선생님 기억 속에 남을 윤영이가 되고 싶어요. 언제나 행복하시고 건강하세요.

안녕히 계세요.

선생님의 영원한 제자로 남고싶은 양윤영 올림.

존경하는 선생님께

"선생님, 안녕하십니까?"

99년에 접어드는 오늘은 7일 첫눈이 나려요. 때론 추운 날도 있어서 선생님 건강이 걱정돼요. 몸은 건강하신지요. 저는 선생님과 우리가족의 보살핌에 무럭무럭 자라고 있어요. 새해는 잘 보내셨어요.

저는 새해에 별로 특별하게 보내진 않았지만 항상 우리 가족은 웃음이 있어서 좋아요. 선생님께서 보내신 새해는 어떤지 궁금해요. 선생님, 새해 복 많이 받으세요.

요즘 저는 명심보감 때문에 머리가 아파요. 외우기가 힘들어요. 하지만 못하는 일은 열심히 해요. 또 노력해서요. 저에게 '노력'이란 낱말을 가르쳐주신 선생님 전 선생님과 98년을 함께 미운정 고운정 다 들면서 보냈는데 때론 새로 잘 타이르시고 때론 웃음으로 칭찬을 하신 선생님. 영원히 잊지 않고 선생님을 기억할게요. 한 번도 용기가 없어 말씀드리지 못했지만 이제야 선생님의 제자 미선이가 선생님께 말씀드립니다. "선생님, 사랑해요. 그리고 힘내세요. 감사합니다." 저의 잘못된 점은 이제 고치겠으니 좋은 제자로 생각해주세요. 99년엔 토끼해. 저는 토끼띠인데 선생님은 무슨 띠이신지 궁금하네요. 99년에 새로운 빛을 맞이하며, 선생님 건강하게 오래오래 행복하게 사세요.

그럼 이만 펜을 놓겠습니다.

1999년 1월 7일

제자 양미선 올림

마음이 따뜻하신 정영기 선생님께.

선생님 안녕하세요.

오늘따라 선생님이 무지 보고 싶어 눈물을 흘리는 것처럼 비가 쏟아져 내려요.

엄마 손을 잡고 입학하던 날이 엊그제 같은데 벌써 중학생이 되었어요.(정말 세월이 빠르죠.)

5월 15일 스승의 날을 맞이하여 처음으로(실수! 두 번째로) 편지를 드립니다.

선생님 6학년 때 철없는 저희들을 가르치느라 고생이 많으셨죠.(워낙 장난기가 많다보니까)

선생님, 저는요. 1년도 안 지나서 그런지 6학년 때 선생님과 함께 했던 시간이 생생하게 생각나요.

땀을 뻘뻘 흘리시며 산문을 가르치시던 선생님. 선생님과 함께 자동차를 타고 천태를 향해 달리던 길은 정말 잊을 수 없어요. 그리고 수업이 끝난 쉬는시간에 즐겨가졌던 오목시간도 물론 잊을 수 없는 추억이었어요.

여름방학 때 가졌던 청소년문학기행. 제가 그 때 비록 상은 못 탔어도 제겐 얼마나 큰 기쁨이 됐는지 몰라요. 선생님께서 정성껏 가르쳐 주시던 운문짓기를 머리 굴려 썼다면…….

이제 생각해보니 정말로 선생님과의 시간이 너무 빨리 간 것 같아요. 저는요. 선생님. 선생님과의 시간을 기쁨으로 보낸 적이 물론 더 많겠지만 섭섭한 점도 많았어요.

선생님께서 대회가 있다하시면서 소영, 운영은 운문, 세운이와 저는 산문으로 보내신다 하시고선 잘못됐다 하시면서 소영이와 세운이만 나가게 할 때 제가 속으로 얼마나 울었는 줄 아세요. 저의 마음을 모르실거예요. 또 선생님께서 응강분교에 오셔 처음 일기를 쓰라고 하신 날 얼마나 쓰기 싫었는지!

아마 느끼셨을 거예요.

하지만 이제는 습관이 되어서 무척 잘 쓰고 있어요.

선생님 그리고요 제가 우리 반에서 1등 한다는 것 안 믿어지시죠(진짜). 소영이가 공부를 안 하는 건지 이유는 모르겠지만 저보다 더 못해요. 소영이를 보아선 안 됐지만 저는 무척 좋은ㄴ걸요. 공부를 잘해진 건 선생님 덕분이에요.(감사합니다)

(중학교에 와서 제가 또 한 공부 하거든요.)

선생님. 그럼 안녕히 계세요. 언제나 저를 생각하시면서 건강히 오래사세요.

선생님 은혜 잊지 않겠습니다.

1998년 5월 15일
철없는 제자 김혜미 올림.

정영기 선생님께

선생님 안녕하셨어요? 저 기억하시는지요? 여수 봉산국민학교라고 하며은 기억하…… 못하신다고요? 그럼 5학년 3반의 말괄량이라고 하면 기억하시지요? 숙현이예요. 문 · 숙 · 현. 편지가 늦었습니다. 편지를 늦게 보낸 이유는 예리한 선생님이 더 잘 아실 거예요. 중학교 준비하느라고 쬐~금 바빴거든요. 이해하시겠지요? 땅만큼 하늘만큼 넓은 선생님은 이해하실 거예요.

지금 화순 능주초등학교 교사로 계시지요? 『흥부박 · 놀부박』 책을 보고 알았습니다. 책 속 처음에 선생님을 소개하신 부분에서 그 때 봉산국민학교로 계셨을 때 책을 써서 우리 학교 이름으로 적혀있었으면… 하는 생각이 불현 듯 내 머릿속을 스치고 지나갔어요. 학교에서 선생님 책을 소개할 때 무척 기뻤어요. 꼭 사야겠다고 마음먹었죠. 5학년 때의 같은 반 아이들뿐만 아니라 다른 친구들도 많이 많이 책을 샀어요. 그래서인지 기분이 무척 좋았습니다. 선생님의 팬으로서 아니, 제자였다는 것만으로 전 만족합니다.

선생님 글솜씨가 좋지 않죠? 제 멋대로 썼잖아요? 끝자가 －요자로 끝났다가 －다자로 끝났다가 제멋대로이지만 선생님 이해해주실거죠? 역시 선생님한테 다시 한 번 글짓기 지도를 받고 싶은데…….

이 편지를 쓰기 위해 숙현새는 그렇게 울었나보다.

선생님 지금 화순 능주초등학교에서 몇 학년 맡으셨어요? 또 5학년을 맡으신 건 아니겠지요? 궁금하네요. 하여튼 선생님반 아이들이 부럽기도 합니다. 설마 이 편지를 선생님 학교 제자들에게 읽어 주신다거나 선생님이 편지를 보시며 틀린 부분 체크하고 계신 건 아니지요? 그러신다고 해도 상관은 없어요. 제 편지 오래-오랫동안 간직해 주시면 되니까요. 아셨죠?

전 선생님을 5학년 때 만난 것이 다행이라고 생각해요. 6학년 때에 만났다면 헤어지기가 싫어서 엉엉 울었을 거예요. 선생님 찾아뵙겠다고 하면서 찾아뵙지 못합니다. 화순이 어디에 있는지 잘 모르거든요. 아니 꼭 찾아뵙도록 하겠습니다. 5학년 때 친구들과 같이 갈게요. 화순 여자아이들에게도 맛있는 것 많이 사주셨는지요? 5학년 때 여자애들 선생님께 많이 얻어먹었잖아요. 선생님만 가난하게 해 드렸잖아요? 나중엔 저희들이 가난해질게요. 예? 선생님의 제자가 부럽기도 합니다. 그 때의 선생님과 같이 공부하던 시절로 돌아가면 안 될까요? 안 되겠죠. 선생님 책 많이많이 쓰시고 제 이름도 띄워주세요. 친구들 이름도 말입니다. 다시 편지 쓰겠습니다. 찾아뵐 때까지 안녕히 계세요.(편지 RhR 쓸게요)

1996년 1월 31일 수요일
선생님의 영원한 팬
문숙현이 올림

■ 은곡 연보 ■

1. 일반 경력

년월일	내 용	발행처
1942.7.22	출생 부 정광환 모 이애례님의 장남	
1949.3.2. 1955.2.18	도곡국민학교 입학 졸업	도곡국민학교장
1955.3.2.~ 1958.2.20	도곡고등공민학교 입학 졸업	도곡고등공민학교장
1960.3.15. ~1963.2.5	조선대학교부속고등학교 입학 졸업	조선대학교부속고등학교장
1961.4.25	행복에의 길 수료	전국가정문서선교회선교사
1961.6.22	루터란아워 기독교 통신과정 수료	루터란아워한국지부장
1963.6.13.~ 1965.12.25	군입대 재대	국방부
1968.5.22	성경연구보통과정 수료	성경통신교육원장
1969.2.1.~ 1970.4.30	신한경제신문사 편집부 근무	신한경제신문사장
1970.6.17. 1970.10.20	광주교육대학교부설교원양성소수료	광주교육대학교장
1970.11.20	염산국민학교 부임	전라남도교육감
1971.3.10	박윤남과결혼 부 박무동 모 윤연님 차녀	
1972.1.21	장남 정진웅 득남	
1975.3.10	장녀 정현화 득녀	
1976.3.1	화순천태국민학교 부임	전라남도 교육감
1979.6.10	보이스카우트 대지도자훈련기본과정 수료	한국보이스카우트연맹

1980.10.25	차남 정진수 득남	
1981.3.1	도곡국민학교 부임	화순군교육청교육장
1982.11.20	훈육지도자 자격취득	한국보이스카우트연맹
1985.1.6	신덕교회 집사	화순국당회장
1985.3.1	한천국민학교 부임	화순군교육청교육장
1987.3.2	도곡중앙국민학교 부임	화순군교육청교육장
1989.3.1	완도 청산국민학교 부임	전라남도교육감
1991.5.10	기독교방송 늘새롭게하소서 방송출연	기독교방송국
1992.3.1	금일국민학교 부임	완도군교육청교육장
1994.3.1	여수봉산국민학교 부임	전라남도교육감
1994.6.17	지강양한묵선생현창사업추진위원	독립운동지사 양한묵 현창사업소장
1995.3.1	능주국민학교부임	전라남도교육감
1996.9.20	일본해외연수	화순군교육청교육장
1997.3.1	천태초등학교용강분교장 부임	화순군교육청교육장
1998.4.21	참빛교회 안수집사	참빛교회당회장
1998.5.30	한국보이스카우트 훈련 연수	한국보이스카우트전남연맹사무국장
1998.9.25	독서교육 교원연수	전라남도교육연수원장
1999.10.15	화순문화원 지도위원	화순문화원장
2000.3.1	화순초등학교 근무	화순군교육청교육장
2000.12.8	유네스코세계문화유산화순고인돌 모니터링요원	화순군수
2003.3.1	대마초등학교 부임	전라남도교육감
2004.8.31	정년퇴임	
2005.4.20	화순고인돌문화유산 해설사교육	화순군수

2005.4.6.~ 2007.11.20	조선대학교평생교육원 글쓰기 교육 수료	조선대학교평생교육원장
2006.8.20	동북아지석묘연구소 객원연구원	동북아지석묘연구장
2007.4.11	통일시대 시민교육연수	민주평통 자문위원회
2013.3.20	고인돌선사마을 직무연수	동북아지석묘연구장
2016.3.20	고대문화재연구원 객원연구원	고대문화재연구원장
2016.6.20	화순문화원 이사	화순문화원장

2. 수상 내력

년월일	내 용	발행처
1967.1.24	설교대회우수상	전남노회. 달성경학교장
1967.1.24	학업성적 우수상	전남노회. 달성경학교장
1968.8.2	동화대회 우수상	화순지방 노회장
1975.4.25	직장반공 우수교사 표창113	영광경찰서장
1975.9.5	도 반공자료 전시회 우수상 27537	전남교육감
1976.6.25	6.25 26주년 반공경시대회 2위	화순군교육장
1979.9.10	학생과학작품 전시회 금상 5041	화순군교육장
1979.9.10	군과학작품 전시회 우수상 4962	화순군교육장
1980.8.2	군과학작품 전시회 우수상 2918	화순군교육장
1980.10.8	제2회학생과학발명대회 동상 3307	화순군교육장
1987.10.23	교육공로패	화순군교육장
1988.12.5	국민교육헌장 포상	전라남도 교육감
1990.12.27	교수학습개선을 위한 수업공개 표창 12107	전라남도 교육감

1992.10.15	청해예술제 우수지도교사 표창	완도군 교육장
1992.12.10	현장개선 연구발표 1등급 9216	전라남도 교육감
1993.10.20	하남정씨 대종회 문화상 수상	하남정씨대종회장
1993.10.22	청해예술제 우수지도교사 표창	완도군 교육장
1993.12.22	교수학습방법에 대한 실천연구1등급	전라남도 교육감
1996.12.20	교육현장개선 논문 3등급	전라남도 교육감
1997.9.13	제28회전남교육자료전시1등급 97-1123	전남교육연합회장
1998.12.3	지역사회공헌 표창 477	화순군수
1999.12.30	제 12회 화순 교육자상	화순군교육장
2001.12.31	지역사회공헌 표창 545	화순군수
2003.5.23	상록수 교원패	전남교원 연합회장
2004.8.31	아름다운스승상	전라남도 교육감
2004.12.31	교육공로패	영광교육청 교육장
2004.8.31	녹조근정훈장	대통령
2006.2.16	우수상 6623	전남대학교총장
2017.11.3	전남향토문화상	전남문화원 연합회장

3. 문단의 연보

년월일	내 용	발행처
1985.4.16	기독교교육 신인상 동화당선	기독교교육사
1987.5.11	한국기독교육사 신인상 동화당선	한국기독교교육사
1988.3. 23	월간문학 동화당선	월간문학사
1990.9.16	월간아동문학소년소설 당선	월간아동문학사

2006.12.6	문예시대 신인상 시 당선	문예시대
1986.5.21	전남아동문학 회원	전남아동문학회장
1986.7.10	전남문인협회 회원	전남문인협회회장
1987.4.10	한국아동문학회원	한국아동문학회장
1988. 9.8	광주문인협회 회원	광주문인협회장
1988.11.20	화순문학회 발기위원장	
1988.9.15	한국문인협회 회원	한국문인협회회장
1988.12.30	화순문학회 정관 수립	
1989.1.4	화순문학회 창립	
1989.8~90.3	어린이시보 동화연재	어린이 시보사
1990.1~	월간아동문학 소년소설 연재	월간아동문학사
1990.9~	교회연합신문 10회 동화연재	교회연합신문사
1990.11~	목양신문 17회 동화연재	목양신문사
1992.2.25	화순문학회 제1회 시화전 주간	화순문학회
1992.2~	호남교육신문사 동화연재	호남교육신문사
1993.8.20	전남아동문학회부호장 역임	전남아동문학회
1994.1.4	화순문학회장 역임	화순문학회
1994.4	제1회 화순문학회 회보 발행	화순문학회
1994.3~	교회연합신문 동화연재	교회연합신문사
1994.6.20	한국아동문학회 이사 역임	한국아동문학회
1994.11~	국방일보 칼럼 18회 집필	국방일보사
1995.5.9	전남아동문학회장 역임	전남아동문학회
1996.6.21	화순문학상 규정 제정 및 운영위원 조직	후원 화강문화재단

1996.6.21	한국문인협회화순지부 정관제정	
1996.7.29	한국문인협회 화순지부 창립 인준	한국문인협회
1996.7.29	한국문인협회화순지부장 역임	한국문인협회
1996.10.30	화순운주축제 추진위원	화순군
1997.6.13	국제펜클럽한국본부회원	국제펜클럽 한국본부
1997.7.28	전남아동문학회지 꽃마을 발간	전남아동문학회
1997.9.29	기독교문인협회 감사역임	기독교문인협회
1998.1.30	한국아동문학회 전남지회장 역임	한국아동문학회
1998.7~	청소년문학강좌 개설	화순문학회
	전남문학회 감사 역임	전남문학회
2001 1.10	한국아동문학회 중앙대의원 역임	한국아동문학회
2013.1.17	기독타임즈 논설위원	기독타임즈사장
2015.1.20	현 국제펜클럽 한국본부 전남지회 부회장	국제펜클럽한국본부 전남지회
2015.4.1	남북문학교류위원	한국문인협회이사장
2016.10.3	현 한국아동문학회 부회장	한국아동문학회

4. 은곡선생 저서

년월일	내　　용	발행처
1986.12.15	쌍무지개 뜨는 마을 (동화집)	한국교회교육협회
1989.11.20	짱아짱아 예쁜 짱아 (동화집)	월간아동문학사
1992.7.10	이상한 샘물 (동화집)	월간아동문학사
1995.7.30	흥부박 놀부박 (동화집)	옐맨출판사

1996.6.10	지구를 떠나는 사람들(환경 장편동화)	한국서적공사
2003.1.5	세상에서 제일 아름다운노래(동화집)	시와 사람
2004.5.5	조가비의 마지막 사랑(치유동화집)	도서출판 영문
2012.1.30	말하는 고인돌(고인돌설화집)	시와 사람
2015.12.17	화순의 설화(설화집)	시와 사람
1998.5.30	EQ논술세계문학전집제13권시튼동물기 엮음	도서출판한국플라임
1998.5.30	EQ논술세계문학전집 제19권 탈무드 엮음	도서출판한국플라임
1998.5.30	EQ논술세계문학전집 제44권 손자병법 엮음	도서출판한국플라임
1998.5.30	EQ논술세계문학전집 제60권 죄와벌 엮음	도서출판한국플라임
2006.6.30	어린이글쓰기교실 (글쓰기지도교재)	시와 사람
2016.12.15	한국전통놀(노인일자리창출 지도교재)	문화디자인
1998.11.10	바다 밑에 뜨는 별 (동화집) 공저	교수문화사
2013.12 24	종소리에 묻어나는 향기 (이양면 사료)	화순문화원
2014.11.25	망향정의 눈물 (이서면 사료)	화순문화원
	초등학교 일학년 배움책 동화가 등재	전라남도 교육위원회

5. 문단 수상 내력

년월일	내 용	발 행 처
1986.3.8	샛별문학상 수상	샛별문학회
1987.12.20	전남아동문학상 수상	전남아동문학회
1993.8.15	전국어린이글짓기지도상	농협중앙회
1996.1.13	한국아동문화상 수상	월간아동문학사
1997.2.27	공로패 수여	전남아동문학회

1999.12.17	공로패 수여	전남아동문학회
2004.1.5	한국아동문학 작가상 수상	한국아동문학회
2004.1.9	화순문학상 수상	화순문학회
2005.12.17	전남문학상 수상	전남문학회
2006.12.20	향토문학 공로패 수여	한국지역문학인협회
2009.1.9.	한국아동문화 대상 수상	월간아동문학회

6. 은곡선생 자격 취득

년월일	내 용	발 행 처
1970.4.8	운전면허 취득	전라남도경찰청장
1970.10.26	국민학교준교사 바2949	문교부장관
1974.4.4	국민학교2급정교사 바10782	전라남도교육감
1979.3.17	국민학교1급정교사 바14731	전라남도교육감
2005.2.1	독서치료사	한국국공립대학평생교육원협의회이사장
2005.8.1	문화유산해설지도사	한국국공립대학평생교육원협의회이사장
2006.7.31	아동지도사	한국아동지도사양성교육원장
2006.8.6	논술지도사	한국국공립대학평생교육원협의회이사장
2006.9.25	성폭력 상담사	한영대학장
2006.10.2	가정폭력 전문상담사	한영대학장

작은 편린을 모아

저자 정 영 기

내가 글을 써보겠다고 글쓰기 전문서적과 씨름을 하던 때가 한창 젊은 나이 서른세 살 때부터 이었으니 벌써 43년의 긴 세월이 훌쩍 지나갔다.

희수를 맞아 지난날을 생각할 때 언제 흘러가버렸는지? 그동안 나는 무엇을 하였을까? 허탈한 심정으로 빈 하늘만 쳐다보았다. 선인들은 이미 이런 심경을 겪었었기에 초로인생이라, 일장춘몽이라 말했음 즉하다.

허나 결코 짧지만은 않았던 세월이었다. 급변하는 시대의 흐름에 문명의 이기는 우리들에게 빠르고 편리함을 주는 대신 다정다감했던 정과 마냥 즐거웠던 삶을 빼앗아갔다. 거시적인 안목을 좇아가는 현대인들에게는 황막한 벌판에서 맹수에 쫓기는 일상이었을 뿐이었다.

이러한 삶속에서도 한 가닥 희망의 줄을 붙잡고, 자라는 어린이들에게 순수하고 진솔한 삶의 길을 인도해보고자 한 편 한 편 글을 써 보았다. 그 덕에 완도교육장이셨던 김철순님께서는 제3동화집 『이상한 샘물』의 축간사에 연꽃이 흙탕물속에서 아름다운 꽃을 피워내듯, 정영기 선생님은 페스탈로치와 같은 교사라 칭찬을 한 바 있었다. 또한 김신철 한국아동문학회장님은 '겉으로는 조용하고 차분하여 다른 사람들에게는 양보와 겸손을 생활화하여 본이 되지만 자신에 대해서는 냉혹하리만큼 철저하게 살아간다.'고 말하셨다.

그러나 보석처럼 빛나는 글은 쓰지 못했다. 허나 시골집 평상에 앉아 울타리 타고 올라 피어나는 하얀 박꽃을 바라보며 나누던 이야기, 끈적거리는 바닷바람을 안고 청산도 사택에서 쏟아지는 별빛을 보며 나누었던 이러저러한 편린들을 함께 모아 내보고자 하였다.

흐르는 물이 지형을 따라 흐르고, 스며들고, 잦아들 듯 한평생 살면서 아쉽고, 후회하고, 어려웠지만 불행하지만은 않았다. 그렇기에 친구들과 이야기를 나눌 때도 자부심을 갖고 행복함을 자랑했다.

누가 나보다 더 행복하랴? 가난하지만 먹을 것 걱정은 하지 않았고, 많은 사람들은 자식들 문제로 걱정한다. 하지만 제 자식들 세상 사람들 보기에 성공하지도 못했지만 자기 있는 곳에서 자기 할 의무를 충실히 수행하여 칭찬은 받을망정 지탄받지 않고 일하고 있으니 그만하면 성공한 것 아닌가.

창 넓은 고향 집에 혼자 앉아 밖을 보노라면 둥근 달님이 방긋 고개 숙여 인사하고 보석처럼 빛나는 별들은 소근거리며 다가온다. 창문을 열면 백합의 짙은 향기 집안 가득 풍성하게 채워준다. 대문 밖 스쳐가는 바람 따라 댓잎이 사각사각 자장가 불러주는 고향에서 한가롭게 잠드는 나야 말로 무릉도원 아니라도 신선이 아니랴.

세상 모든 것들은 속일 수 있어도 나이는 속일 수 없나보다. 고희를 맞고 나니 정신도 내 마음대로 되지 않고 깜박거리고 육신도 뜻대로 되지 않고 비틀거리게 되었다. 회갑 때부터 마지막으로 문집을 펴내고자 하였으나 여의치 않아 미루다 보니 고희를 맞게 되었다. 이에 자녀들이 서둘러 고희문집을 펴내겠다고 서두르기에 고마운 마음으로 뜻을 받아들이기로 하여 마침내 정영기 고희문집이 나오게 되었다.

또한 23세에 부친 여의고 홀어머니, 조모님 모신 가운데 팔남매의 맏이로 가장이 되어 큰형, 큰오빠로 자리매김할 수 있도록 버팀목이 되어준 일곱 동생들 은혜를 다 갚지 못할진데, 더더욱 이 책이 나오도록 물심양면 아낌없이 지원해준 빚을 더 진 것 같아 마음이 무겁다.

모쪼록 문집이 나오기까지 애써 준 자녀들에게 고마운 마음을 전하고 특히 삽화를 그려 글을 더욱 돋보이게 해준 둘째 자부 최은옥이와 손녀 아인이에게 감사한 마음을 사랑으로 전한다. 출판에 심혈을 기울여 좋은 책 만들어주신 강경호 박사님과 특히《시와사람》출판 업무에 평생을 바쳐 오신 정찬애 작가님에게 진정으로 감사의 말씀 전한다.

해바라기의 꿈

2018년 10월 10일 인쇄
2018년 10월 20일 발행

엮은이 | 정 진 웅
펴낸이 | 강 경 호
인쇄 · 기획 | 도서출판 시와사람
등록 | 1994년 6월 10일 제 05-01-0155호
주소 | 광주시 동구 양림로119번길 21-1(학동)
전화 | (062)224-5319
E-mail | jcapoet@hanmail.net

ISBN 978-89-5665-523-9 03810

값 20,000원